高等学校课程思政系列教材

土木工程专业实践课程思政优秀案例：
桥梁的中国精神

王 磊　黄阿明　韩 艳　主　编
刘文成　李小军　董治佑　彭建新　邓文杰　文 岚　副主编
余乃忠　主　审

中国建筑工业出版社

图书在版编目（CIP）数据

土木工程专业实践课程思政优秀案例：桥梁的中国精神 / 王磊，黄阿明，韩艳主编；刘文成等副主编 . — 北京：中国建筑工业出版社，2023.10
高等学校课程思政系列教材
ISBN 978-7-112-29107-6

Ⅰ.①土… Ⅱ.①王…②黄…③韩…④刘… Ⅲ.①桥梁工程—建筑艺术—中国—高等学校—教材 Ⅳ.①U44

中国国家版本馆 CIP 数据核字（2023）第 170530 号

本教材为实践课程思政优秀案例，均为教师、学生利用寒假、暑假等时间走访桥梁实地考察、了解后撰写的。全书共分5篇，分别为：摸索探路，蓄势待发；艰难困苦，玉汝于成；破旧立新，艰苦奋斗；改革创新，繁荣发展；强国建设，逐梦前行。精选了41座具有代表性的桥梁，体现了桥梁的中国精神，具有红色主义教育意义，可作为土木工程专业思政教育的案例，实践课程的参考用书。

本书配备课件，选用此教材的老师可以通过以下方式获取：1. 邮箱：jckj@cabp.com.cn；2. 电话：（010）58337285；3. 建工书院：http://edu.cabplink.com。

责任编辑：赵　莉
责任校对：芦欣甜

高等学校课程思政系列教材
土木工程专业实践课程思政优秀案例：桥梁的中国精神
王　磊　黄阿明　韩　艳　主　编
刘文成　李小军　董治佑　彭建新　邓文杰　文　岚　副主编
余乃忠　主　审
*
中国建筑工业出版社出版、发行（北京海淀三里河路9号）
各地新华书店、建筑书店经销
北京雅盈中佳图文设计公司制版
北京圣夫亚美印刷有限公司印刷
*
开本：787毫米×1092毫米　1/16　印张：14$\frac{3}{4}$　字数：295千字
2024年3月第一版　　2024年3月第一次印刷
定价：52.00元（赠教师课件）
ISBN 978-7-112-29107-6
（41827）

版权所有　翻印必究
如有内容及印装质量问题，请联系本社读者服务中心退换
电话：（010）58337283　QQ：2885381756
（地址：北京海淀三里河路9号中国建筑工业出版社604室　邮政编码：100037）

▶ 前言

　　回首历史，有这样一座座特殊的"红色桥梁"，它们有的历经千年，有的才数年，但都见证了中国共产党带领中国人民实现民族复兴的伟大征程，默默诉说着一个个传奇的故事，展开了一幅幅红色的历史画卷。红色基因、红色力量融入每一位中国人的血脉，在新时代新征程中，我们不断探寻历史的桥梁，讲好红色桥梁的故事。

　　历史已经褪去，但耳边还会响起当年的炮火声。在广西龙州，站在如今的龙州铁桥上，置身于红军战士奋勇杀敌的场景，在敌人的炮火轰炸下，红八军拼尽最后一滴血，保卫祖国、保卫人民。铁桥上斑驳的锈迹，是先辈们宁死不屈的见证，他们英勇无畏的革命精神让铁桥闪烁着红色革命的光芒，红军战士挥洒热血才赢得现在的盛世中华。在洞口红军桥上，我们感受到了"此生留得豪情在，再作长征岂畏难"的革命精神，正是这种精神支撑红军走过了所有艰难的革命岁月。时过境迁，在红军桥上不拿群众一针一线的故事仍然流传，也为我们揭示了只有亲民、爱民才能完成执政为民的历史使命，谁真正做到了情系于民，谁就能真正赢得人民群众的尊敬和拥戴的道理。站在衡阳耒河大桥上，仿佛又看到了在抗日战争时期"长沙保卫战""常德保卫战""衡阳保卫战"中，向抗日前线运送战略物资的长长队伍。站在天津解放桥上，天津解放时攻克大桥一役的激战痕迹把我们又带回夺取全国胜利那一激动人心的时刻。

　　中华人民共和国成立后，中国红色桥梁故事翻开了崭新的篇章。橘子洲大桥、耒阳大桥、黄河铁路大桥、矮寨大桥、洞庭湖大桥等一座座现代化大桥腾空而起，见证了社会主义革命和建设时期以及改革开放和社会主义现代化建设时期中国共产党带领中国人民所取得的伟大成就。中国特色社会主义进入新时代，中国红色桥梁故事再添华章。郑新黄河大桥、港珠澳大桥等创造了世界建桥史上一个又一个奇迹，谱写了新时代一个个建桥人为党建桥、为国建桥、为民建桥的奋斗故事、创新故事、深情故事。

红色桥梁是中国共产党人的精神图腾之一，作为青年学子的我们，应当用实际行动点亮在红色桥梁上的革命精神。革命征程波澜壮阔，桥梁故事催人奋进。传承中华民族的红色基因需要坚定文化自信，在紧跟祖国的步伐奋勇前进的同时，也不要忘记先辈们来时走过的革命岁月。红色桥梁见证了中国共产党艰苦奋斗的历程，是连接过去、现在、未来的精神纽带，激励着我们继承红色文化的使命和担当，谱写出新时代红色基因的绚丽篇章。

红色桥梁承载着人民的希望、祖国的未来。"天行健，君子以自强不息；地势坤，君子以厚德载物。"中华民族因自强不息，红色桥梁上的革命精神才得以代代相传；也因自强不息，我们党和人民才能够在今天的这片黄土地上有所作为。红色桥梁见证奋斗岁月，如今的我们处在新时代伟大复兴的道路上，肩负着新时代的伟大使命和担当，更应当着眼于未来，不负韶华，为祖国的桥梁事业添砖加瓦。"恰同学少年，风华正茂，书生意气，挥斥方遒。"时代在召唤我们，土木青年应不忘党的初心和使命，弘扬中国共产党人负重前行、不畏艰险的精神，投身到新时代中国特色社会主义现代化建设中去，做新时代的接班人。

一代人有一代人的使命，一代人有一代人的担当。桥梁上的故事见证了中国的成长，或许我们会遗忘遥远的遐想，但是遗留在桥梁上的峥嵘岁月我们会永远铭记在心，因为那是承载着我们祖先多年心血铸就的红色经典。历史川流不息，土木精神代代相传，我们要继续弘扬光荣传统、延续红色血脉,永远把伟大的土木精神继承下去、发扬光大!回望过往的历史,眺望前方征途,我们必须始终延续红色血脉,用党的光荣传统和优良作风坚定信念、凝聚力量,用党的历史经验和实践启迪智慧,开拓前行。"修身、齐家、治国、平天下"是古人的家国情怀,"不怕远征难"是革命战士的护国决心。作为新时代的土木人,我们接过时代的接力棒,牢记"逢山开路,遇水架桥"的土木精神,让其焕发新时代的光芒和力量。

我们这一代青年是在党的关怀下成长起来的,满腔热血中都流淌着先辈们的红色基因。作为新时代的青年,我们应脚踏实地,传承红色基因,承担起新时代赋予我们的使命。古人有"为天地立心,为生民立命,为往圣继绝学,为万世开太平"的鸿鹄之志,今有国家对青年"立大志、明大德、成大才、担大任"的殷切期望,我们土木青年更应不忘党的初心和使命,不负祖国和人民的重托,为实现中华民族的伟大复兴而共同奋斗。

目 录

第一篇 摸索探路，蓄势待发

第1章 残破铁桥黯忧伤，红色精神闪光芒
　　——龙州铁桥 // 2

第2章 贺龙名垂青史间，百年古桥焕新颜
　　——贺龙桥 // 7

第3章 巍巍十丈功勋桥，悠悠千载兴亡事
　　——博望张骞桥 // 12

第4章 百尺青龙跨碧湍，铁犀光映玉栏杆
　　——青龙桥 // 19

第5章 见证历史风云，千年屹立不倒
　　——小商桥 // 25

第6章 塘映彩虹破浪志，桥竣未忘修筑难
　　——朴塘桥 // 30

第7章 此生留得豪情在，再作长征岂畏难
　　——洞口县红军桥 // 36

第8章 铁汉秦章光陇板　桥虹耀彩卫金城
　　——兰州中山桥 // 41

第9章 风雨普济天下客，三楚龙津第一桥
　　——龙津风雨桥 // 47

第10章 巧抄桥北花园堡，妙渡桂阳七拱桥
　　——桂阳县七拱桥 // 52

第11章 四郊昨多垒，九澧兹安澜
　　——澧县多安桥 // 56

第12章 木叶落亭前，瓜田连岸畔
　　——邓元泰镇木瓜桥 // 62

第13章 潇湘八景画难描，雅爱衡阳青草桥
　　——衡阳青草桥 // 67

第14章 渌江桥上八百年，我与大桥共存亡
　　——醴陵渌江桥 // 73

第二篇　艰难困苦，玉汝于成

第 15 章　梦入红桥，漫天繁星映金沙
——金沙桥　// 80

第 16 章　独立深涧永不屈，自断铁骨遏咽喉
——惠通桥　// 86

第 17 章　淞沪血战第一枪，激战之地不敢忘
——八字桥　// 92

第 18 章　日寇侵略痛断肠，断桥赎罪话沧桑
——南渡江铁桥　// 99

第 19 章　坚守津沽，不朽丰碑
——天津解放桥　// 105

第 20 章　交通枢纽供四方，抢修耒河促解放
——耒河大桥　// 110

第 21 章　呕心沥血建钱塘，粉身碎骨阻敌军
——钱塘江大桥　// 116

第三篇　破旧立新，艰苦奋斗

第 22 章　吃得苦，霸得蛮
——橘子洲大桥　// 122

第 23 章　未曾远去的耒阳大桥
——耒阳大桥　// 127

第 24 章　湘江上不可移动的文物
——衡阳湘江公铁大桥　// 132

第 25 章　湘水悠悠，桥跨西东变通途
——湘潭一大桥　// 137

第 26 章　黄河铁路承载时代记忆
——黄河铁路大桥　// 142

第 27 章　百万雄师赴前线，鸭绿江上述豪情
——鸭绿江断桥　// 146

第四篇　改革创新，繁荣发展

第 28 章　轮势随天度，桥形跨海通
　　　　——肖家桥　// 152

第 29 章　天堑沟壑经它而接天路、变通途
　　　　——矮寨特大悬索桥　// 157

第 30 章　风定波澜万顷秋，问说洞庭通震泽
　　　　——岳阳洞庭湖大桥　// 163

第 31 章　千磨万击还坚劲，赤子之气凛然存
　　　　——猴子石大桥　// 168

第 32 章　塘桥凌空通南北，华陂堰上泽百姓
　　　　——长工桥　// 173

第 33 章　改革开放沐春风，永州大地焕新颜
　　　　——南津渡大桥　// 178

第 34 章　隽水河上三桥立，一江两岸变通途
　　　　——隽水大桥　// 182

第五篇　强国建设，逐梦前行

第 35 章　赓续红桥血脉，公铁两用飞南北
　　　　——郑新黄河大桥　// 188

第 36 章　前世铮铮，今生奋勇
　　　　——金钗红水河特大桥　// 195

第 37 章　天桥合一，以渡天下之人
　　　　——云天渡　// 200

第 38 章　海上天路，超级工程
　　　　——港珠澳大桥　// 207

第 39 章　见开源架起，望故乡腾飞
　　　　——开源桥　// 214

第 40 章　茅以升公益，桥见川岩起
　　　　——川岩桥　// 217

第 41 章　桥梁担大任，责任重于山
　　　　——赤石大桥　// 223

第一篇
摸索探路,蓄势待发

第 1 章
残破铁桥黯忧伤，红色精神闪光芒
——龙州铁桥

几根涂有红漆的稀疏铁架，构成一个门形的桥台，屹立江边，这就是如今龙州铁桥遗址的全貌。此地看似平常无奇，但在老龙州人的眼里，铁桥是红色历史的见证者，见证了古城龙州的百年繁华与沧桑。

在董治佑老师的带领下，红色桥梁寻访小组走进龙州铁桥，共同追寻铁桥遗址阻击战背后的故事，传承红色基因。龙州铁桥位于具有多年历史的边防重镇——龙州。龙州古属百越之地，是广西最早对外开放的通商口岸，也是我国与东南亚各国进行文化、贸易交往的重要门户，有"边陲重镇""小香港"之称。

龙州铁桥是民国时期唯一连接龙州县城南北的桥梁，坐落在龙州县城最高处的江崖上，是当时龙州县城南北交通的必经之路。气势恢宏，桥下碧波荡漾，散步桥上，观江阅景，心旷神怡，固有"铁桥风月"的美誉，时为"龙州八景"之一。

据龙州铁桥阻击战遗址纪念碑记载，民国二年（1913年），时任广西都督的旧桂系军阀陆荣廷会同谭浩明、林甫田等人议定兴建龙州铁桥，从越南购买钢材水运龙州，招聘越南工人兴工制造。龙州铁桥历时两年建成，是广西最早的、也是唯一一座载入中国公路史的近代桥梁建筑，引进国外技术修建，是民国时期我国最大跨径的下承式钢桁架钢结构桥，成为广西桥梁兴建和发展历史的先声。

惨烈的龙州铁桥阻击战

1930年，龙州起义响惊雷，中国工农红军第八军和左江革命委员会宣告成立，建立了左江革命根据地，开启一段波澜壮阔的革命岁月。就是在龙州铁桥上，红八军为了阻击敌军，血战到底，留下了一段惨烈而悲壮的革命历史。那是1930年3月的一天，国民党桂系军阀通过汉奸得悉红八军主力已被派往各地剿匪，便派兵4000多人分两路对龙州发起进攻。敌人突袭猝不及防，红八军军长俞作豫果断下令，指挥龙州军民英勇阻击，但由于兵力悬殊，寡不敌众，为保存革命实力，俞作豫军长决定向南撤出龙州城，铁桥便成为双方殊死争夺的据点。桂军发现红八军南撤意图后，集中火力向铁桥进攻，一场鏖战在龙州铁桥一触即发。

经过将近一天的阻击，红八军和赤卫队打退了敌人数十次的轮番进攻，把敌人挡在了北岸，胜利完成了掩护红八军军部撤退的艰巨任务。守桥红军、游击队、赤卫队员与敌人英勇奋战，顽强抵抗，子弹打光后，就与敌人拼刀肉搏，直至流尽最后一滴血……终因敌众我寡，弹尽粮绝，左江第一路游击队政治部主任严敏等400多名革命战士血洒桥头，壮烈牺牲，史称"龙州铁桥阻击战"。

革命战士以凡人之躯比肩神明，燃烧自己的壮志凌云，为战友照亮了生存的方向。铁桥遗迹上的斑驳洒落过革命先辈宁死不屈的热血，他们舍己为人、英勇战斗的大无畏精神让残存的铁桥闪烁着红色的光芒。

此后，铁桥还是没有经受住残酷战争的考验。在民国二十九年（1940年）7月，日本侵略军从南宁第二次进犯龙州前夕，国民党军队欲阻挡日军继续进攻，于是将铁桥炸毁。1964年，因修建龙州大桥的需要，政府相关部门将坠落江中的钢支和两岸的钢架清走，仅剩下两岸的桥台。2009年，为了尊重历史，牢记历史，激励后人，龙州县按照红色旅游建设项目规划，修复了铁桥阻击战遗址，复原断桥，修筑堤岸，并于2010年1月下旬竣工。

最后的党费

1930年3月，红八军二纵队在凭祥与敌人展开了殊死搏斗。在据守白马山过程中，二纵队一营政治指导员林景云带领数十名战士、赤卫队员，在敌人密集的炮火攻击下，咬紧牙关为主力部队的撤退争取时间，拼尽最后一滴鲜血，掩护主力部队撤退。

战斗中，林景云同志不幸中弹负伤，负伤后的他想到的第一件事是把自己身上带的文件全部掏出来烧掉，随后掏出自己身上仅有的5枚"光洋"（图1.1）交给身边战友，嘱咐战友"用3枚作路费，一定要活着出去，然后把剩下的2枚作为党费交给党组织"，战友们听了他的话，泪水在眼眶中盘旋，沉重地点了点头。

图1.1 龙州起义时红八军战士们的军饷——"光洋"

林景云同志负伤后仍顽强战斗，最后因弹尽被捕，当晚被国民党反动派杀害，年仅28岁。在生命最后一刻，他仍然牵挂战友、牵挂党。林景云同志代表的不仅是他自己，还代表了革命不息的工农红军，代表千千万万个有远大抱负的中国人。身为大学生的我们也不仅仅是中国青年，更是中国前进的新能源，是中国新时代发展的青年主力军。

三过家门而不入

古有大禹治水，三过家门而不入。在这里，我们又听到一个拥有与大禹相同品格的人的故事。他就是从红八军中走出的百岁将军——吴西。

吴西 1900 年出生在广西扶绥县一个贫苦农民家庭，1925 年投身革命，1929 年加入中国共产党。1929 年夏，吴西离开家乡前往南宁，投身革命的洪流中，此后留下了三过家门而不入的故事。

吴西将军"一过家门"是在 1929 年 8 月，此时的他作为先遣部队的一员，跟随部队沿左江向龙州进发，行至扶绥的一个码头，机帆船靠岸维修、补给，此时码头距离吴西老家仅有几公里，但是他怀着对革命的热情憧憬，为了不暴露，他选择了遥望家乡而过。

"二过家门"是在 1930 年 3 月，龙州失陷后，吴西随部队转战至距离老家很近的渠黎圩，亲人们得知后都急切劝其回家。面对许久未见的亲人，已准备为革命理想献出一切的吴西劝慰道，"等革命成功了再回来见你们"，而后跟着大部队继续前进。

在告别亲人约 5 个月后，吴西受党组织委派，从香港护送中央代表到红七军传达党中央指示。在完成这项任务过程中，受敌情等影响，吴西曾取道渠黎圩附近的小村，这次距离老家只有二三里，心系组织任务的他回望家乡方向，而后继续赶路。这是他第三次路过家门。

家是国的基础，国是家的延伸。听闻了吴西将军三过家门而不入的故事，我们能够从中深刻感受到他为革命事业奋斗终生、因公忘私的优秀品质。回首中国革命的发展历程，是无数个像吴西将军这样的战士，他们投身于中国革命的伟大事业，为家国情怀书写了最生动的篇章。

图 1.2　红八军军部旧址

"红军为民"的红军井

在走访中，我们在龙州县城新街，发现一座古朴的具有法式风格的建筑，通过建筑前面的碑文，才得知它是土地革命战争时期红八军军部旧址（图 1.2）。

沿着灰砖铺成的路面一路走进军部旧址的内部，可看见几间屋子围着的一口幽深的水井，别小看这口水井，这口水井背后有着"红军为民"的感人故事。这口井原为私人使用，所在地势东高西低，过去附近的百姓大多住在东边。打口井，喝口水很不容易，吃水只能走远路到河边挑水，十分艰辛。自红八军接管瑞丰祥钱庄后，为了方便周围的群众来这边取水，减少更多人民吃水远途奔波之苦，于是派人将井口扩大并且加深，无偿供群众使用。因此，在红八军离开龙州后，龙州人民亲切地称之为"红军井"。

几十年过去了，这口水井（图1.3）至今仍服务着周边百姓，供养一方人民。吃水不忘挖井人，直到今天，本地民众一说起这口"红军井"，就想起那一支为劳苦大众着想的红八军。一口井，体现的是为民情怀，更体现了为民实务的赤子之心。几十年来，这口井从不枯竭，一直默默地服务着人民，就像我们的共产党，以为人民服务为宗旨，从群众中来，到群众中去，无私奉献，不求回报。

图1.3 红八军军部旧址内的红军井

图1.4 中国红军第八军的军帽帽徽

特制的帽徽

在龙州起义纪念馆，约2700m²的展厅展现着昔日革命岁月。一个红色文物展柜里，有许许多多的历史文物，它们带着属于那个年代的独有气韵，傲立于此，向中国人民乃至世界人民展示中华的历史文明。可我还是一眼看到了那个最显眼的小徽章。走近看，一块红布上摆放着的金属帽徽（图1.4），我们仿佛跟着它回到了那个红旗慢慢升起的年代。

1929年12月初，在筹备龙州起义和组建红八军过程中，军队标识、军帽帽徽等工作被提上日程，经过讨论，帽徽的形状被定为椭圆形，寓意着红太阳，也代表着中国。斧头代表着工人，镰刀代表着农民，五角星代表着共产党，五角星位于斧头镰刀之上，寓意着中国共产党为人民谋幸福、带领广大工农走向民族复兴的道路，以工农联盟为基础，一同为解放中国而奋斗。

1930年2月1日，龙州起义打响。1万多名军民在龙州县城新填地广场集会，中国红军第八军和左江革命委员会宣告成立。在起义大会上，数千名红八军将士高扬革命的红旗，换上特制的帽徽，在阵阵欢呼中，军民仿佛通过这个小小甚至不起眼的徽章时刻连接在一起，共进退，共奋斗。

当年红八军帽徽一共制作了 2000 多枚，可随着战乱，现仅存 5 枚，这些帽徽跟随红军战士历经浴血奋战，见证了红军战士誓死捍卫革命的坚定决心，见证了中国人民始终站在一起，携手同行的团结气概；也见证了中国红旗已然升起，飘荡在世界之林的民族骄傲。霎时，听闻孩子们的欢声笑语，我们被拉回了现在，看着他们纯洁无瑕的笑容，我们又看了看周围人们畅谈自如，一切安好。又看了看这些小小的徽章，它们在一瞬间已然高大耸立，光彩夺目。"谢谢你们"是我们那一刻想出来仅有的话。

残存的铁桥架，尽管锈迹斑驳，仍能看出当年龙州的繁华与昌盛，他像一位风烛残年的老者挺着岿然不动的身躯屹立于丽江边，将龙州百年风采尽收眼底，仿佛在向一辈又一辈的龙州人民诉说着昔日的荣光。他目睹龙州阻击战，承载革命先辈成功突围；他看着国民党仓皇撤退，无言地看着日寇铁骑肆意践踏；他看着中国日益强大，满眼欢喜地看着中国人民为了共同的理想奋斗前行。龙州铁桥依稀存在的风景仍闪烁着革命的光辉，先辈们的斑斑血迹向这个世界呼吁着和平至上的真理。

以往的中国，为了建一座桥煞费苦心，大费周折。可如今，一座座长桥纵横长空，跨越万里，屹立不倒，享誉全球，这巨大飞跃是中国人民一代又一代的接力传承，一代又一代的质的飞跃。"不积跬步，无以至千里"没有先辈的稳定基石，哪有现代的摩天大厦。而我们也会带着先辈的夙愿继续追逐，继续超越，让一个又一个"龙州铁桥"横贯长空，让一代又一代人继承"龙州铁桥"不畏困难，无私奉献的精神。

作为新时代的大学生以及未来土木工程行业的新鲜血液，我们要继承、发扬土木人"逢山开路，遇水架桥"的魄力与胸怀。不畏艰险，勇攀高峰。为推动实现国家第二个百年奋斗目标、国家桥梁建设、以基础建设带动乡村经济发展贡献出自己的一份青春力量。

（作者：王磊、罗浠玮）

参考文献

[1] 龙州县地方志编纂委员会. 龙州县志 [M]. 南宁：广西人民出版社，1993.

[2] 覃尚文，万辅彬，王同良，等. 壮族科学技术史（上）[M]. 南宁：广西科学技术出版社，2019.

[3] 中国人民政治协商会议广西壮族自治区委员会文史资料委员会. 老桂系纪实 [M]. 南宁：广西人民出版社，2003.

[4] 中共广西壮族自治区委员会宣传部. 广西红色之旅 [M]. 南宁：广西人民出版社，2006.

[5] 南宁市地方志编纂委员会. 南宁市志 军事志 [M]. 南宁：广西人民出版社，1993.

第2章
贺龙名垂青史间，百年古桥焕新颜
——贺龙桥

在湖南桑植平静的玉泉河上，矗立着一座特殊的"红色桥梁"，一座由许许多多革命先驱者用生命铸就的桥梁——贺龙桥（图2.1）。它是一座重檐歇山顶的亭式木桥，也是一座孕育了伟大革命精神的风雨桥。它沉默无言，却时刻都在默默地向参观者诉说一段段历史和一个个生动的革命故事。

在专业老师的带领下，红色桥梁寻访小组走进贺龙桥，共同追寻见证桑植人民追求解放的红色记忆，赓续红色革命基因。经过5个小时的车程，寻访小组顺利到达了桑植县，然后搭乘公交车前往贺龙桥。公交车司机师傅听闻我们即将开展的寻访活动，他主动向我们介绍了贺龙桥的基本情况。他特别强调，"贺龙桥对于桑植人民具有非同一般的意义"。它见证了桑植人民追求解放、无私奉献的精神，也目睹了桑植人民的日子一天天好起来的过程。

站在桥头（图2.2），首先映入眼帘的是贺龙桥上人来人往、"车水马龙"的场景，桥下玉泉河奔流不息。靠近桥的一带已经形成了集市，住宅区、商铺和超市鳞次栉比，每逢赶集日更是热闹。时下，洪家关白族乡人摇着蒲扇，跟旁边的人唠嗑，在这里避暑纳凉。抚摸着斑驳的护栏往下看，玉泉河不再"奔流湍急"，贺龙桥却一直在这里，见证了桑植的沧桑变化。白驹过隙，当初意气风发，贺龙元帅刀劈芭茅溪盐税局后，在桥头成立了桑植讨袁民军，奋不顾身地投入到拯救民族的大业中。现如今，腥风血雨早已

图2.1 贺龙桥远景

图2.2 贺龙桥桥头

过去，或许时而有老人在桥上感叹世事变迁，时而有老红军战士伫立桥上，回忆那段红色岁月，但更多的是我们现在所看到的游客在此歇脚，孩提在此嬉戏。

一位在桥边歇息的老人引起了我们的注意，我们过去采访了这位老人，虽然当地方言我们有一些听不懂，但是老人滔滔不绝的描述使我们身临其境。在老人的讲述中，我们了解到贺龙桥原名是永安桥，寓意"永久平安"，后来改名叫贺龙桥。

贺龙桥，最早由贺龙元帅的曾祖父首倡修建，贺龙的祖父于1916年建成，到现在已有一百多年。"贺帅驻扎仓关峪，风雨飘摇抚神州。桥护款捐为大众，人行马过仍通途。坚攻贫脱红军路，虹飞舟荡溪水流。山乡巨变今又是，举樽能不乐心头？"这首现代诗词形象刻画出了贺龙为人民艰苦奋斗伟大的一生。桑植是贺龙革命起家的地方，并在此创建了湘鄂川黔革命根据地。贺龙桥长40m，高、宽各7m，桥顶装饰着雕龙飞檐，桥上排列着长廊圆柱。全桥共两墩，均为圬工结构，两墩均延伸出来，上面装饰着石狮子。

在建桥之初，贺龙的曾祖父看见因为水流湍急所以经常有行人赤足徒涉而丧命。于是他决定在这里修一座桥，但是由于各种原因，桥仍未修好。不过，贺龙的祖父继承父亲的志向，费尽资材，终于1916年元月建成。在当时这座桥是两岸重要的通道，受到了远近乡邻的称颂。贺家是一个多子女的大家庭，在贺龙的带领下，其父母亲和所有的子女都走上革命道路。贺龙还有众多的亲属也跟随贺龙闹革命，在中国革命的各个阶段，贺氏家族均有多人为革命献身，是一个满门忠烈、名垂青史的革命家庭……正义凛然的人物形象与革命故事将人们再次带回那个革命年代。我们望着桥下的涓涓流水，细细感受着这充满历史古韵的桥梁，不禁陷入了思考。在老人的讲述中，我们记录下了专属于贺龙桥的历史印记。

"两把菜刀闹革命"

在建桥的那年3月，贺龙元帅带领着20名青年农民从贺龙桥桥头集合出发，踏着坚毅的步伐，怀揣着义无反顾的决心，直奔百里开外的桑植芭茅溪盐税局，他用两把菜刀（图2.3），劈死了多名税警，生擒了作恶多端的头目李佩卿，一时间轰动了整个县城和周边地区。事后，他和伙伴们返回洪家关，拉起了一支上百人的农民革命武装队伍。随即，他率领这支队伍参加了著名的讨袁护国斗争。这两把大刀对贺龙早期的革命也是有一定的影

图2.3　贺龙元帅亲持菜刀

响的，贺龙从小习武，身强体壮，胆识过人，正是因为这样的人物性格，造就了后期很多人愿意跟着他闹革命，跟他干革命，对他后期带队伍也有很深远的影响。

"干惊天动地事"

我们在桥的周围不断走来走去，引起了一位工作人员的注意，当他了解到我们此行的目的之后，向我们讲述了贺龙桥见证贺龙加入共产党的故事。在一个漆黑的夜晚，贺龙的大姐贺英和一些亲友匆匆忙忙地赶到洪家关几里外的山垭，在贺龙桥接回了中央委员会派遣的同志——贺龙与周逸群、贺锦斋等人。他们背负着巨大的使命——在鄂边区组织武装斗争，建立革命根据地，这注定是改变鄂边区战与扩大革命统一战线的重要战略举措。一个看似平静的黑夜之下，在一座普普通通的桥上，聚集了一群"干惊天动地事"的人，这是贺龙召集的一些在洪家关内各自都拥有武装的亲属和老部下。"大家静一静，安静一下……"，群众的目光都投射在一位青年身上，"你们都是我的亲戚朋友，都是自己人。从今天起，我们再也不要自己人打自己人，都给我干革命。我先把话说明白，我现在不是国民党，也不是中华革命党，我已经是共产党员了。南昌起义失败了，但共产党人是'杀'不完的。我这次回来，是在共产党的领导下，干工农革命军，干土地革命，要打倒蒋介石和汪精卫，推翻反动政府。我们南昌起义的队伍在广东被打散了，我就不服气，你们怎么样？"铿锵有力的声音从这位血气方刚的青年身上发出，他的声音鼓舞着身旁的群众，振聋发聩。

"在涅槃中重获革命新生"

1929年6月，贺龙率领红军接连取得战斗胜利，敌方向子云旅被打得落花流水。前线的战场上，战士们一个个冲上去，浴血奋战，一个倒下了，另一个就替上去。左边的兄弟右臂上中了敌人的子弹，却用不熟练的左手死命地举着枪射击，面目狰狞；右边的兄弟杀红了眼，大声地吼叫，嘴角甚至流出血来。

然而此时，桑植团防陈策勋纠集众匪进犯洪家关，他们似一股黑暗的势力，挖毁贺龙祖坟，烧毁贺龙住房，拆毁了贺龙桥，砸毁了石狮子。但这一切暴行都无法动摇洪家关人民的斗志。村民们没有犹豫，纷纷从家里搬来门板和床板，用来拓宽加固桥面，帮助红军渡河。很快，原址上修起了一座便桥。

村民的祖辈们成了这场阻击战的亲历者与见证者。在战斗中，红军多次通过这座桥向前方运输物资，他们进村里但是没有到老百姓家中打扰，休息的时候就在屋檐下。村民看到红军衣服穿得不好，鞋子是草鞋，但这样一支条件艰苦的部队，却不拿老百姓东西，为老百姓着想。红军的纪律性感动了村民，村民自发给红军送饭送水。纵然敌人频频入侵，但当地百姓的斗志却从未磨灭，全村人民团结一心，共同战斗。后来，贺龙率领红军占领了桑植县城，成立了苏维埃政府、农民协会和农民自卫军。许多年以后，当年的场景仍被亲历者以及后代一遍一遍地讲述。他们是这一片土地上的人，是革命的经历者与见证者。

以上都是老人对革命年代的回忆。老人退休有很多年了，虽已年逾古稀，却仍是鹤发童颜。他笑着跟我们讲述着自己与贺龙桥的故事，下巴高高地翘起，因为嘴里没有几颗牙了，嘴唇深深地瘪了进去。这一份热情的回忆讲述久久地回荡在我们的脑海中，从这一份深切的热情中，我们感受到了贺龙桥背后的独特历史古韵，当我们再一次通过这座桥时，走过的是革命历史的印记。

贺龙桥连同贺龙故居已成为当地爱国主义和党员教育红色基地。那一段百人誓师，千人奋进的场面依然在这片土地上留存，久久不灭，并转化为教育的红色基因，代代相传。

贺龙元帅从一名默默无闻的百姓，到参加革命成为一名铮铮铁骨的战士，再经历腥风血雨的冲刷，最终到共和国元帅这一步，不正昭示了"命运向勇士低语，你无法抵御风暴，勇士低声回应，我就是风暴"这一至理吗？

百余年前，不曾敢想"今尔立此汗马勋劳，特封尔为王侯，享千金食禄"的贺龙带着族人与乡亲，背上行囊，踏着曙色，就从这里踏上革命道路，延续千百年来民族基因中所流淌的精神血脉。"尽管三千人去八人还，可不到一个月，又有数千名桑植儿女加入红军。""招一百只要一歇，招一千只要一天，招一万只要一转。"红军一路征战，一路与人民群众缔结下生死情谊，并因此一路攻坚克难、发展壮大，完成了人类历史上最为光荣和悲壮的远征，书写下军民一心、患难与共的篇章。

贺龙元帅所传承下来的革命精神，在社会主义现代化强国建设新征程中焕发出新的力量。贺龙元帅敢拼敢做的精神更是为当地经济发展、红色人文情怀的赓续提供了源源不断的精神力量。虽然历史已经远去，红军艰苦奋斗、舍己为人的精神却依然留在桑植人民的心中，代代相传，经久不衰。

"新时代的中国青年要以实现中华民族伟大复兴为己任，增强做中国人的志气、骨气、底气，不负时代，不负韶华，不负党和人民的殷切期望！"这是习近平总书记对我们的殷切希望。没有哪一代人的青春是平凡的，没有哪一次成功是唾手可得的，身为土木青年，应当不忘初心、砥砺奋进，为了梦想不断拼搏。青春须早为，岂能长少年。在芳华岁月中，唯有铭记历史，才能传承与发扬红色文化，将贺龙桥的精神赓续下去；唯有敢于担当，才能肩负历史使命，抓住时代的机遇，将土木强国梦想变为现实。

讴歌岁月的风韵，奏响时代的强音，贺龙桥书写着家国情怀的壮丽诗篇。我们作为新时代的青年，是中华民族伟大复兴进程中的主心骨，注释着脚下的"脚印"，青年应以国之梦为己之梦，让敢作敢为的奉献精神，成为青年的价值追求，将国家之梦与个人梦想相融合，用汗水和心血铸就梦想，打造传奇故事，用奉献为新时代奋斗者书写颂歌，做无愧时代、无愧青春的追梦人！

（作者：李小军、姜卫）

参考文献

[1] 光裕，江南. 贺龙桥 [J]. 湖南档案，1986，（05）：49.

[2] 左超林. "贺龙桥"上故事多 [J]. 文史博览，2015，457（09）：66-67.

[3] 曹光哲，等. 周恩来大辞典 [M]. 南宁：广西人民出版社；桂林：漓江出版社，1997.

[4] 全荣阶. 略述贺龙在湘鄂西和湘鄂川黔时期的统战工作 [J]. 湖南党史通讯，1986，（02）：22-25.

[5] 李华章. 湘西风雨月 [M]. 北京：北京日报出版社，2022.

第 3 章
巍巍十丈功勋桥，悠悠千载兴亡事
——博望张骞桥

白条河的河水静静流过，大理石块的缝隙间苔痕点点，亦如老桥脸上的皱纹。时过境迁，沧海桑田。在我的家乡河南省方城县博望镇有一座1800年前的三孔石桥，名为张骞桥。西边桥头竖着一块石碑，上面写着"汉博望侯张骞封邑"几个字。据说这座桥是张骞封侯于此的唯一"物证"。两侧的桥栏上，用青石镌刻着36幅仿汉画石刻，内容反映的是张骞出使西域的事迹。

辛丑年冬，时值腊月，跟随着点点飞雪的脚步，我回到了阔别半载的故乡。没来得及和家乡父老拉家常，也没顾上欣赏麦田里的雪景，我便径直赶往了老桥所在地，去拜会这位久违的"老朋友"。汉朝时博望侯张骞的车驾被河水拦住去路，靠老百姓背扛肩挑的帮助才得以通过，他决定用自己的赏金为封地的百姓修建一座桥梁；汉光武帝刘秀在宛城起兵，他先是被王莽打到单人独骑从桥上逃走，随后又率领重新拉起的义军浩浩荡荡地从桥上杀回；三国的诸葛亮于桥北的博望坡巧用火攻，大破夏侯惇的十万大军；唐朝时的尉迟恭屯兵于此，重修了被水冲毁的张骞桥；近代的红二十五军成功突破敌人包围圈，趁着夜色悄悄从桥下行军，最后成功到达延安与大部队会师……老桥身边发生过太多惊心动魄的故事，现在就由我带领大家走近这座历经千年而巍巍不倒的张骞桥（图3.1），为大家讲述它身上发生过的精彩故事。

图 3.1　张骞桥全景

公元前139年，张骞奉汉武帝之命，出使西域，打通了汉朝通往西域的商道，即赫赫有名的丝绸之路。汉武帝念其功劳，特封张骞为"博望侯"，封地便是以今天河南省方城县博望镇为中心的博望县。博望老城中，白条河穿城而过，水流湍急，河面宽阔，两岸居民深受其扰。张骞为改善居民生活，用皇帝的赏金为百姓修建了一座结实的石拱桥。后人为纪念此事，便以张骞的名字为此桥命名。唐朝初年，白条河突发大水冲毁了老张骞桥，驻兵于此的尉迟恭为方便运兵和造福百姓，重建了老桥，增其旧制，建成了一座宏伟的三跨连续石拱桥，便是现今张骞桥的大概样子。此后的一千多年间，张骞桥一直静静卧在河上，为两岸居民的生产生活和商业往来发挥着自己不可替代的作用。历朝历代的政府对张骞桥均有轻微修缮，并未进行大的翻修。最近一次是1992年南阳政府对张骞桥进行的修缮，对主拱圈的裂缝进行了灌浆，对桥台松动的块石进行了更换，并且为老桥更换了刻有张骞生平故事的石栏杆，更为老桥增添了一份人文气息。如今的老桥上依然人来人往，车水马龙。虽然过不了大的货车和客车，但私家车仍然可以平稳地从桥上通过。

赏金修桥

汉武帝元朔六年（公元前123年）春，因出使西域有功而被汉武帝封为太中大夫的张骞，以校尉的身份从军北伐，跟随大将军卫青击败了匈奴右贤王部。在这次北伐中，张骞不仅出奇谋攻下了居延城，而且大军还缴获了一万多匈奴的牧民、降兵，牛马牲畜更是不计其数。汉武大帝龙颜大悦，于是封张骞侯爵（图3.2）。取其能广博瞻望之意，封张骞为博望侯，食邑百姓二千户，并说南阳郡富足，让侯爵主簿拿出了郡图，随手在南阳郡边上划了封地，让张骞到封地休养。"博望"也就从此进入了历史视野。

图3.2　汉张骞封侯处

张骞于这年初夏便从京城长安来到封地休养。在他来封地的路上下了一场大暴雨，博望城邑老街河上的木桥被冲毁了。当侯爷张骞来到封地要去侯府之时，却被这无桥的河拦住了去路。当时的大汉朝，汉武帝正着意于攻打匈奴，扫除北患，所以无暇顾及国内百姓安危，官吏横行，富豪掠夺，百姓生活困苦。张骞来到老街河畔，看着河内被水冲得七歪八斜的木桩和下游那几片破旧不堪的木板，一时不知怎样才好。

城邑内的百姓听说侯爷的车队受阻于老街河畔，纷纷赶来看热闹。两岸很快聚集了数百的百姓，这时年幼无知的孩子们天真地喊着："马车大，轺车（我国古代王侯乘坐的车）美，没有翅膀只有腿，遇到老街断桥河，拉不成东西要人驮！"

张骞向城邑内姓白的三老（汉代在乡里主教化民风的人）打听，白三老向侯爷诉说了城邑百姓无桥之苦：没有桥，城邑被分隔成了两半，西岸的百姓不能到东边的博望坡上垦荒，就是原有的耕地因为无桥通过被荒芜着；没有桥，官道驿站也很少有人走了，往来的商贩都不到城邑做买卖了，城邑沿街的店铺都萧条了，没有了商贩，十里八乡的百姓不得不去远处的城邑购买物品……当张骞问郡内为何不修桥时，老人道："糊弄啊！修桥远不如收赋勤快……"他对百姓们承诺：要在老街河上为大家修一座结实的石桥。百姓喜形于色，欢欣鼓舞，他们纷纷走下河堤，跳入水中，在河里排成了几队，以人为桥，将侯爷的车队转运过河去。

他回到侯府后，便立即去了南阳郡署，用自己的封赏为博望百姓建成了这座高大坚固的石桥，留下了"赏金造桥"的佳话千古传扬。据说到了唐代，尉迟恭敬德曾对大桥进行了一次维修，并正式把该桥命名为"张骞桥"。

在古代，行军打仗讲究兵贵神速，有一座坚固的石桥可供部队快速通过，是很多将领求之不得的事情。因此张骞桥所在的道路成了交通要道，博望城也成了兵家必争之地。冷兵器时代，张骞桥头发生过许多激烈的厮杀，如著名的诸葛亮火烧博望、刘秀激战王莽军等。近代战争进入热兵器时代之后，无险可守的博望才退出战略家的视线，张骞桥也回归了往日的平静，继续和两岸居民过着日出而作，日落而息的生活。

火烧博望

三国时期，刘备三顾茅庐请到了诸葛亮，以师礼相待。随后在新野招兵买马，交予诸葛亮训练。此时，曹操已打赢了官渡之战，平定了河北四州。曹操见刘备的势力日渐强大，便令夏侯惇带领十万大军，前往新野剿灭刘备。

刘备得知后，急忙请诸葛亮为其出谋划策，还把宝剑和印玺交给诸葛亮，以示对其的信任。诸葛亮思考之后，利用"博望之左有山，名曰豫山；右有林，名曰安林；可以埋伏军马"的地形大做文章，准备借势伏击曹军。诸葛亮命令关羽引一千军往豫山埋伏，等夏侯惇的部队赶到之后，放过先头的敌人，等看到南边的部队纵火成功之后，就全军出击，焚其粮草；命令张飞引一千军去安林背后山谷中埋伏，看到南面火起之后，便出击，火烧敌军在博望城内的粮草站；还命令关平、刘封带领五百军士，准备好引火之物，在博望坡后两边等候，等到曹军阵脚大乱之时，借助风势进行火攻；同时又命赵云为前部，主动引诱夏侯惇，不要赢、只要输，刘备亲自带领后援部队待命。

夏侯惇和于禁带领大军来到博望坡时，派遣一队精兵作为先头部队，其余部队护送粮车紧随其后。当时正值深秋，草木都干枯了。曹军先头部队遭遇赵云之后，双方交战，赵云诈败逃走，夏侯惇从后追赶。赵云走了十多里之后，回马又与夏侯惇相战，大战几个回合之后又诈败逃走。夏侯惇的谋士韩浩觉得其中有诈，便阻止夏侯惇进兵，夏侯惇不听劝告，一直追赶到了博望坡。一声炮响之后，刘备带领大军杀出，与之交战。夏侯惇看到刘备的伏兵之后，觉得刘备的大军不过如此，心中的骄傲之意大增，当时还有些紧张的神经彻底放松了，故而下令大军全速前进。刘备和赵云的部队装作抵挡不住，仓皇退后。夏侯惇只顾挥军赶杀，很快曹军赶到了两边都是芦苇的道路狭窄之处。于禁等人见状忙劝夏侯惇小心刘备火攻，夏侯惇也猛然醒悟。但此时已经来不及了，刘备的伏兵顺风放火，又刚好赶上大风，火势越来越猛。曹军人马阵脚大乱，自相践踏，死者不计其数。赵云带领部队折返回来赶杀曹军，曹军大败，抱头鼠窜，连辎重也被关张二将乘势截得。夏侯惇收拾残兵逃回许昌，刘备军大获全胜。如今的博望坡仍生长着一棵三国时期留下的柘刺树（图3.3），据说这就是当年诸葛亮火烧博望之后留下的。

图3.3　三国古柘刺树图

血战独树

张骞桥不但是汉代以来河南南阳时代更替、人文兴衰的见证者；更是中国革命、红色血脉发展的见证者。南阳在新民主主义革命时期涌现了无数为国抛头颅洒热血的青年志士，例如无产阶级革命家彭雪枫、铁血参谋长张立新、八路军独立第七旅政委王舟平等。在距离张骞桥30km的独树镇，曾爆发过一场荡气回肠的战斗，这便是被誉为红军长征途中十次重要战役之一的独树镇战斗（图3.4）。

1934年11月中旬，继中央红军第五次反"围剿"失败被迫进行长征后，红二十五军近3000人也奉命撤离鄂豫皖根据地，在军长程子华、政委吴焕先、副军长徐海东的

图3.4　血战独树镇

率领下，高举中国工农红军北上抗日第二先遣队的旗帜，开始战略转移。

11月16日，红二十五军从河南省罗山县何家冲出发，开始长征；17日，以突然行动，越过平汉线，直抵桐柏山区。蒋介石闻讯红二十五军西进，十分震惊，急忙调动豫鄂皖3省围剿总队的5个支队和3个师等大批兵力进行围追堵截，妄图围歼红二十五军。红二十五军采用机动灵活的战略战术，26日进抵方城县以东地区。红军指战员顶风冒雪，踏着泥泞，步履艰难地朝着独树镇七里岗急速行进，准备在此越过许（昌）南（阳）公路，进入伏牛山。下午1时许，程子华、吴焕先率一梯队到达独树镇七里岗一带，准备从七里岗穿越许南公路。敌四十军115旅和骑兵团已抢先两小时占领了马岗、七里岗、砚山铺一带。由于气候恶劣，能见度低，红军先头部队没有发现敌情。当红二十五军第一梯队（224团）沿七里岗脊北进接近许南公路时，突然遭到敌军炮火猛烈阻击。敌人开火后，224团几乎完全暴露在敌人的火力之下，敌军趁此机会发起冲锋，从两翼包围上来。

危急时刻，从后面跑步赶到阵前的军政委吴焕先一面指挥225团冲到前面反击，一面高声呼喊："同志们，就地卧倒，坚决顶住敌人！"当战斗激烈进行时，副军长徐海东带领第二梯队（223团）跑步赶到，立即投入战斗。随后，敌军连续发起数次进攻，都被红军一次次打退。为了打开一道缺口，通过公路，军首长指挥223团向七里岗发起冲锋。正面之敌挡不住红军的凌厉进攻，纷纷向东西两边退去。红军冲过公路，占领了七里岗村北500m处的任岗村。敌人急忙组织火力封锁，并炮击公路南北两侧红军阵地。红军不得已退到公路以南。

天黑后，风雪不止。红二十五军乘机撤到张庄附近，张骞桥便位于这次撤退路线的关键位置。此时，敌骑五师和追剿纵队已分别由羊册象河关向独树镇一带逼近。红二十五军处在数万敌人前后夹击的危险境地。根据当地老乡提供的情况，军首长决定连夜绕道突围。当天夜里，红二十五军绕道保安以北的沈丘附近，越过了许南公路。27日拂晓，抵达伏牛山东麓，突破了敌人的合围。

独树镇战斗是关系红二十五军生死存亡的一场恶战。在敌强我弱、敌锐我疲、地形与天气都不利的情况下，指战员们舍生忘死，英勇战斗，终于突出重围，转危为安。1997年，中共方城县委县政府在七里岗上建造了红二十五军独树镇战斗纪念碑。纪念碑以一把变形刺刀为表现形式，寓"血战"之意，碑身高25.34m，蕴含着红二十五军的番号和1934年的时代背景。正面和背面分别镌刻着原中共中央政治局常委、中央军委副主席刘华清和原红二十五军军长、全国政协副主席程子华题写的"红二十五军独树镇战斗遗址"和"烈士精神不死"的碑文。

艰苦抗战

1945年3月，日军发动豫西、鄂北战役，兵分四路向南阳发动疯狂进攻。驻防南阳的数十万国民党军队一触即溃，纷纷退却，导致南阳全境很快沦陷。

日军占领南阳后，各地的中共党支部纷纷与上级失去联系，各地的游击队员也只能各自为战，苦苦支撑。方城县的抗日武装——方城县游击队，由共产党员刘毅然负责政治、共产党员翟化民负责军事。这支牢牢掌握在中共地下党手中的游击队，多次破坏日军的交通线和通信设施，并利用巧计铲除了活动在独树镇带的汉奸武装兰工队，并处决了无恶不作的兰工队队长王兰波。当地人民无不拍手称快，汉奸分子则闻风丧胆。

南阳人民的武装抗日斗争，一直坚持到抗日战争取得彻底胜利。不仅沉重打击了日伪军的嚣张气焰，而且牵制了日伪军一定的兵力，配合了八路军、新四军开辟敌后抗日根据地的斗争。他们的壮举，在南阳抗战史上书写了最为辉煌的篇章。

张骞桥自古处在中原通往西南的交通要道上，作为城内东西联系的主要通道，这座桥或许不单是走过当地的土著居民，可能古驿道、古丝绸之路等也会经过这里。正是它的受命不迁，使得一代代的五行八作、各色人等纷至沓来，携南北之货、带东西之物，践行在自己的人生大道上。张骞桥的价值，不仅在于它现在仍发挥着巨大的交通功能，也不仅仅在于它是一座汉代的石拱桥，还在于它是一座巨大的艺术品——画像石收藏宝库。其桥身、桥墩、桥底至今不知还保存有多少汉及历代石刻艺术精品，具有珍贵的历史价值和文化价值。它们彰显了生活的悠远以及岁月的沧桑，使后人览后迹近高古之境，满足回追源头、感悟本心的悉心寻求。

时至今日，张骞桥依然承担着交通要道的重任。他如同一位参透世事的老者，静静看着身边发生的一切。他知道，自己身边无论发生多大的事，在他一千八百多年的经历面前，也只不过是沧海一粟，自己要做的，只是忠实地发挥好自己的作用，做好自己的本职工作，为人民服务。这不就是革命"老黄牛"精神的真实体现吗？作为新时代的研究生，我们要脚踏实地地为老百姓做实事，避免"喊口号，打标语"式的空谈，把为人民服务落实到生活中去。如同老桥一样，坚守自己的岗位，做好革命的"螺丝钉"。

（作者：黄阿明、梁璐祎）

参考文献

[1] 孙浮生.汉博望侯墓碑跋（附碑文）[J].文博，1985，（03）：95.

[2] 马强著.蜀道文化与历史人物研究[M].哈尔滨：黑龙江人民出版社，2019.

[3] 贺金峰.丝路源头河南南阳方城考[J].荆楚学刊，2015，16（02）：17-23.

[4] 周以成.眷注博望——近十年张骞研究文献综述[J].今古文创，2023，165（21）：71-73.

[5] 李运鼎.博望钩沉[J].中国地名，2016，280（11）：24-25.

[6] 佚名.以少胜多迅速跳出包围圈 以步胜骑快速冲出合围圈 以快胜慢全速蹦出聚围圈 独树以红二十五军胜利突破敌数万步骑兵的猛烈围攻而使其地名绽放异彩[J].中国地名，2012，225（04）：13.

[7] 徐占权，徐婧.北上先锋——红25军的长征[J].党史博采（纪实），2016，487（07）：4-8.

第 4 章
百尺青龙跨碧湍，铁犀光映玉栏杆
——青龙桥

久闻邵阳青龙桥踞水陆关津，涵英蕴秀而至形胜千秋，是千年以来邵水两岸血浓于水的情感编织、源远流长的文化交融与繁荣昌盛的经济发展的桥梁纽带。青龙桥几经千年风雨更迭，背后的文化蕴涵与历史故事长存于岁月长河，经久不息，散发着熠熠生辉的光芒，深深吸引着我们。

我虽是一介邵阳人，却是只闻其名之留芳，不见其桥之伟貌。恰逢学院举办"从万桥飞架，'桥'见中国奋斗"专业实践活动，我们六人志同道合，历一路风雨，经一番寻访，只为一睹传说中青龙桥的千年"芳容"。

听老人言说，与行人交谈，我们从中知晓青龙桥历经沧桑的岁月故事并为之触动。在奔流不息的历史长河中，青龙桥或毁于天灾，或毁于人祸，或毁于战火，却在这不计其数的磨难中浴火"重生"，亦是一种破茧成蝶的"新生"。在新与旧的缝隙，斑驳的古墙是岁月掠过的痕迹，见证着历史的延续与变迁。

邵阳市的双清区与大祥区的分界为邵水，跨于邵水之上的是邵阳人耳熟能详的青龙桥（图 4.1）。青龙桥连接着市区最繁华的两条商业街，即双清区的东风路和大祥区的红旗路，是重要的交通要道。青龙桥历史悠久，源于唐代，在漫长的岁月中几经修葺，四次更名，而今依旧巍然矗立于邵水之上，服务于人们的工作生活，更承载着许多值得称道的历史与故事。

图 4.1　青龙桥区域地图

邵水是资江第一大支流，横贯邵阳，主干流经邵东县—邵阳市双清区，是邵阳文化的发源地，其沿岸是邵阳经济、文化中心，在邵阳有着无法忽略的地位。如今集地势天时人和之势，青龙桥地段已经成为邵阳市中央商务区。

青龙桥始建于唐乾宁五年（898年），桥跨邵水，初为木构。

南宋宝庆元年（1225年），郡守宋仲锡主建，改木桥建为石砌五墩风雨廊桥，铸铁犀置中墩上游，以镇水妖，并以跃出真龙天子之意而命名"跃龙桥"。

明洪武三十年（1397年）建为五墩木梁石桥，其中以更坚固的石料代替木头作为桥墩。

清道光十八年（1838年），一场洪水将桥墩冲垮。次年集资复修，起造浮桥，后遇暴风雨解散了浮桥，经常有行人坠水溺亡，于是改建石墩木梁风雨廊桥，上覆以屋，列肆如市，历时8年才竣工。

资料表明：当时，青龙桥长29.6丈，宽5.1丈，共48楹，桥两端以石砌门，桥中建濯缨亭，东西各建一阁，一祀水神，一祀关羽，并于东西两岸修筑石堤。

民国十三年（1924年），洪水将桥面冲毁，仅存石墩5座，后经过几次修复，采用仅存的石墩为基础，修建木桥，仍无法复往日样貌。

民国三十三年（1944年），日本侵略军犯境，邵阳即将沦陷时，国民党邵阳守军炸毁桥梁。翌年，日军败降后，才重修青龙桥。

中华人民共和国成立后，青龙桥两度扩建。1950年，修复青龙桥，桥长85m，宽7m。1962年开始进行扩修、加固。第二年竣工后，改木桥为石墩水泥柱桥梁，桥面由7m扩宽到13m。

到了20世纪80年代，交通拥挤，桥墩年久危损，于1992年重建，翻修为24m宽85m长钢筋混凝土新桥。

最近一次翻修是2021年10月，封闭青龙桥进行修缮，历时3个月，青龙桥现为三跨连续钢筋混凝土箱梁桥，其梁采用变截面形式，采用重力式桥台，桥台与两岸岸堤相结合，桥墩为椭圆形状的重力式混凝土墩台（图4.2），并采用了盆式橡胶支座，每个墩横向设置7个支座，同时支座旁设有横向限位钢筋混凝土块，起到防撞、保护支座的作用。如今青龙桥焕然一新，成为邵阳境内载重最大的桥梁。

图4.2　桥底局部图

"百尺青龙跨碧湍，铁犀光映玉栏杆。马蹄踏水三江骁，人影沉波六月寒。城古不知辽鹤远，潭深唯有老龙蟠。归期若问巴陵道，驿路梅花带雪看。"古有名士鞠志元以诗记其景，字字沉淀历史的韵味，刻画着青龙桥独具一格的"美丽"。

为了让光辉不再黯淡，我们报以浓烈的热情，叙写着"抗日炸桥"这个不同凡响的故事，加以诗词典籍渲染，仿佛跨越过时间的重重边界，与过去的青龙桥进行了一场跨越时空的相逢。

"黑云"压城

千百余年来，青龙桥几度废弛，几度兴建，模样与结构也几经变化，仿佛无数次天灾人祸在千锤百炼着它，一次次毁坏于烈火中涅槃，一次次重建于绝境中新生，都让青龙桥焕发出勃勃生机。

曾几何时，青龙桥见证了一段鲜为人知的抗日战争，大概在1944年6月中旬，由于日军前三次进军湘北失利，准备第四次进犯湘北，可谓来势汹汹。正值国民党第四军军长的张德能，奉命驻守长沙，却指挥不利，兵力配置有误，致使长沙在短短三天时间内沦陷。

在长沙被日军侵占后十天，日军便一鼓作气，向衡阳发起猛烈进攻，衡阳守军奋勇抗敌，以血肉之躯抵挡，艰苦守卫衡阳四十七天。不料在8月上旬左右，国民党第十军军长方先觉叛敌，出卖重要军情给敌方，最终导致衡阳接连失守。

日军占据衡阳后，经过了短暂休整，并及时补充兵源，其主力军沿湘桂铁路一路进犯邵阳，后面分三支进军，一支由祁阳穿过文明铺、五峰铺进犯邵阳；一支沿着衡宝公路，西犯金兰寺、水东江、余田桥进犯邵阳；一支由潭宝公路进犯邵阳。

随着9月初潭宝公路上的要地永丰镇（今双丰县治）失守，邵阳形势非常严峻，岌岌可危。长沙失守使邵阳县城学校于6月中旬提前考试放假，学生都已经回家了。鉴于日本鬼子所到之处，烧杀抢掠，无恶不作的那些邵阳老百姓及商人、有钱人也是十分惧怕，匆匆忙忙带着一家老小要么是去山里头躲避，要么是背井离乡，逃到山门、安江、贵阳一带。当时，邵水一带仅仅只有青龙桥这一座桥，离乡逃亡的邵阳人都要路过青龙桥，他们都是看着龙桥铁犀长大的，十分不舍，潸然泪下，但也改不了背井离乡的命运。

因战火延及，当时的邵阳县政府被迫迁往司门前，并在邵阳东、西、南、北四乡成立了邵南、邵东等行署，负责管理所辖区域内的政务。邵阳城内仅余留守军和一些不愿背井离乡的百姓，为了更好地守护邵阳城，守军将大街上镶嵌的条石撬出来，垒成壕堑，堆上沙包，成为很好的掩体。对于大一点的房屋则挖通墙壁，做好巷战准备。

浴血奋战

为了阻止日寇渡桥过河，进犯邵阳城，国民党第七十四军171团二营奉命驻守在邵水一侧，阻击想要渡河的日本鬼子。其中二连国民党则是负责青龙桥一带，为防止敌人经青龙桥渡过邵水，邵水之上也唯有青龙桥一座，只能先牺牲这座承载了多年历史的古桥，忍痛将其炸毁，百年来屹立不倒的铁犀牛似有感应，纷纷坠落于邵水之中。

　　日军靠近青龙桥后，发现桥梁已毁，为保证日军重炮能够顺利渡河攻城，赶忙让部队在毁坏的桥上，搭建一个临时桥梁。就在这时，在附近埋伏的国民党连长见时机已到，一声令下，各种武器一齐开火，子弹像雨点一样射向日军，打得日军猝不及防。乱了阵脚的日军立马反应过来，立即躲入有利掩体，并组织火力反攻。

　　很快，日军发觉桥对岸的攻击力不强，不过百余来人，立即组织部队全力攻击，国民党虽然人少，但占据了有利地形，并且战斗力十分顽强，他们在挖好的战壕里用轻重机枪、步枪组成了一个火力网。日军发现短时间竟无法突破，立即组织炮火对其进行轰炸，然后强行渡江，但在国民党的英勇阻击下，日军的多次渡江均以失败而告终。

　　日军进攻愈发激烈，而国民党战士在经过长达数小时的战斗后，人员折损过半。这时，国民党战士突然听到后方传来了急促的子弹声音，越过了他们的头顶，打向前来进犯的日军，竟然是共产党组织的抗日游击队，几十人前来增援他们。虽然他们的枪支弹药很少，甚至还有人手里没枪拿着刀，但面对河对岸数不清的日本鬼子、坦克大炮的火力，却不惧生死，勇敢挺身而出，利用壕沟袭击敌人。

　　在国民党战士和抗日游击队的共同抵抗下，日军强渡邵水的计划再次破灭。又经过一日的艰难苦战后，仅剩十余人的国民党和抗日游击队收到了上面的命令：退守邵阳城。日军轰炸机即将来袭。是他们不畏生死的战斗，成功掩护了大多数老百姓的转移，虽然以惨烈的方式，但却成功拖延了日军整整一天一夜。

烽火连邵

　　9月初，国民党与日军在南乡五峰铺一带发生激战。由永丰进犯的日军与国民党激战于东乡黑田铺一带（今邵东）。由衡阳进犯的日军分别向邵阳外围据点余田桥、仙槎桥、两市镇进犯。就是这样战线紧紧相逼，邵阳县的东北、东南都有日军包抄进犯，国民党在这些地区与日军血战三日三夜，寸土也不轻易放弃，日军此时更增调大批炮兵助战，战线更加靠近邵阳县城。然而北乡酿溪（今新邵县治）、东乡范家山、南乡九公桥一带都被日军占领。

　　9月末，为了"成功"攻占邵阳城，日军泯灭人性，竟然向城内施放毒气，并抛掷燃烧弹，引起大火，邵阳城当时死伤一片。第二日，随着外围据点相继陷落，惨烈巷战，于斯展开，奈何日军装备精良，每日以大炮向城内轰击，飞机轮番轰炸，城内半城灰烬满布。日步兵更是在炮火掩护下，向守军冲锋，每日达十余次之多。双方火力猛烈，日军由东门突入，另一股自西门突进，晚上又一股自南门突入，分别向邵阳县立中学、中山公园、火神庙等地猛扑，并于火神庙高地施放毒瓦斯。随后，日军更是加倍增援，反复向中山公园、钟鼓楼等地猛扑。这一战线的国民党第七十四军、第一百军伤亡惨重，日军死伤人数亦达数千名。至10月初，邵阳沦陷，守城国民党全部牺牲。但日军占领邵阳县的近一年时间内，邵阳人民抗击日军的战斗却一直持续不断。

在长达十四年的艰苦抗日战争里，青龙桥的故事不过浅浅一笔，但在邵阳人心里，却是浓墨重彩的一笔，具有无与伦比的历史意义。图4.3为留存的抗战物图。

图4.3　抗战物图

诗词典记

青龙桥不仅具有惊涛骇浪的故事，也有丰富多彩的名人典故，更有渊博深远的诗句歌词。

公元1222年5月，赵昀为沂王，时任邵州防御使一职，常于青龙桥散步，赏月吟诗，饮酒纵乐，自是一番风流韵事。恰逢碧空万里，于青龙桥幽幽碧水之下，赵昀从中偶得一件稀世之宝——金秤，寓意非凡。后来他凭借着这股紫气冲天的气运，成功问鼎皇位，成为宋理宗。宋理宗感念在邵州的日子，而在邵州，秤和庆相似谐音，所以他以金秤吉兆为由，将年号取名"宝庆"。作为"龙兴之地"，即被宋理宗以其登基时的年号命名，享尽尊荣，邵州由此改名为"宝庆"，并升格为"府"，辖有今邵阳和娄底以及益阳一部分。

南宋宝庆初郡守宋仲锡为纪念遥领邵州防御使的赵昀嗣位为理宗皇帝，命名"跃龙桥"，并主修青龙桥，改木桥为石头建造墩身的风雨廊桥，并铸造铁犀放置在中墩上游，以镇桥下水妖。也有传说资江、邵水一带有龙，有人惊见一条腾云驾雾的真龙跃过青龙桥，一传十，十传百，于是人们将青龙桥改名为跃龙桥。

如今，沿河两岸一座座鳞次栉比的高楼大厦拔地而起。青龙桥地段已经成为邵阳市繁华的市中央商务区（图4.4），真是映照了一词"览斯桥也，瑰丽堂皇。水自南北，接三湘于洞庭；桥贯东西，迎四方之嘉宾"。更有一诗"龙桥形胜今为甚，车流人流奔小康"写照了青龙桥的繁华，在国泰民安的今天，青龙桥的车辆越来越多，越来越繁华。夜幕降临时，青龙桥华灯初上，桥如虹而

图4.4　青龙桥远景图

彩溢，城不夜而辉生。塑铁犀以胜景，还双江以清流。

风云变幻，几度沉浮，一座伟大的桥梁不止于我们看到它的形状庞大，更是见证它的历史悠远，还可以让我们细细品味它背后的深远故事。

起初建桥，或许只是意在交通便利，但自建立之初起，久经岁月，千年时光长河里，它给这座古老的邵阳城，以及从古至今的邵阳人远远不止交通如此简单，更是一种血浓于水的情感交织。那座栩栩如生的"铁犀"雄居于桥的两端，像一个英姿飒爽的护卫，以担镇压水怪之责，铁犀本身是冰冷的，却鲜活地活在邵阳人们心中，给这座城市的人带来一份安定。

后来，我们驻足于桥上，不禁去抚摸青龙桥些许斑驳的痕迹，暗青的灰色诉说着曾经的萧索，川流不息的车马人行却叙述着如今的繁华。与邵阳老一辈人们聊到此座桥时，大家都竖起大拇指，你会看到大家的眼里是满满真心实意的自豪感，古言有"宝庆自古邵水一座桥"，青龙桥早已成为邵阳人们心中的家乡桥，何况这也是为抗日战争作过些许贡献的桥，从他们亲切的话语中可以看出，既有对现在和平年代的倍感珍惜，又有对青龙桥长盛不衰的倍感欣喜。

我们深知，作为土木工程专业的研究生，作为新时代的热血青年，作为百川之中最汹涌澎湃的后浪，肩负着历史使命，理应像青龙桥一样无私奉献自身力量，灵活运用丰富的专业知识与实践技能，拿出敢为人先、不惧困难的精神，扎根于祖国基建，为祖国的建设添砖加瓦。立志成为土木领域耀眼夺目的一颗新星，为中国从桥梁大国跃升为桥梁强国而奋斗终生，为中国特色社会主义事业注入新鲜血液，才不辜负身上背负的家和国的使命，才不辜负脚下踏着的万里山河。

（作者：李小军、刘静）

参考文献

[1]　華夫. 中国古代名物大典（上）[M]. 济南：济南出版社，1993.

[2]　姚晶. 南宋桥记整理与研究 [D]. 长沙：湖南师范大学，2020.

[3]　金实秋. 中国名桥楹联大观 [M]. 北京：中国旅游出版社，1994.

[4]　湖南省地方志编纂委员会. 湖南省志 第 12 卷 建设志 城乡建设 [M]. 长沙：湖南出版社，1997.

[5]　周成. 中国古代交通图典 [M]. 北京：中国世界语出版社，1995.

[6]　佚名. 青龙桥 [N]. 邵阳晚报，2020-07-10（04）.

[7]　伍庆松. 青龙桥的前世今生 [N]. 邵阳晚报，2013-12-11（11）.

第 5 章
见证历史风云，千年屹立不倒
——小商桥

我的家乡有这样一座桥，1400多年来，数次遭到战争的破坏，承受了10多次的地震，历经风雨，饱受沧桑，仍屹立不倒。它的发现曾令我的家乡增添了一笔辉煌，令世界震惊，简直要把赵州桥世界第一的"帽子"抢过来。它就是第五批全国重点文物保护单位——漯河市小商桥。

小商桥（图5.1）是如何被发现的？它究竟建造于何年何月？为何能屹立千年而不倒？它又是如何被选中作为邮票图案的？2021年12月—2022年2月，我们的调研小组一起寻访了这座千年古桥，探索了小商桥穿梭千年的前世今生。下面就由我们来向大家展示这座千年古桥的魅力。

千年过往，古桥留痕，我所触碰到的每一寸栏杆，都布满了斑斑陈迹；我所踏过的每一块青石板，都见证过悠悠往事。

据我调查所知，历史上小商桥为南北交通要道，是兵家必争之地。地处中原腹地，扼南北交通要塞，"一桥当关，万夫莫开，"金戈铁马和刀枪箭斧使小商桥落下了千疮百孔，但终摧不毁其巍然形体，它饱经风霜，岿然不动。见证了唐宗宋祖、成吉思汗皇权的辉煌与灭亡，经历了抗金战役中的名战郾城大捷，同时也目睹了一代抗金英雄杨再兴的陨落。

图 5.1　小商桥全景图

而现在我眼中的小商河两岸林木葱茏，绿草萋萋，杨柳依依。如此美景，谁能想到，70多年前这里竟成为保卫漯河的喋血战场，无数革命烈士倒在了这里，尸横遍野。在那战乱年代，有多少人留下了姓名呢？这汩汩流淌的沙河水，仿佛在诉说它们心中对日本帝国主义无尽的仇恨。七十余载风雨沧桑，过往的腥风血雨早已不在，革命的胜利遍布华夏大地。但正是有了革命烈士的英勇抗战，为保卫家乡作出的伟大贡献，才有了这座桥今天的模样。这个和平的年代，我依旧深深爱着临颍小城。

我的家乡小商河有四千多年历史，而小商桥至今也经历了一千多年的风雨岁月，见证了无数次战争，从北伐战争、抗日战争到解放战争，都给这座古桥留下了不可磨灭的历史印记。

临颍之役（图5.2）

我乡土之上曾遭过铁骑践踏，而流水潺潺的小商桥之上也有过枪杆的革命斗争。1927年6月，北伐军贺龙所部独立第十五师与奉军在小商桥进行了一场艰苦卓绝的战斗。奉军的沙河防线失守后，在临颍集中了六七万人，包括坦克和大量炮兵部队，决心依托工事与北伐军决战。奉军在京汉铁路和临颍以东的弓形阵地上配置了3万部队，其余兵力配置在京汉铁路东面的小商桥，以及临颍以西地区。同时，还从郑州向临颍增调5个步兵旅、1个骑兵旅。经过一番苦战，贺龙部队突破敌军阵地，歼敌无数，缴获前线奉军5辆坦克中的3辆，占领临颍城南侧地区，迫使敌军全线溃退。

临颍之役共消灭奉军万余人，北伐军喜获大胜，武汉国民党中央军事委员会给贺龙等拍来电报祝捷。

小商桥之战缴获的战利品

图5.2 临颍之役

漯河保卫战

而临颍之役十多年后,小商桥又亲眼见证了另一场战争(图5.3)。1944年5月2日,日军在攻陷了临颍县城后,漯河保卫战打响了。从临颍抵达郾城小商桥的日军,为进攻漯河,采取包围的战略,兵分三路:中路自小商桥—孟庙—五里庙—漯河;西路自小商桥—勒桥—漯河;东路自小商桥—黑龙潭—漯河。当时驻防漯河的

图5.3 漯河保卫战

是国民党第一战区第十五集团军八十九军新编第一师,骑兵第二军之第三师,军长顾锡九,师长黄永赞。为抗击日军进犯,国民党军队在沙河两岸自东向西修筑了数里长的防线。沙河北岸从后周、张胡魏、李盘庄、小高庄、石槽赵、刘窑、白庙到五里岗等村,挖的是壕沟和掩护工事,沙南亦如此。国民党还在干河陈、翟庄、黄庄设立哨所,以观察日军动静。

5月2日,当日军进至离漯河30华里的勒桥村时,受到国民党骑三师第八、九团的侧面围攻,经过4个多小时的激战,国民党伤亡43名(连以下),后终因日军大量增援,该两团一面向大新店东北地区转进,一面继续阻击日军。同日,日军中路主力猛向五里庙、五里岗一带进攻,经新一师猛烈还击,日军没有得逞。八十九军特务营、工兵营还在黑龙潭、十五里店与另外两路日军激战彻夜,粉碎了他们企图强渡沙河的阴谋。

5月3日凌晨,日军继续向五里庙、郾城县城猛攻,国民党新一师顽强抵抗,战斗打得非常惨烈,鏖战1天,国民党以牺牲三团三营一连全体官兵的惨重代价迫使日军未能前进一步。日军受阻,犹如热锅上的蚂蚁,当夜急派援军增援东西两路。

5月4日,日军仍向郾城县城猛攻,为保卫漯河,八十九军军长顾锡九决定截击十五里店的日军,即命令第一师第三团中校副团长周希仁指挥该师加强营及军部特务、工兵两营向行进到阴阳赵的日军进攻,骑三师向十五里店的日军攻击并截其后援,战至5日拂晓,由于日军继续增援,国民党实难抵挡,不得不后撤。是役,周希仁阵亡。

5月5日,日军攻破五里庙,沙河北岸的国民党阵地已溃,急忙渡河南撤,但只撤走一部分。南岸日军发现此情况后,调兵阻击,另一些人则在日军重火力、南北夹击下,死于非命。驻扎在前周村的一个连,为掩护南撤也大部分被日军射死在麦地里。

同日,沙河南岸绕行的日军占领了夹河里和紧围漯河镇的干河陈、阎庄、大荆庄、大塘、冯庄等村庄。下午1时侵占郾城,突入漯河,顾锡九率部突围,漯河陷落

日军手中。

我的耳边似乎响起激烈的枪炮声和呐喊声,眼前浮现出无数倒下的身躯,在那战乱年代,有多少人留下了姓名呢?

刘邓大军南下过小商桥

多年后,山水变迁,江河无改,我们临颍军民又在这小商桥上再次相遇了解放战争最重要的队伍之一——刘邓大军。1947年6月30日夜,刘伯承、邓小平遵照中央军委"晋冀鲁豫野战军主力中央突破、南渡黄河,直趋大别山"的战略方针,率领晋冀鲁豫野战军主力12万大军,从山东阳谷以东150余千米的8个地段上强渡黄河,一举突破国民党军队的黄河防线,拉开了战略进攻的序幕。此时人民解放军由内线作战转入外线作战,由战略防御转变为战略进攻的条件已经成熟。在黄河以南、长江以北,西起汉水,东至海边的广大中原地区向国民党军队发起战略反攻。1947年刘邓大军南下路经小商桥,为了欢迎大军,临颍军民专门在城北关大操场举行双人旱船舞的表演,表达对中国共产党的支持、感激和敬爱。

漯河市小商桥自隋代开皇四年(584年)始建以来,它已见证中国1400多年的漫长岁月,目睹了无数的历史风云故事。历经一千多年的洗礼,小商桥饱受战火,但终摧不毁其巍然形体。

不仅如此,作为战火中屹立不倒的桥,它承载的还有那时浴血奋战,为人们谋自由、求幸福的革命先辈们对现在的国家和平安稳、人民安居乐业的美好愿望,我们现在所能拥有的一切都是他们用牺牲和鲜血换来的。每一个红色故事,都是活生生血淋淋的革命,都能折射出革命先辈艰苦奋斗、不怕牺牲的伟大精神。

忘记历史意味着背叛,我们应该牢记历史,并不是要延续仇恨,而是要以史为镜,面向未来。逝去的是岁月,是历史,却不是一种情怀。听着属于他们的故事,我们不禁感慨,为了创造一个机会,为了国家的胜利,多少人用他们的肩膀默默承受,扛起一片天。有人受伤了,有人倒下了,有人牺牲了,可他们前进的步伐却没有停止,他们知道只有不停地前进才会有胜利的希望,才不会辜负战友的牺牲。作为中国人,我为他们感到骄傲、感到自豪。

也许,岁月能改变山河,但历史将会不断证明,有一种精神永远不会消失。忠诚、勇敢、无畏和无私,终将会如这座千年古桥一样跨越历史的长河,使万千人的心灵为之震撼。时光漫漫,许多往事都会如同过眼云烟,但是,这些为我们的祖国牺牲的人们,值得我们所有人铭记,因为我们今天的美好生活都是他们用鲜血换来的。

同时,一座桥梁的发展历程凝聚了无数土木前辈的心血,一千多年屹立不倒足以体现前人的智慧，作为新一代的土木人，我们要牢牢抓住前辈交给我们的接力棒，牢记"逢山开路，遇水架桥"的土木精神，不忘初心，牢记使命，坚持原则，坚守责任，努力展现青年担当，为国家和社会作出自己的贡献。

遇水搭桥是我们土木人的精神口号，一千四百年前的古人遇上了小商河，建成的小商桥陪我们走过了千年历史，千年流转，如今这份匠心流转到当代土木青年心中，我们不仅要逢山开路、遇水搭桥，搭建的桥梁更要经得起山河变迁，经得起千年沧桑。

（作者：黄阿明、汪曼菲）

参考文献

[1] 佚名. 小商桥——河南省发现一座隋代石拱桥 [J]. 公路，1983，（02）：39–40.

[2] 贾洲杰. 河南临颍小商桥建年补正 [J]. 华夏考古，2014，110（04）：131–135.

[3] 佚名. 我军占领临撅情形 [N]. 汉口民国日报，1927-06-06.

[4] 马国福. 刘邓大军："走到大别山就是胜利！"[J]. 协商论坛，2020，424（07）：52–54.

[5] 孔庆普. 中国古桥志（上）[M]. 北京：东方出版社，2020.

[6] 辛年. 行走中原（下）[M]. 郑州：大象出版社，2010.

[7] 华之. 小商桥 [N]. 三门峡日报，2022-03-16（12）.

第 6 章
塘映彩虹破浪志，桥竣未忘修筑难
——朴塘桥

古朴的石墩、破旧的木廊连接着朴塘河两岸的村民，在路人眼里不过是一座破败不堪的老桥，而在老一辈朴塘村人眼里却是无数回忆的寄托。改革开放以来，隆回的发展日新月异，一座又一座新桥跨越了隆回境内大大小小的河流，古桥也逐渐退出了历史舞台。尽管如此，这些古桥在人们的心中仍扮演着无比重要的角色。它们不仅是以前交通闭塞情况下两岸沟通的途径，更是广大劳动人民智慧和勤劳的结晶。它们为隆回的发展作出了无法磨灭的历史贡献，它们是隆回的功勋章，见证着隆回的变化，铭刻着隆回的历史，承载着隆回人不息奋斗的精神，深深地印刻进每一名隆回人心中。当漂泊在外的游子思念家乡之时，它们更成为一种乡愁的寄托。我们此次走访的对象——朴塘桥，也是这些古桥的代表之一。

朴塘桥位于湖南省邵阳市隆回县岩口镇朴塘村，始建于元末明初之际（具体年份不详），系典型的木石结构风雨桥，三面环水，全桥长约69m，宽4.7m，计有石墩5座，水门6孔，桥亭27间。

2022年1月23日，我们小组成员从各地奔赴邵阳市隆回县。在这里，我们对岩口镇朴塘村的朴塘桥进行了深入的了解与研究。本次调研通过实地探访与线上调查相结合的方式，旨在深入挖掘家乡桥的历史意蕴，找寻家乡红色桥梁的故事。

一步入隆回县（图6.1），就能感受到它的古朴沉稳，如一位和蔼朴实、虚怀若谷的老者，让每位来客都倍感亲切。隆回县位于湘中偏西南，邵阳市北部，素有邵阳市区的"后花园"之称。山水自有山水妙，一方山水养一方人，这里诞生了近代伟大思想家"睁眼看世界第一人"的魏源，还有清代两江总督、抗倭名将魏光焘，辛亥革命元勋谭人凤，中国舆地学奠基人邹汉勋，时任中共中央宣传部长彭述之，毛泽东主席的老师袁吉六，书法老师孙俍工等杰出人物。隆回文化底蕴深厚，现有花瑶挑花、花瑶呜哇山歌、滩头年画、手工抄纸4项国家非物质文化遗产，被评为全国文化先进县。

进入朴塘村，朴塘古桥的神秘面纱也要被我们揭开了。这座桥（图6.2），目睹了满清政府的衰亡，也见证了五星红旗的升起；这座桥，见证过土地改革的热潮，也目睹了

| 第 6 章 | 塘映彩虹破浪志，桥竣未忘修筑难 —— 朴塘桥

图 6.1　隆回县城

图 6.2　朴塘桥全貌

乡村振兴带给村子的变化；这座桥，看过孩子们牙牙学语时的蹒跚踱步，看过他们长大后背井离乡时的背影，看过一代代人留下来的故事。劳动人民的智慧、最温暖的亲情、最坚定的忠诚和最无私的奉献，都是这座桥承载着的过去与未来。

碑文述史

夕阳西下时，我们一行人终于抵达目的地。走到桥头，映入眼帘的是一块沉稳古朴的石碑，墨色的古碑大气淳朴，其上篆刻着遒劲有力的三个大字——朴塘桥。碑文行行（图 6.3），一笔一画，将朴塘桥的过往辉煌徐徐再现。

元明之际（年份不详），朝天山开通寺僧人始建木桥，以度行人。其后数百年间，屡废屡兴，至 1934 年，亦复毁于山洪。越明年，当地士绅袁友三、刘承汉等倡议，得以复修，计费工九千有奇，费银七千余元。1964 年，桥亭倾圮极甚，由村塘及附近各村集资补修。石墩木廊风雨桥，南北走向。桥全长 69m，宽 4.7m，有石墩 5 座，水门 6 孔，木柱 108 根，桥亭 27

图 6.3　朴塘桥文物保护碑文

间。石墩以方形料石砌筑，平面为六棱形，桥亭两侧置凉板凳，供过往行人憩息和乘凉。桥亭屋顶重檐翘角，盖小青瓦。现存有 1935 年复修朴塘桥《万古流芳》碑及 1964 年补修桥碑数方。1991 年 11 月公布为隆回县县级文物保护单位。

老人与桥

当我们阅读古桥碑文时，一位老爷爷步履蹒跚地从我们旁边经过，我们连忙上前询问相关信息，却意外得知这位老爷爷正是我们本次远道而来寻访的主角——陈玉昌老

人。经过简单介绍，我们了解到陈爷爷有一儿一女，目前均在外打拼。这些年来陈爷爷一直生活在朴塘村，当我们问起朴塘桥的相关事迹时，陈爷爷一下子就提起了兴趣，将朴塘桥的兴建故事向我们娓娓道来。

"朴塘桥是隆回、新邵、新化三县交通要道，带动了附近水陆交通网的发展与形成。朴塘桥带来的还有三县的市场，一定程度上吸引了旅客，也因此带动了三县的经济文化发展，成为三县人民友好交流的特殊纽带，它曾经是隆回、新邵、新化三个县发展中不可缺少的一环。这座桥又名'破浪桥'，此地三面环水，是原高平永固镇的南大门，自古是兵家必争之地。进可以控五湖庙而至宝庆，退可以入九龙山脉、黄金洞里，其地势险要，高山深涧，沟谷纵横，神秘莫测。"陈爷爷颇有气势地说，如身临其境。图 6.4 为当地居民在桥上交谈场景。

图 6.4　当地居民在桥上交谈场景图

军民情谊之桥

朴塘桥的兴建和朱元璋密不可分。相传元朝末年，朱元璋率义军追赶陈友谅到朴塘。朴塘陈姓居多，陈友谅认为是本宗姓氏，完全可以信赖。兼之驱逐元军是陈友谅的功劳，以为人们还是拥护他的。

但朴塘陈姓百姓更为了解的是陈友谅是不孝之子，生性残忍。传说他于山间偷看两高仙在下棋，无意间两高仙泄露了天机，指山下某处乃天子地，葬之必出天子，只可惜要"凶死凶葬埋尽臃"。陈友谅回来后，反复思忖着高仙的话。一天，他发现老父亲在碓屋里春米，正弯腰捣弄臼里的米糠。他走过去，把老父亲往前轻轻一推，倒在碓下，碓嘴正好高高地从上落下，砸在他父亲的头上，立马气绝身亡。更可气的是，他不按常理盛装棺椁，而是将老父亲剥去衣物，赤身裸体地下葬，应合高仙的话。可过了几日，两高仙看见新坟，跌足叹曰：此地不发，就无地理，此地若发，又无天理，发不久也！加之他的军队管束不严，经常骚扰百姓，常干偷鸡摸狗之事，甚至还有的军官欺男霸女，陈姓百姓苦不堪言。

而与之相对的朱元璋，自从刘伯温访主成功之后，更是如龙入海，连战连捷。

传说刘伯温发现朱元璋头上枕根扁担，双手伸直，双脚伸开，睡在山坡上，刘伯温一看，这不是"天"吗？于是死心塌地辅佐他，认为他是"真龙天子"。当朱元璋赶到朴塘时，那几日连降大雨，洪水浩浩荡荡，河面宽阔，水深丈余，无法渡河作战。而陈友谅的部队则扼守桥头。朱元璋的部队纪律严明，秋毫无犯，全住帐篷。发大水的时候，还安排部分士兵为百姓转移财物。他苦无良策，来到开通寺，拜水军统帅关圣帝君，并拜见开通寺住持僧。

开通寺住持僧亦通相术之学，知朱元璋是真龙天子，乃热情接待，并告知寺院后面有杉树一片，乃寺中资产，任君处置。朱元璋喜出望外，是夜，派人伐木做排，作为临时浮桥。而当地百姓亦冒雨扛门板，卸装板，开通寺百多僧也是全力配合。

对岸陈友谅的部队以为连降暴雨是天助他们呢，正好睡个安稳觉，部队休整几天。哪知，天刚蒙蒙亮，喊声四起，杀声震天。他的部队只好通过木桥仓皇逃走，由邱家经黄金洞逃往白马山。陈友谅的部队在这里伤亡惨重，朱元璋的部队乘胜追击，大获全胜。

朱元璋登位之后，感念关圣帝君，感念当地百姓，于是敕令扩建开通寺，兴建朴塘风雨桥。桥下用大理石筑桥墩，上架枫木做梁，再铺板，上再建凉亭，两侧铺凉板。又因仰慕梁山 108 好汉，确定亭柱 108 个；365 块铺板，象征 365 天。让水军统帅关圣帝君镇守桥头，享受四方信徒之香火祭祀。因朱元璋的军队乘风破浪，消灭了陈友谅的军队，于是就叫"破浪桥"。

"在我们方圆数里之内，现仍呼此桥为'破浪桥'。"老爷爷摸摸胡须，眼神遥遥望向远方。

传承与忠诚

"明太祖与朴塘桥的故事，我也只是在长辈们的口中听说。这座桥上承载着的，不仅有英雄历史的起承转合，也有我们普通人的悲欢离合。"

1991 年始，居住在桥附近的陈玉昌老人，经常义务打扫古桥，劝诫附近村民不要往桥上堆放东西。特别是每次下大雨发大水，不管是白天还是深夜，老人都会时刻记挂着古桥的安危。每到这个时候，他都要及时组织人员将桥下杂树杂柴搬走，增强桥下河道泄洪能力，减少洪水对古桥的冲击。看到有白蚁在蛀蚀桥木构件，他心痛不已，立即找来石灰一遍又一遍地泼洒在桥上。

陈孝平是陈玉昌老人的儿子，一直跟随父亲保护朴塘桥。劳作之余，他也将心思扑在了对古桥的保护上。2008 年 5 月，古桥桥顶漏雨，腐蚀了桥板桥栏，他挨个上门发动群众集资买瓦，并自己出钱请工匠对桥顶进行了检修添瓦。思想工作一次做不通，就登门做第二次。村民被他这股热心所感动，纷纷集资。就这样，维修款很快就筹措齐了。古桥也维修好了。陈孝平说，他们一家会一如既往地保护好古桥，让古桥世世代代方便两岸人们通行。

朴塘村并不是只有这一座桥梁,那为什么陈玉昌老人如此执着于修缮与维护这座桥梁呢?原来村里其他的桥梁相距都比较远,如果没有这座桥梁那么两岸的村民要绕很长一段路才能到对岸。村里常驻的大多是老人,如果没有这座桥梁将对村里老人们探亲访友、寻医看病造成极大的不便。尤其是两岸的学生,因为镇上只有一所中学,如果没有这座桥梁,学生要多绕半个小时的路程才能到学校,每逢阴雨或寒冬更是对学生上学产生极大影响。正是这座古桥,极大地便利了两岸村民的生活。

"这座桥我出生的时候它就在这里了,我看着国家和周围的村民共同努力对它进行维修,这座桥承载着先辈们的希望与精神,我不想让它在我们这代人手里荒废了。"几十年里,陈玉昌老人在这桥上付出了无数心血,这何尝不是一种精神的传承,一份至死不渝的忠诚呢?

朴塘桥,破浪桥。

这座沧桑的古桥,经受了近百年的风吹雨打,已经有了很多裂纹,但桥墩依旧稳稳地扎进河里,尽显这座桥的刚毅顽强。桥下的河水哗哗流淌着,仿佛在诉说着悠久的历史(图6.5)。两边的桥栏上有一些简单的雕刻,显得十分简单、优雅。

图6.5 朴塘桥侧景图

它就像一位饱经风霜的老人,见证着当地的变化,记载着发生的历史。尽管社会的快速发展,基础交通的快速布局让它逐渐退出了历史的舞台,但这座桥在当地人的心里是无法替代的,更是以一种文化的象征,深深地刻在了当地每一个人的心里。当漂泊在外的游子思念家乡之时,更能作为一种乡愁的寄托。陈玉昌老人用自己的亲身事迹,以三代人的坚守,向我们展示了什么是传承,什么是忠诚。而作为新时代的青年大学生,我们更应该去践行这样一种传承,无私奉献、舍己为人。先天下之忧而忧,后天下之乐而乐。习近平总书记曾指出，"青年是整个社会力量中最积极、最有生气的力量，国家的希望在青年，民族的未来在青年"。高校大学生是青年群体中的中坚力量，肩负着实现国家富强、民族复兴、人民幸福的时代重任，广大青年大学生要牢记习近平总书记的殷切嘱咐，抓住时代机遇，树立远大志向，时刻保持昂扬斗志，在实践中淬炼品格、增长本领。青年大学生要勇立时代潮头，乘风破浪，积极投身到实现中华民族伟大复兴的新征程中去，做新时代的青年追梦人。

（作者：李小军、邹智杰）

参考文献

[1] 隆回县志编纂委员会. 隆回县志 [M]. 北京：中国城市出版社，1994.

[2] 万里. 湖湘文化大辞典（下卷）[M]. 长沙：湖南人民出版社，2006.

[3] 罗理力. 朴塘桥 [N]. 邵阳晚报. 2012-08-07（13）.

[4] 罗理力. 朴塘风雨桥 [N]. 邵阳日报. 2015-04-26（03）.

[5] 中国人民政治协商会议湖南省隆回县委员会学习文史委员会. 隆回文史 第 7 辑 [M]. 邵阳：政协湖南省隆回县委员会学习文史委员会，1998.

[6] 国家文物局. 中国文物地图集 湖南分册 [M]. 长沙：湖南地图出版社，1997.

第 7 章
此生留得豪情在，再作长征岂畏难
——洞口县红军桥

为了更深入了解红军历史文化，我们调研小组响应学院举办的"寻访红色桥梁"专业实践活动，开展红色桥梁调研。我们此行打算去调研洞口县红军桥——这座既经历了封建旧社会时期，也经历了社会主义新时期的红色桥梁。

如果说每座城市都有自己的年轮、坐标和韵味，那么花园镇红军桥就是洞口县的文化年轮。在坐了几个小时的绿皮火车之后，我们来到了这座桥坐落的小镇——花园镇，我们看到一家人门口坐了好些唠嗑的爷爷奶奶，我们也过去凑凑热闹，当地的人们很是朴实热情，跟我们讲述了很多关于这座桥的故事。老人们生动的讲述让我们仿佛也亲眼见证了红军桥数百年的风雨历程。

洞口县红军桥坐落于湖南省邵阳市洞口县花园镇境内的蓼水河上游，原名清溪桥。始建于清嘉庆年间，扼蓼溪关隘，驻兵把守，石木结构，自古为商旅西上的必经之路。红军桥南北走向，毗邻花园镇政府，与穿境而过的221省道公路相邻，距离洞口县城20km左右。1935年12月，贺龙、萧克将军率红二方面军第二、六团长征时途经花园镇，国民党地方民团为阻止红军北上将桥面木板拆除，红军在花园镇停留三天并将桥面木板铺好，为了不打扰附近居民，红军战士全部在桥上宿营，红军过后，人民为纪念红军功德，将此桥更名为"红军桥"；抗日战争时期，红军桥被敌人破坏，只留下7个石桥墩；2001年，花园镇政府利用原清溪桥墩石修复红军桥，2019年红军桥被湖南省人民政府公布为湖南省重点文物保护单位。尽管我们已经对这座红军桥有所了解，但在听完老人的讲述和亲眼看见这座历经百年磨难却依旧屹立于蓼水河上的红军桥（图7.1、图7.2）时，我们还是被它背后的历史和在波涛之上的坚韧身躯所惊叹。

"共话长征忆昔年，朝朝塞北望江南。行踪奇正敌围破，信息浮沉民意浅。捷报迅传逾朔漠，义诗响应度阴山。此生留得豪情在，再作长征岂畏难。"每次听到这首豪迈激昂的《七律》时，我的眼前总会浮现那红军战士英勇无畏的身影，正是这些先辈用热血和生命开拓了我们前进的道路。

在那蓼水河畔，我们调研小组去重温那段艰苦的革命历史，用心灵去感悟、去传

图 7.1 红军桥近景

图 7.2 红军桥远景

承、去发扬那些革命先辈所留下的革命精神，正是这样的精神支撑他们走过所有的艰苦，走向胜利的道路。而今天虽然我们不再需要抛头颅、洒热血，但我们同样需要这份坚强的意志，去在新的历史使命下完成又一次的"伟大长征"。

红军长征过花园

在1935年冬，红二方面军按照党中央的命令，自湖南桑植县出发，冲破敌军重重包围，向湘西、贵州挺进。由于国民党军方面的阻挠，红二方面军在花园镇驻扎了3天左右，虽时间不长，但沿途开展了斗地主、分财物给贫苦农民的革命活动，提出了斗争口号，宣扬了共产党、红军的宗旨、信念，用铁的纪律，亲民、爱民的具体行为，在洞口留下了许多动人的故事。

在贺龙、萧克率红二方面军第一次抵达花园镇红军桥时，桥面已全被国民党军队拆除，迫于无奈红军只能在花园镇停留并重新铺桥。当时几名红军战士，来到一户人家，只见一位妇人领着小孩慌慌张张地锁起了大门。其中一名战士上前敲门并说道："嫂子，请你不要害怕，我们红军是为老百姓服务的，请你开开门，我们有事和你商量。"妇女名叫欧阳香元，丈夫在外做挑夫，她听到敲门的声音不是很急，喊话的声音也很平和，就开了房门。战士看见她家还有一间空房，便向她道明了来意，欧阳香元知道他们仅借住一宿，便同意了战士的请求。过了一会儿，这位战士领着一位身穿蓝布长衫、留有八字胡子的人来到了欧阳香元的家门口，后面跟着二三十个穿灰布军衣战士，在禾坪里整整齐齐地站成两排。那"八字胡子"对大家讲道："我们红军是穷人的队伍，是为人民求解放的，我们有铁的纪律，大家千万要注意，不能进年轻妇女的卧室内。我们红军无论走到哪里，都要关心群众，爱护群众，群众家里的东西未经主人同意不能搬动，借东西一定要还，损坏和丢失东西一定要照价赔偿，这样我们才能取得群众的信任，才能团结群众去打倒蒋介石卖国贼，打倒日本帝国主义。"欧阳香元听完这番话，心里认定红军都是好人，并将这番话告诉了邻里乡亲。天黑之后，欧阳香元看见"八字胡子"和其他人在煤油灯下看地图，便悄悄询问了门口值班的小战士，他们都是什么人。小战士告诉她这是他们的军团长，苏维埃政府的贺主席，大家都喊他贺老总。她听后恍然大悟，原来还是个大官，怪不得大家讲话都客客气气的。第二天，部队在出发前，将整个屋子打扫得干干净净，并再三询问是否有东西丢失或损坏，确认有一个木盆丢失后，红军拿来了一个铜盆给了欧阳香元并说道："如果找不到就用这个脸盆，找到了就留作纪念，红军的纪律都是贺主席规定的，你一定要收下。"

虽时过境迁，但"红军桥"的故事仍然在洞口广为流传。这座"红军桥"为我们揭示了这样一个真理：只有亲民、爱民，才能完成执政为民的历史使命；谁真正做到了情系于民，谁就能真正赢得人民群众的尊敬和拥戴。

红军打击土豪劣绅

旧社会有三座大山：分别是第一个也是最凶恶的——帝国主义；中华民族进步的拦路虎——封建主义；帝国主义和封建主义压迫中国人民的代表和具体体现——官僚资本主义。旧中国的广大农民最深切地遭受着土豪劣绅的压迫和剥削，最基本的吃饭穿衣需求都难以为继，日日挣扎在生存线上。而工农红军打击了土豪劣绅，始终以解放贫苦农民为己任，真心实意地为群众谋利益，解决群众的生产和生活问题，解决群众的一切问题，最终得到百姓们的真诚拥护和爱戴。

在洞口县岩山乡沙坊院子，当地有个地主付升庭，长有一脸麻子，为人专横残忍，素常欺压穷苦百姓，群众都叫他升麻子，而他的五个儿子个个生性凶残，人民群众对其畏之如虎，因而称他们是"五老虎"。1931年，升麻子找来方师傅给他烧砖瓦、修新屋，方师傅辛辛苦苦一场却未得到分文工钱。1935年，方师傅参加了红军。12月19日，红军部队路经岩山宿营，他把当年在付家的遭遇和当地农民饱受付家欺压的情况向部队首长做了汇报，首长当即让方师傅带三名战士去找升麻子，他们抄小路到沙坊院子，成功抓住正准备逃跑的升麻子。附近的农民群众听说红军抓住了作恶多端的升麻子，欢喜得奔走相告，纷纷向红军首长揭发升麻子的罪行。首长派出战士打开付家粮仓，把粮食分给当地的贫苦农民。随后第二天红军离开岩山时，升麻子在绥宁县李熙桥被处决。同时，红军第六军团又在石江处决了一贯横行霸道、专擅跋扈的王文祥；镇压了高沙镇街上"三王五霸"之一的大土匪袁宽；在绥宁县武阳处决了石背乡的土财主尹成哉、花园乡恶贯满盈的邓星芳、拒绝给红军派粮的反动保长邓陈卓三人。广大贫苦百姓人人拍手称快，纷纷感谢红军为自己伸了冤，讨还了血泪债。

红军到洞口县之前，国民党反动派与地方反动势力制造了很多关于红军的谣言，抹黑红军的军队形象，三人成虎，不少农民被谣言吓得躲进山里。红军以遵纪爱民的实际行动，解除了群众的顾虑。开始，岩山街上很多店面都大门紧闭，红军战士亲切地喊："老乡们不要怕，我们红军是穷人的队伍，不会拿你们的东西，如果你们有什么吃的就卖给我们一点，我们照价付钱。"看到红军战士规规矩矩地蹲在街上，于是有人拿出煮热的红薯放门口卖，战士们不讲价，只多付不少给。消息传开后，街上的店门都开了，附近群众家里有能吃的也都拿到街上卖，成功解决了红军的吃住问题。红军关心爱护贫苦农民的感人事迹，深深地感动了广大人民群众。

军民浓浓鱼水情

军爱民，民拥军，军民鱼水一家亲。当年工农红军和人民群众鱼水相依的关系在洞口县发扬光大，涌现出一大批拥军爱民的英模人物。1990年3月17日，驻军战士艾前文从部队还乡途中，所乘客车突然着火，艾前文踢破车窗玻璃，奋力抢救出4名乘客，自己却被烈火烧成重伤。同年6月，中共邵阳市委作出向雷锋式好青年艾前文学习的决定。2009年6月洞口县公安消防大队政治教导员宋文博参加洞口县"6·9"抗洪救灾时，因疲劳过度引发高血压脑出血，经抢救无效壮烈牺牲，年仅37周岁，被国务院、中央军委追授"爱民模范"荣誉称号。红军那种忠诚可靠、赴汤蹈火、服务人民的精神在他们身上得到充分体现。

红军的传统就是人民军队爱人民，人民更爱子弟兵，军民一家相互帮助。历届洞口县委县政府领导十分关心驻军部队的建设，千方百计为部队官兵解决军属就业、子女上学等方面的困难，让子弟兵们放心。而且地方政府每逢节日对驻地官兵进行走访慰问，到官兵的生活中去，就像红军为人民解决一切问题，当地政府也切实解决官兵们遇到的一切问题。原洞口县委副书记、县长周乐彬说："军人无忧人民方能无忧，军属舒心军人才能安心。"这不是一句口号，因为洞口县民政局、妇联、第一中学和部队驻地毓兰镇等单位还与部队开展"军民齐奏和谐曲，双拥共建文明城"活动，军民携手共建和谐文明洞口，不断巩固和发展"鱼水一家人"的和谐关系。

通过这次的红军桥之旅，我们收获颇多。红军长征途经花园镇时不拿群众一针一线，全力为群众帮难解困，还有红军们为了保护群众不幸牺牲，是红军同志们的不畏牺牲换来了我们如今幸福安乐的生活。了解到这么多关于红军桥的红色故事，大家深受感触，纷纷表示要做到知党恩感党恩，听党话跟党走，把对革命先辈的缅怀化作学习努力的动力。红军桥的红色文化一直影响着洞口县的一代又一代，洞口县的人们把革命先辈吃苦耐劳、为人民服务的精神发扬光大，将当地的工业、农业、旅游业都发展得如火如荼。

作为新时代的桥梁专业大学生，我们要牢记长征精神内涵"重于求实，独立自主的创新胆略",坚持独立自主、实事求是,一切从实际出发,积极参与工程实践,在社会主义建设实践中成为桥梁专业工程人才,向社会和国家展示新一代桥梁领域工作者的敬业精神、专业素养和求实态度。

红军桥是红军留给我们后代的精神图腾,作为青年学子应当从中学习红军革命精神,用实际行动将红军革命精神在一座座桥梁上点亮。因此,我们子孙后代应当向走了几十年的"红军桥"致敬!向已经牺牲的红军烈士致敬!向健在的红军老人致敬!向那些爱护红军桥和红色圣地文物的人民致敬!

(作者:刘雨辰)

参考文献

[1] 孔庆普. 中国古桥志(下)[M]. 北京:东方出版社,2020.

[2] 唐小红. 红军长征经过湘西南少数民族地区的影响[J]. 档案时空,2016,301(07):10-12.

[3] 张自力,戴初生. "因为我是个军人!"[J]. 中国民兵,1990,(07):36.

[4] 艾哲. 一座军民桥 一座烈士墓 一百块银洋[N]. 邵阳晚报,2019-07-16(03).

[5] 周伟. 花当洞口春常在[J]. 新湘评论,2018,(10):57-59.

第 8 章
铁汉秦章光陇板　桥虹耀彩卫金城
——兰州中山桥

2022年1月22日，我们调研小组开展了"乡音·家乡桥的故事"寒假专业实践活动，赶赴甘肃省兰州市，实地探访一座具有百年历史的古桥——中山桥背后的红色故事。

中山桥，俗称兰州黄河铁桥，位于甘肃省兰州市滨河路中段北侧，白塔山下，金城关前，是5464km黄河上第一座真正意义上的桥梁，因而有"天下黄河第一桥"之称。它在金城兰州的历史中扮演着十分重要的角色，在硝烟四起的抗战年代，曾为战争胜利贡献了不可磨灭的力量，同时，也见证了兰州人民一步步走向幸福生活的艰难历程。

我们到达兰州站之后，搭乘出租车前往目的地。据司机师傅所说，现如今的中山桥已经成为一座步行桥，是黄河兰州段上的标志性建筑，它给兰州人民的生活带来了诸多便利。

尽管在行动之前，小组成员已经查阅了许多关于中山桥的资料，但当抵达中山桥面前时，我们还是被中山桥那饱经沧桑又巍然屹立在波涛之上的坚韧身躯所震惊（图8.1）。中山桥是一座钢桁架桥，桥身为五座弧形钢架拱梁，每孔长45.9m，总长233.5m，桥面为铁板，总宽8.36m，同时桥内两边设有各宽1m的人行道；桥梁下部结构由2座桥台、4个桥墩组成。在历经一百多年沧桑洗礼、岁月沉淀之后，这座充满历史感的桥梁仍犹如银龙，跃于万里黄河之上。

图 8.1　中山桥桥貌

革命先驱永不忘，铁桥更名中山桥

在参观了宏伟的中山桥之后，我们又前往位于金城关文化风情区（原金城关古玩城）内的兰州黄河桥梁博物馆去了解中山桥的建桥史。

走进博物馆，首先映入眼帘的是众多桥梁微缩景观模型，博物馆通过大河桥影、古今桥韵、名桥集锦三个单元全面展示从古至今中外桥梁的演变历史以及黄河流域著名桥梁的风采。

兰州地处我国黄土高原、青藏高原和蒙新高原的过渡地带，深居内陆，是典型的"两山夹一河"的地理环境。黄河兰州段的水文动态时空变化较大，特别是河流来水量和含沙量的时空变化非常大，全河段河槽宽窄相间，河宽变化较大，这一特殊的地理水文条件给黄河两岸人民的出行以及当时的物资运输带来了一定的难度。清同治年间，兰州城黄河两岸的人们往来主要靠羊皮筏子，异常危险。时任陕甘总督左宗棠面对黄河两岸老百姓出行问题，有了建桥的想法，但未遂。

明洪武年间，兰州始建第一座浮桥，建好的浮桥叫"镇远桥"。镇远桥由25只大木船组成，上面用木板铺成桥面，下面用碇石稳定船身，桥两边的大铁柱子叫"将军柱"。但浮桥并不坚固，春天的冰凌会撞坏浮桥，夏天的洪水也会冲垮浮桥。

清光绪三十四年（1908年）4月10日，中山桥工程正式开工。清政府在兰州道彭英甲的建议和甘肃总督升允的赞助下，动用国库白银三十万六千余两，建起了黄河第一座铁桥，取名"兰州黄河铁桥"。清宣统元年（1909年）8月19日，铁桥正式竣工投入使用。1925年3月，孙中山在北京逝世，为纪念国父孙中山先生，全国各地掀起了修改地名以纪念中山先生的活动，兰州的黄河铁桥也是在此期间更名。当时，由甘肃省主席刘郁芬手书的"中山桥"匾额被悬挂于铁桥南面的牌厦之上，"黄河第一铁桥"从此改名为"中山桥"，并沿用至今。

孤身卧于黄河上，抗战物资送前方

中山桥的抗战史也是一段精彩绝伦的历史。1937年7月7日，抗日战争全面爆发后，我国沿河各地相继沦陷，海路运输中断，苏联的援华物资改由西北陆运，西北成了抗日战争的大后方、国际贸易和军事物资进出口的必经之地，兰州则成了西北地区的交通运输中心。

因特殊的地理水文条件，黄河水运难度大。在西北公路运输管理局营运的路线中，西兰公路—甘新公路是西北地区唯一的国际运输大通道。苏联援助中国的军用物资和西北地区自产的军需物资，大多经甘新公路运至兰州集中后，再由兰州经西兰公路等运送到各抗日前线，甘新公路和西兰公路的交通流量急剧增加。兰州中山桥是甘新公路、西兰公路两条东西大通道上唯一的一座横跨黄河、连接两条道路的桥梁，其军事和经济地位空前提高，成为一座为抗日战争提供后勤补给的关键性桥梁。这座原为通行马车而设计建造的铁桥，为中国人民的抗日战争和世界人民的反法西斯战争，硬是挺着铁肩，日夜承受着往来汽车的碾压，为抗日战争输送着补给。苏联援助的大炮和弹药以及其他物资货运量总计达 36 万 t，货运周转量超 1484 万吨公里。其规模之大，时间跨度之久前所未有，对抗日战争作出了巨大贡献。

改颜换色抵轰炸，身躯坚强保后方

彼时的兰州是抗战的大后方、西北的交通枢纽、国际援华军事物资的中转站，在当时引起了日寇极大关注。为此，从 1937 年 11 月至 1943 年 6 月，日本侵略军对兰州进行了长达 6 年的疯狂轰炸，而令黄河天堑顿成通途的中山桥更是成为他们轰炸的重要目标，人们为了保护这座铁桥，不得已将桥身的橘红色改为铁灰色。1939 年前后的这段时间，日军多次轰炸兰州，把中山桥当作重点目标，投弹多次，所幸炸弹都投在了铁桥附近，但无一命中（图 8.2）。

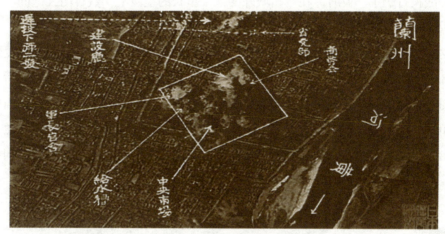

图 8.2　日军轰炸兰州图

可靠的材料和稳定的基础是中山桥屹立不倒的关键。据记载，中山桥的建桥材料（约 130 万斤）都是从德国进口，海运至天津，再由天津经北京、郑州、西安转运至兰州，有铁路的地方坐火车，没铁路的地方坐驴车、马车，整整耗时 17 个月，所有的建设材料才运输到位。

优质的建造材料保障了桥身的受力稳定，深入岩层的基础确保了荷载的有效传递，这些都是中山桥能够在一声声轰鸣之中毅然挺立的关键。可以说，在抗日战争期间，中山桥不仅是我国军民抗击日寇的重要战线，更是兰州人民不屈精神的象征。即使敌人虎视眈眈地盯着中山桥，但它始终傲然挺立于九曲黄河之上，守护着运送军事物资的车辆安全驶过。在这座桥上，一批又一批的驼队和汽车，将无数军粮、武器、弹药源源不断地输送到抗战前线，送到抗日战士的手中，给英勇顽强的中国军民提供了坚强的后勤保障，直至抗战的胜利！

阻断敌军转局势，解放西北立功劳

中山桥的故事远不止于此，在解放战争中，中山桥同样为战争的胜利，立下了汗马功劳。1949年7月扶眉战役之后，第一野战军即开始千里追击敌军，解放大军直指兰州，拉开了解放兰州的序幕。

黄河是兰州的天堑，中山桥是当时黄河兰州段上唯一一座桥梁，有"一夫守桥，全城紧锁"之势，也是国民党军退守宁夏、青海的唯一水上通道，故有重兵把守，人民解放军第一野战军也就此进行了积极的战役部署。

8月25日拂晓，3发红色信号弹在一片寂静中划破黎明前的黑暗，兰州有史以来最为激烈的战役打响了。彼时，在兰州城外围几十里长的地段上，数百门大炮同时吐出凶猛的火舌，化作道道利箭，射向敌人阵地，一时间，大地颤抖，硝烟弥漫……

在这一整天里，第一野战军参战的各部队先后对兰州南山各阵地发起了猛烈的进攻（图8.3）。当时，马步芳之子马继援是敌军司令官，他在坚守兰州一段时间后自觉不敌，遂与在西宁的马步芳联系，企图趁夜色掩护经中山桥撤至青海。此时，中山桥成为这场战争的必争之地，如果解放军能占领下中山桥，就能关门打狗，全歼困守兰州的敌军；如若不然敌军一旦成功退回青海，撤入新疆，将后患无穷，给全面解放中国西部的青海、宁夏、新疆带来极大阻碍。

图8.3　兰州战役解放军战士冲锋陷阵图

当时第一野战军第七师三营八连主攻中山桥,在第七连、第九连的助攻下,同敌军展开了激烈战斗。尽管守桥及守城敌军负隅顽抗,但在解放军八连凶猛的火力压制下进退不得。八连掩护突击队冲击,九连勇猛攻占西关外城,利用所占领的北城地理高度优势,集中火力攻击守桥敌军,支援八连。战斗直至午夜,八连终于占领了中山桥,切断了敌军退路,攻城部队攻入城内在巷中与敌军奋起斗争。

8月26日凌晨,只有死守在白塔山阵地的敌军还在向南进攻,第一野战军第四军当即组织炮兵火力掩护我军迅速通过中山桥向北发起攻击,最终歼灭守敌。午时,第十九团一部跨过中山桥,将残兵一网打尽,抵达了白塔山,最终将红旗插上了白塔山山顶。自此,战斗结束,兰州解放。

中山桥在兰州战役中受到损伤,兰州解放后黄河两岸交通一直断绝无法往来,兰州军事管制委员立即号召干部们、工人们和广大人民群众抢修中山桥,畅通人民解放军西进解放甘肃河西地区和宁夏、青海、新疆之路。经过十日不舍昼夜的奋力抢修(图8.4),至9月6日,中山桥主桥抢修完毕,人民解放军的坦克、炮车终于可以顺利通过中山桥,继续西进。

图 8.4　军民共同抢修中山桥

在此以后,中山桥不仅是往前线运输武器装备和补给的支持之桥,还是送往兰州医院救治伤员们的生命之桥。中山桥,这名经历了多次战火洗礼的"老兵",用他钢铁的肩膀,背负着人民的希望,又为解放西北全境,为建设新中国开始了新的征程,立下了汗马功劳。

在随后的日子里,中山桥也一直坚守在黄河之上,为西北的社会主义建设铺开大路。直至今日,它仍以步行桥的身份挺立黄河之上,续写着自己的传奇故事。

2006年5月25日,中山桥被中华人民共和国国务院公布为第六批全国重点文物保护单位。迄今,中山桥建成已有113年,超过了保固期33个春秋,创造了我国近代桥梁史上的奇迹。如今的中山桥,虽再难以肩负起沉重的交通负担,但它仍然巍巍屹立在黄河之上,似乎在用挺拔的身姿向世人讲述自己的那段英雄故事,传承战士们当年英勇奋战的不屈精神。

桥梁是人类跨越天堑的杰作,它让激流两岸人民的交流和沟通成为可能,让大山深处的孩子有了探索外面世界的机会,每一座桥梁的诞生都是劳动人民智慧结晶的展现!

在我国过去几十年的发展历程中，桥梁事业突飞猛进，截至目前，我国桥梁数量已超过100万座，已然成为名副其实的桥梁大国，极大地提高了我国的国际地位。当然，在取得如此成就的同时，我们仍存在着许多问题没有解决，施工工艺的优化、工程质量的提高、核心技术的创新等方面都是我们后辈桥梁人要努力的方向。路漫漫其修远兮，吾将上下而求索。中山桥用行动诠释了"革命尚未成功，同志仍需努力！"我们桥梁学子也应该以中山桥为榜样，持续地为中国桥梁事业的发展努力奋斗！让中国桥梁这个名片在世界舞台上持续地熠熠生辉！

（作者：彭彦庆）

参考文献

[1] 杨重琦，余贤杰，关振兴. 百年中山桥 [M]. 兰州：敦煌文艺出版社，2004.

[2] 刘起. 作为工业遗产的兰州黄河铁桥建筑研究 [D]. 西安：西安建筑科技大学，2008.

[3] 阳飏. 华夏文明的精神家园 走过甘肃大地 [M]. 兰州：敦煌文艺出版社，2020.

[4] 陈乐道. "中山桥"名始于何时 [J]. 档案，2002，（05）：29.

[5] 张洁琪. 再造网络：作为媒介的中山桥及其意义开掘 [D]. 兰州：兰州大学，2021.

[6] 孟郎. 从中山桥到《天下第一桥》[J]. 读者欣赏（理论版），2012，（Z2）：44-49.

[7] 陈皖皖. 作为媒介的音乐展演：兰州中山桥交往空间的再造 [D]. 兰州：兰州大学，2022.

[8] 田志民，商民杰，颜东华. 甘肃黄河大桥"天下黄河第一桥"[J]. 城市地理，2018，（05）：28-35.

第 9 章
风雨普济天下客，三楚龙津第一桥
——龙津风雨桥

2022 年 2 月，我们小组积极响应学院举办"从万桥飞架，'桥'见中国奋斗"专业实践活动，调研学习了作为"三楚西南第一桥"的龙津风雨桥。龙津风雨桥在抗日战争期间，任凭日军飞机怎样狂轰滥炸，却始终屹立不倒，保证了抗战运输大动脉始终畅通无阻，运送了大量的战略物资和成千上万的战士上前线，为中国人民的抗战事业作出了不可磨灭的贡献，见证了在中国共产党的带领下最终夺取抗日战争的完全胜利，也见证了中国共产党百年来的风雨历程。走近龙津风雨桥，听她讲述在历史星空中闪闪发光的古人智慧和民族大义，听她讲述中国共产党红色革命故事和血火淬炼的伟大抗战精神，听她讲述中华儿女在民族危急存亡之际时的爱国主义情怀，听她讲述中国共产党领导祖国走向繁荣昌盛的那段红色岁月。感悟中华民族一路走来的艰苦，更加懂得珍惜来之不易的幸福生活。宝剑锋从磨砺出，梅花香自苦寒来。可以说，中华人民共和国 70 多年历史，就是把困难当阶梯、不断向上攀登的奋斗史诗。我们应当把自己有限的青春，投入到对祖国无限的奉献中去，将先辈们的红色精神传承下去，在红色先辈文化中汲取奋进前行的动力，接续先辈伟业，不断前行。

龙津风雨桥坐落于湖南省怀化市芷江侗族自治县，横跨舞水河，连接城东城西，气势恢宏，有"天下第一侗乡风雨桥"的美誉。全桥的形制是由桥、廊、亭三部分组成。桥墩共 16 块，均用青石砌成。桥上有 7 座凉亭，凉亭与长廊融为一体，且全桥都是木质结构。该桥始建于明万历十九年（1591 年），是湖南通往四川、云南、贵州三省的枢纽，旧称西关桥，又因为桥像龙卧舞水，所以又名"乌龙桥"。桥长 252m，宽 12.2m。

伴随着中华人民共和国的成立，芷江龙津风雨桥结束了它苦难的历史。于是人们日夜期盼着，有朝一日能恢复它昔日的姿态。1998 年春，芷江县委及县政府作出了"还千百年侗民夙愿，修复龙津风雨桥"的决定。其修复目的是保持其建筑本身的传统侗乡建筑风格，整合原有的避雨渡河功能和现有的文化功能，修复风雨桥的整体形态结构，以土色土香的侗族风雨桥为修复尺度，充分考虑资源的合理配置，以最大限度地还原芷江龙津风雨桥。

图 9.1 修复后的龙津风雨桥雄姿

当地群众筹资 600 多万元，整个施工工程于 1999 年初全面启动，当年 11 月建成。图 9.1 所示为修复后的龙津风雨桥。

现在的龙津风雨桥，已远离了战火的纷飞，远离了时势的大浪淘沙，成为一座集贸易、旅游观光、休闲于一体的全国最大的侗族风雨桥，成为华夏大地一道集历史古迹和建筑艺术为一体的人文景观。

战事连年，谁还侗民建桥夙愿

古代早期的芷江县城河东与河西两岸并没有桥，是以舟为渡，但这里是湖南通往云南、贵州、四川的大渡口，是古驿道线上的舞水驿，东来西往的人马从这里过河，全用渡船划渡。到了明成化十八年（1482 年），副使马俊为战事方便，将几条木船编为一组，再互相连接，筑起了第一座浮桥。虽方便了来往过河人，但遇上多雨季节，常涨洪水，上游冲毁的房屋杂物，树木枝条，多次从浮桥上冲走，但浮桥不会被洪水冲垮。

因为军事所需，明正德元年（1505 年），龙津风雨桥加铺了一层厚厚的木板，增加了桥身的防御洪水的能力，嘉靖二十七年（1548 年），又为原来的浮桥增加铁索，进行加固和改造。为了战事进行的改造，无法满足当地侗民对来往河东河西两岸的需求。

明朝万历十九年（1591 年），无论是过往行人或当地百姓都非常渴望修桥，沅州城有个叫宽云的和尚，四方奔走募捐，共募集建桥资金 15000 两白银、粮食 11 万石，在此修建了风雨桥。

中华上下五千年，历经多少磨难？尤其是在那个战火纷飞的年代，一座桥不仅是外在的交通工具，更是人们对和平和美好生活的向往。心有所向，便有了前进的方向，每个人心中都有一座这样的桥，无数座桥汇集成一座桥，那就是中国桥。生活在幸福美满的中国桥下，我们应该珍惜当下，笑对人生，拥抱未来。

日军任他强，龙津永不倒

抗日战争初期，政府当局将龙津风雨桥上的廊、亭皆撤除，改造成石墩木面的公路桥，方便衡阳、贵阳两地通行。抗日战争期间，侵华日军将切断龙津风雨桥作为切断中国抗战军需运输大动脉的重点目标之一，龙津风雨桥和芷江机场都频繁遭到了日机的轰炸。自1938年11月起，在之后6年多时间里，日军飞机先后实施了38次轰炸，最多的一天27架日机轮番轰炸。据记载，日军一共投下了4731枚各型炸弹，造成芷江县城及周边军民死伤4000余人，损坏房屋3000余栋。然而神奇的是，尽管河东河西两岸及河流上下游都曾遭遇过炸弹袭击，但竟无一枚炸弹命中桥墩桥面，这条抗战运输之路始终畅通无阻。龙津风雨桥在侵略者的炸弹面前始终岿然不动，屹立不倒。

民间流传一种传说：龙津风雨桥建成时，曾有和尚在中间的桥墩上放了一堆泥沙，试图用这种方式请求神的庇佑。在几次大大小小的火灾中，令人感到神异的是，无论火从哪一侧蔓延，烧到堆沙的桥墩处，再也烧不过去。到了雍正年间，人们又用生铁铸造了各重2000多斤的雌雄两只镇水犀牛，投入大桥上下游水中，祈求伏波安澜。其实，从明万历中到清同治初270多年时间里，龙津风雨桥遭受自然和人为的祸害共16次。其中水灾7次，火灾8次，风灾1次。虽然这些灾害对桥面或桥墩造成了不同程度的损坏，但还是未能将桥彻底摧毁。

难道真的是神的庇佑？龙津风雨桥屡炸不倒也是神的庇佑？其实，抗日战争时期，日本军机想要安全地对目标实施轰炸，必须飞行一定的高度，而且当时科技没有现在发达，只能凭借肉眼瞄准目标来实施轰炸，不像今天可以精确制导远程轰炸。日军要想精准地实施轰炸，也只有接近目标后低空俯冲投弹，虽然俯冲轰炸投弹比较准确，但军机易受地面防空火力打击。高空水平轰炸比较安全，但投弹相对盲目，很难命中目标。日本军机要想全身而退，只能选择高空水平轰炸的方式。来去匆匆，炸弹十投九误自在情理之中。所以说，龙津风雨桥屡炸不倒，从科学的角度分析丝毫无关神异。

抗日战争期间，特别是湘西会战时，大桥作为保障军需物资运输的重要节点发挥了重要作用。1958年、1970年，两度对桥面进行改造，现为石墩钢筋混凝土桥梁，风雨廊桥形制。其中，16座由石灰、糯米、桐油浆砌条石的桥墩为明代遗存。

每当想起这年迈已久的龙津风雨桥，我都会想起革命先辈抛头颅洒热血的革命年代，他们生死无畏、浴血奋战，用他们坚韧不拔的革命意志、敢为人先的斗争精神、勇于牺牲的英雄气概，激励着我们要铭记历史、不忘初心、牢记使命、不懈奋斗，鼓舞着我们继续走好新时代的"长征路"。

历经时间和风雨的洗礼，新复修的芷江龙津风雨桥（图9.2），成为一座集商贸、旅游、观光、交通于一体的全国最大的木结构风雨廊桥。兴起的旅游业，把全国各地的人吸引到了这里。我走在风雨桥上，心情万分舒畅，看看桥边的新村，听村里老人讲一段风雨桥的传奇故事，与村民一起到茶园采茶，回到桥边尝尝地道的土家风味小吃，何等快意。如今的风雨桥早已成为人民生活的寄托和精神的驿站。

图9.2　如今的龙津风雨桥

谁又会想到当初那座不起眼的桥，如今让边城芷江走向世界，成为一座承载了人民幸福、骄傲和希望的桥。在这个喧嚣的尘世间，世间万物只不过是沧海一粟，可能平淡无奇，但都有其价值所在。作为新时代的青年，更应在努力和奉献中实现自己的价值。作为土木青年的我们，只有加强学习文化和各方面的专业知识，努力掌握科学的方法和过硬的本领，树立正确的人生观和合理的发展方向，才能为进一步实现自己的人生价值奠定良好的基础。坚定理想信念，志存高远，脚踏实地，在实现中国梦的生动实践中放飞青春梦想，在为人民利益的不懈奋斗中书写人生绚丽华章，唯有砥砺前行，方能不负国家和人民的期待。

（作者：罗辉）

参考文献

[1]　夏长阳. 走进五溪大湘西 [M]. 天津：百花文艺出版社，2008.

[2]　杨笑妮. 关于历史文化遗产保护的思考——以芷江侗族自治县龙津风雨桥为例 [J]. 城市地理，2017，（18）：222.

[3] 钱木尔·达瓦买提. 中国少数民族文化大辞典 西南地区卷 [M]. 北京：民族出版社，1998.

[4] 蒋国经，蔡新萍. 神奇的芷江侗乡龙津风雨桥 [J]. 档案时空，2013，259（01）：45-46.

[5] 银志远. 中国第一风雨桥——芷江龙津侗族风雨桥 [J]. 湖南经济，1999，(11)：47.

[6] 佚名. 芷江龙津风雨桥 [N]. 人民日报海外版，2004-07-16.

[7] 蒋国经. 神奇的芷江侗乡龙津风雨桥 [N]. 人民政协报，2008-04-03（11）.

第 10 章
巧抄桥北花园堡，妙渡桂阳七拱桥 —— 桂阳县七拱桥

2022年2月19日，本组成员从长沙出发，前往郴州市桂阳县七拱桥桥址所在地，踏上了了解"传悠悠437年历史，承红六军文化基因"的老桥之旅。

桂阳县七拱桥是明隆庆时进士、桂阳知州罗大奎于万历十二年（1584年）倡议修建的，历时3年方成。悠悠历史留下了浓墨重彩的一笔，它见证了1859年太平军落败的模样，也见证了1934年红六军西征部队抄桥北花园堡，巧渡七拱桥的风采。通过这次实践活动，我们深入了解了桂阳县及七拱桥的悠久历史。桂阳县七拱桥从1584年始建至今，已经有400多年悠久历史，它所蕴含的红色基因时时刻刻警示我们后代要有"不畏艰险，遇事善于机变"的精神。

1585年，桂阳县知州罗大奎见桂阳当地的一些有钱人平时吝啬但又争强好胜，喜欢打官司，为一些小事互不相让，甚至逐级上告至院司衙门，置倾家荡产而不顾。罗大奎办案处以公心，不事敲诈，对有罪者判令造桥，将功补过。他对打官司者晓之以理，劝大家与其把钱花在无休无止的诉讼上，不如花在办公益事业上。这样感化了许多人，筹集了建桥资金。图10.1所示为桂阳县七拱桥。

图 10.1　桂阳县七拱桥远景

桂阳县七拱桥位于湖南省郴州市桂阳县敖泉镇与仁义镇交界的春陵江斗下渡，桥跨春陵江，南北走向，是连接桂阳南北半县的咽喉要道，也是桂阳县城通往永州新田、衡阳常宁的主要通道。

桂阳县七拱桥于明万历十二年（1584年）始建，至14年竣工。原名"永济桥"，俗称七拱桥，为春陵江第一大桥。桥为料石筑建，总长125m，正桥87m，高4m，单拱跨12.4m，宽7.8m。大桥全用大块青石筑成。桥洞七拱，工艺精湛，造型宏伟。石桥全长146m，宽10m，高出水面约2m，桥面两边以长条石作护栏，每边置精雕石狮8座。

桥上又建有花亭，长20m，可避风雨。花亭木柱结构，歇山式顶。亭中设神龛，供人祷告川神。我们团队人员在现场剪影中，桥头碑文最为突显，如图10.2、图10.3所示，分别为桥头碑文正、反面图。

1914年夏，舂陵江上游山洪暴发，水淹桥面，一根大圆木将桥中一孔冲垮，七拱桥中断，1916年由光路村朱达楷牵头邀新田、宁远、常宁等县助捐，鸠工重修，恢复原样。1952年，修建桂阳至新田公路，对七拱桥实施改造，拆除桥亭，加固桥墩、桥拱，改为公路桥。图10.4所示为改造后的七拱桥。

图10.2 桥头碑文正面图　　　　　　图10.3 桥头碑文反面图

图10.4 改造后的七拱桥

1972年，欧阳海水库竣工，库区蓄水，使舂陵江七拱桥段水位升高，蓄水后影响交通。1978年9月在距离七拱桥下游130m处开工建设欧阳海大桥。该桥宽8m，长191.79m，总投资124万元，于1979年10月1日竣工通车（图10.5）。从此，七拱桥不再通行机动车，七拱桥历经近400年的风雨沧桑，完成了自己

图10.5 欧阳海大桥（上）、桂阳七拱桥（下）

的历史使命，成了纯粹意义上的历史文物。

七拱桥的建成，使它成为衡湘下粤广，郴桂至永州的通衢大道，其间发挥的作用无法估量。同时，它也经历了战火烽烟的洗礼。清咸丰年间，仅太平天国义军就两次涉足七拱桥。

太平天国足迹

清咸丰二年（1852年），洪秀全在广西金田起义后一路东进，在攻陷桂阳后又率部分军士从此直下衡州、岳阳，直至占领南京，建立了"天朝"。

清咸丰九年（1859年），太平军的翼王石达开脱离天京（现南京），率所部三十万人马从江西一路杀来，先后攻陷郴州、桂阳，计划分三路再下湖湘。于是，一场大战在七拱桥上演。

以桂阳州人陈士杰为首的乡团练早早守候在七拱桥北端的花园堡，石达开部前锋趁黎明夜色悄悄接近了七拱桥，天亮后，太平军先以猛烈的炮火轰击花园堡，挥舞大刀长矛与守桥的桂阳乡团练肉搏拼杀。战斗从黎明一直打到夜色降临，太平军就是夺不下七拱桥。

后来，陈士杰亲率团练从舂陵江上下游渡河包抄过来，太平军顿感错愕惊慌，乱了阵脚，不得已撤出战斗，改道西行，夺取衡阳、长沙的计划破灭，后来退居贵州、四川。太平天国的历史因七拱桥一战而改写，石达开在大渡河全军覆灭。

巧抄桥北花园堡，妙渡桂阳七拱桥

1934年8月7日下午3时，红六军团西征部队9700余人，在湘赣红军独立第四团的引导下，由中央代表任弼时、军团长萧克、政委王震、参谋长李达等人率领，自江西遂川出发，一路斩关夺隘，向湘南挺进。8月19日，西征先头部队1000余人抵达舂陵江边，强渡七拱桥。七拱桥是流贯桂阳全境的舂陵江上的一座大桥。桥北的花园堡是桂阳最大的寨堡，国民党军队凭借桥头碉堡和寨堡上的炮台扼守江面，使红军过桥受阻。为分散敌人的火力，先头部队派出小分队，从七拱桥上游的上汾渡和下游的乌石渡抢渡舂陵江，然后包抄花园堡，控制桥北马头岭和石子岭，正面部队发起攻击。在强大的攻势下，守防敌军被歼，10多座碉堡、炮楼均被捣毁。随后，红六军团主力部队随先头部队所走的路线跟进，在先头部队扫清障碍的情况下，不费一枪一弹，顺利跨过了七拱桥。

1994年6月，桂阳县人民政府公布该处为县级文物保护单位。中华人民共和国成立后，七拱桥作为公路桥梁，一直运行至20世纪70年代末。直到1979年，在同一地段，以共产主义战士欧阳海命名的新大桥通车后，七拱桥才卸下主要交通干道的重任。

2012 年七拱桥被定为市级文物保护单位。

桂阳县七拱桥历史悠久，从建桥初期至今已有 400 多年历史，它所包含的我们党领导人民在革命和建设实践中形成的红色基因，持续引领着人们投身于创造历史、推动社会进步的伟大实践。它不仅提升了文化自信，增强了民族凝聚力，而且也极大激发了国家发展的无限潜力。

桂阳七拱桥所传承的红色基因对于个人，对于社会，对于国家的现实价值引领都具有深远影响。首先，红色基因的传承需要我们每个人的参与，它不仅能够让我们了解自己的民族文化，更重要的是其在个人文化自信养成道路上的突出作用；再者，从心灵深处对于民族灵魂的滋养能极大地提高民族凝聚力和向心力，从而在多种矛盾的新态势下引导社会和谐发展；最后，红色基因中所蕴含的红色资源的充分开发也是拉动地方文化与经济双重增长的有效手段之一。地方教育教学的相关资源融合，可以在潜移默化中实现对青年群体的爱国理想教育。革命传统教育与爱国主义教育对社会公德走向起到良好的引导作用。

传承中华民族"红色基因"需要时刻"在路上"，挖掘"红色故事"，坚定文化自信，对红色故事进行再创新，而文化自信的"活化"就在于红色基因的创新发展。红色文化是民族的血脉，是人们的精神家园，在创新中寻求传承与发展之路是留住文化根脉，增强文化自信的必由之路。我们作为新时代的红色基因传承人可以充分利用现代互联网传播技术，使互联网成为弘扬和传播红色文化的新平台，将红色文化、红色精神与人民群众的日常生活紧密相连，增加红色基因的活力与魅力，不忘共产党人的初心，脚踏实地，将"红色基因"传承下去，拼搏进取，为实现中华民族的伟大复兴共同奋斗。

（作者：胡淳俊）

参考文献

[1] 桂阳县交通志编纂办公室. 湖南桂阳县交通志 [M]. 北京：中国文史出版社，1994.

[2] 郴州地区交通志编纂领导小组办公室. 郴州地区交通志 [M]. 长沙：湖南出版社，1993.

[3] 孔庆普. 中国古桥志（上）[M]. 北京：东方出版社，2020.

[4] 蒋响元. 湖南古代交通遗存 [M]. 长沙：湖南美术出版社，2013.

[5] 佚名. 一路风雨一路情——记桂阳县七拱桥路班养路工人王鼎春 [N]. 郴州日报，2012-07-22.

第 11 章
四郊昨多垒，九澧兹安澜
——澧县多安桥

2022年2月，我和调研小组的伙伴们相约来到常德澧县，在这座小县城里，我们共同见证了这座始建于1784年、湖南境内现存最大的石拱桥——多安桥的前世今生。

在桥的附近远观，古桥规模雄伟、形制古朴，仿佛一头匍匐的雄狮。漫步于桥上，斑驳的古桥又似一位充满故事的迟暮老人。

当走近这座古桥，人们些许浮躁的心仿佛得到了一次洗涤，渐渐平静下来。桥上车和行人不多，倒是与这座宁静的小县城颇为相宜；桥下碧水依旧，又难免令人生出些许物是人非的感慨。200多年的岁月流转，古桥早已不是它原来的样子了。这座桥承载了太多，也贡献了太多。

为了更充分地了解多安桥周遭的水文地质概况，更深入地追寻红色桥梁文化，我们调研小组通过现场考察，结合上网查阅相关资料，对人文胜地澧县以及多安桥有了更全面的了解。

澧县位于湖南省西北部，洞庭湖西岸，澧水下游。澧县北连长江，南通潇湘，西控九澧，东出洞庭，自古就有"九澧门户"之称。

望向县城周边的山川（图11.1），目之所及，便可感受到其复杂的地貌，山、丘、平、湖皆具。西北部以山丘为主，北部和南部以岗地为主，中部和东部是广阔的平原。澧县地处武陵山余脉向洞庭湖过渡的地带，地貌类型多样，呈以平原和岗地为主体的地貌特征。地貌轮廓略似向东南开口的"撮箕"形。地势西北高，东南低，由西北向东南倾斜。西部为山区，海拔高程一般为500~700m；中部为低缓丘陵区，海拔高程为100~200m；东部为洞庭湖

图 11.1　澧县屋脊——太清山

平原，平均高程在 50m 以下。在全县总面积中，平原 1047.87km²，占 50.5%；湖、河、水库堰塘等水面 132.28km²，占 6.37%。

澧县除了婀娜的山，还有柔情的水。澧县包含大小河流 47 条，可划分澧水、四口两条水系。澧水水系在县境内有 6 条，包括澹水、道水、涔水 3 条一级支流，县境内流域面积 781.75km²，干流境内长 32km。四口水系有一级支流 5 条，二、三级各 3 条，总流域面积达 570.8km²。

在对澧县水文地质概况有所了解之后，我们小组把目光放在了这座澧州古桥悠久的历史上……

为官一任，造福一方

据史料记载，澹水系澧水一级支流，九澧之一脉，它在古代为南北要津，冬涸夏涨，每到夏天水势很大，多次冲毁桥梁，给来往行人带来不便。

清嘉庆二十二年（1817 年），州牧安佩莲亲临视察，邀请当地士绅共商建桥之策，初步议定：将旧桥墩加高，另外添建三墩，重砌码头，仍建平桥，费工较少。随后，有深思熟虑的权威人士又出面建言：昔日皆因桥身过低，不足以泄洪杀水势，所以容易垮塌，桥拱应建一丈六尺高，高出两岸堤坡，自两边逐渐抬高，至中间拱孔加高到两丈有余，势如长虹飞架，这样才能保证泄洪顺溜，而桥身不至于被山洪冲毁。大家都觉得这个建议是个最佳方案，但又苦于这样一来将导致修建费用数倍于平桥，资金缺口巨大，一时间很难筹措。正在安知州进退两难、计无所出之时，当年夏天观察使多赉上任了，他刚到任就问明其中缘由，极力赞同第二方案并支持工程立即上马。由于多赉观察使是位更有魄力的领导干部，在他的大力推进下这项工程进展较为顺利，分路劝捐收到成效，全州之人莫不愿意捐款出力，加之二公既勤且廉，"钱不经手，事必经心"，这样就使建桥工程历时一年半而成功告竣。

得以方便出行的当地百姓无不称颂多、安二公仁厚爱民，造福一方百姓，请求改掉桥梁的澧江、绣水等旧名而以"多安"为名作为纪念。二公倒也不是居功自傲之人，辞以"不过尽守土责耳"而不从。众人苦苦进言：不是二位大人督率之善，指示之详，这座桥岂是容易修成的？二位大人来这里，桥才得以修成，桥传千古而二公之名也传千古，这是天然凑巧之事，非叫"多安"这个名字不可。出于无奈，多观察使、安知州也只得顺从民意，这座桥才得以在中央拱壁顶部两边分别勒石题名"多安桥"，桥头石碑刻有嵌名联："四郊昨多垒，九澧兹安澜"。

要是不了解多安桥的这段历史，仅望文生义的话，这座桥名还真的显得索然无味，但了解这段建桥轶事之后，心中必会感叹："原来还有如此一段佳话！"是的，多安桥不仅是一项旨在解决交通问题的工程，还承载着古代地方官员勤政爱民的拳拳之情。

桥上点灯人

甲午战争那年，是他，点亮了多安桥上的第一盏路灯。自此，五十年如一日，无论严寒酷暑，不管吹风下雨，他一直默默地做着这件平凡而伟大的小事。

他，就是吴经灼。

吴经灼生于清同治十年（1871年），澧县城内芬司街人。1894年甲午战争那年他23岁，正是风华正茂的热血青年。他虽然不能上前线参加保卫中华民族的海上之战，但家乡的各种爱国活动，他总是走在前列，时刻为家乡的建设和繁荣而奔忙。

多安桥与兰江驿紧紧相连。此地曾是澧州古城的物资集散地，水运也很发达。但由于多安桥桥孔狭窄，加上夜无路灯照明，给船家带来诸多不便，特别是洪水季节，经常发生船撞桥墩、船毁人亡的事故。吴经灼闻知此事，便暗自到多安桥日夜观察。他想，如果在多安桥上挂盏路灯，既能方便夜间行人，又能用作导航标志，岂不是一大善事？于是，他做了一盏比家用灯大两倍的清油挂灯，默默地挂在多安桥中间的桥墩上，每天早收晚挂。从此，多安桥结束了黑暗的历史。

没想到，吴经灼这一挂就是50年，直到日军入侵澧州城，为阻止日军进城炸毁多安桥，他才停止义务挂灯的善举。这个很平淡的故事，听之不奇不险，但仔细想想，坚持50年如一日义务挂路灯，的确毅力非凡。我们当代青年应视之为榜样，有一分热，发一分光，哪怕如萤火一般，也可以在黑暗里发一点光，不必等候炬火。

风雨多安桥

多安桥的历史，可以追溯到清乾隆四十九年（1784年），据安佩莲《多安桥记》记载，是乾隆丙午年即五十一年（1786年）建造。起初由澧县本地士绅彭综亮倡议修建，构造了一座平桥，取名澧江桥，可惜刚刚建成就遭遇大水而被冲毁。后来彭综亮又独立修建，改名绣水桥，砌起九座桥墩，每座桥墩高八尺，但因为资金匮乏，最后没有完成这一善举，彭综亮也因此抱憾离开了人世，只留下了江水中那九座矗立的桥墩。

直到嘉庆二十四年（1819年），在勤政官员守道多赍、州牧安佩莲的主持下，克服重重困难，依照原址重建了这座更加坚固的石拱桥。当地百姓为纪念多、安二公仁厚爱民，造福一方，遂以"多安"为桥名。

这座始建于清朝，坐落于烟雨江南的古桥，仿佛从它诞生起就注定了它要经历诸多风雨。

40余年后的同治元年（1862年）6月，雨连续下了一整月，上游水位暴涨，巨浪滚滚袭来，多安桥桥身被冲垮为两段，三个桥拱都没有了。同治二年（1863年）冬，守道何玉棻到澧州上任的第二年秋天，澧州五谷丰登，守道与知州廷桂商议筹划补修好断桥，10月开始动工，次年11月竣工，这就是第一次重修。

时间继续前行，清王朝终结于历史的烟尘里，到了民国二十一年（1932年），因为陆路交通日渐发达，需要修建澧县到津市的公路，为便于新出现的机动车辆行驶，将桥面改建为公路桥，人们不得不拆除了桥亭，那座高高耸立于桥中央的亭子，就这样消失了。到了民国二十四年（1935年），革命家贺龙率领军队攻打澧州的时候，为了断绝敌人的后路，炸毁了桥中间一个拱，但是不久之后便因战事结束就修复了。

最为激烈的还是民国三十二年（1943年）11月11日，当时日军侵入湖南，国民政府军第四十四军为了阻截日军南侵，不得不将多安桥三墩四孔炸毁，直到抗战胜利之后，才再次得以修复通车。

如今，多安桥（图11.2）静静地卧在澹水河之上，那饱经沧桑的容颜，横亘在蓝天之下，映照在碧水之中，就像是在回味那些烽烟四起的遥远往事，沉浸在历史幽深迷离的记忆里。

图 11.2　澧县多安桥近景

生生不息

我们一行人在桥上遇到一位约60岁，但依旧体魄健硕的老人，他跟我们分享了一些他自己当年的往事：

"说到多安桥，就不得不提到多安桥的河边街。南从月台起，北至老关庙，全长四华里，街面不宽，铺着青石板。当年，我被父亲牵着夹在人群里走，人太多，最后走散了。父亲寻我，我寻父亲。我在人群中像鱼一样钻来钻去，尽快地拨开那些腿。待伸出头来，呀，五花八门，眼花缭乱。挂的摆的铺的，好玩又好看——可没有父亲，我扭头就走，又钻进人堆里，见到那些箩筐，那些腿，还有推起来像鸡公叫的小推车……待我再钻出来时，噢，热气、香气，锅里烹的，碗里盛的，蒸笼里堆起的——我的涎水就出来了。然而没有父亲，我扭头又走，在人腿扭动的人流里钻。我感到有人在抓我，同时伴着呵斥——看你钻！我扭过头，和他对视一眼，见不是父亲，掉头就走。渐渐地钻出趣味来了，速度也就慢下来，我听到了镲声、锣声、鼓声，继续拔腿却很费劲，刚刚拨开一点，又被另一条腿塞住；使劲钻，却被一只大手掌给推了出来。前面怎么回事？我抬头观望，只见密密麻麻的人，脚踮着，颈项伸得老长，像些被人提着的鸭子。锣钹声就是从里头传出来的，'来一个，再来一个，十个跟头啊，看一看，瞧一瞧。'原来是在玩猴把戏，难怪钻不进去了。外围有站在鸡公车上的，有站在箩筐上的，有站在砖头上的。我想，我可以爬到树上去看呀！树上也爬满了人，我抱着那树往上拱，被上面落下的一只脚抵住头，只好松手落地。里面敲锣了，里面打鼓了，这都是猴子的把戏啊，我却一点也看不到。"

"我围着人堆转，忽然被人从后面抄了起来，腾向空中。谁有这么大的力量？！我大惊，啊！原来是父亲，他找到我了。'你还蛮安逸……'铜钟一般的声音，震耳欲聋，我喜极而泣，脸上挂着笑又挂着泪。我一下子就坐在父亲的脖子上了，高出万人头，什么事情都在我眼底了——商店，河面，还有那猴子的把戏。父亲顶着我上了多安桥，看水，看船，看两边的吊脚楼、垂杨柳，看坡上雪白的鹅、悠闲的鸡。忽然，桥下人声嘈杂，一只大船要过桥洞，正在放那桅杆，吆喝声、敲击声，撑的撑船，拉的拉纤，手忙脚乱。桥上的人都偏过来看船，跟着使劲、叫喊、瞎指挥。父亲说，再过两天，老家叔叔的船也要到了。我高兴得手舞足蹈，'好哇好哇，我要上船……'"

一方水土养一方人，我们遇到了好些在桥上、桥头休憩的老人，他们都愿意与我们讲述他们当年的故事……他们生动地诉说着他们当年与这座桥的"渊源"，我和伙伴们都听得认真，也随着老人们的思绪飘到当年……仿佛是穿越了时空，以前的一桩桩人、事、物向我们奔赴而来，我多想大声地告诉他们，祖国很好，你们的家乡很好，桥也很好！这座穿越200多年风雨的古桥，如今依旧静静矗立在这样一座平凡的小县城，向来往的人们诉说着它的不凡经历，承载着一代代人的记忆，见证着中华民族经历的复兴，生生不息！

多安桥是南来北往的必经之地，世事沧桑，河水改道，陆运取代水运，北面另开新路，多安桥如今成了古驿道，来往的车流和客流也逐渐变少。但这座古桥仍屹立不倒，风骨依旧，时光悠悠，多安古桥承载过多少脚印，过眼过多少春秋。从清乾隆时期到现在，八万六千多个奔腾不息的日夜，它见证了中华民族由盛及衰，再辉煌崛起的历史，承载着几代人的记忆，包含着人民对美好生活的向往，人类走向文明发达的艰辛历程，就这么一点一滴地融进其屹立的身躯（图11.3）……

2019年10月16日，澧县多安桥被中华人民共和国国务院公布为第八批全国重点文物保护单位。澧县多安桥是湖南境内现存最大的，也是第一

图11.3　多安桥在夕阳下的景色

座跨越四水之———澧水的石拱桥。其现属全国重点文物保护单位，是我国桥梁历史上的文化瑰宝。它虽历经岁月的磨砺，但风骨犹存，威武依旧，历经200余年风雨，仍然一直默默横跨在南北交通要道上，为今天的人们乘坐现代化交通工具出行提供着方便。多安桥和由它产生的历史掌故、人文胜迹，依然生动地留存在澧县这片神奇的土地上，成为一份珍贵的文化遗产，让人们生发出对先贤功业和美德的敬仰。

一座桥梁一座城，红色桥梁文化产生于保家卫国、争取人民解放的伟大革命实践，是中国共产党领导全国各族人民为实现共产主义理想，在进行浴血奋战的革命、艰苦卓绝的改革过程中，所形成的精神财富。古桥背后的每一个红色故事，也彰显了老一辈先贤、革命家的大智慧和高尚的人文情怀，值得我们当代青年去深入思考和学习。望大家不忘初心，能够爱护文物，传承和发扬中国的优秀传统文化，让一个个中国故事薪火相传。

（作者：张阳）

参考文献

[1] 万里. 湖湘文化大辞典（下卷）[M]. 长沙：湖南人民出版社，2006.

[2] 孔庆普. 中国古桥志（上）[M]. 北京：东方出版社，2020.

[3] 湖南省交通厅. 湖南公路史第1册近代公路[M]. 北京：人民交通出版社，1988.

[4] 佚名. 澧县多安桥[N]. 常德日报，2016-11-03.

[5] 蒋晌元. 湖南古桥评述（下）[J]. 湖南交通科技，2012，038（002）：163-166.

第 12 章
木叶落亭前，瓜田连岸畔
——邓元泰镇木瓜桥

"木叶落亭前，际资水秋深，夜雨横飞圃树；瓜田连岸畔，看平原草绿，朝烟遥接板云。"

2022年1月25日，我们调研小组来到了邓元泰镇的木瓜桥，又被当地的人们亲切地称为"红军桥"。从小我就对红军十分崇敬，"红军不怕远征难，万水千山只等闲。五岭逶迤腾细浪，乌蒙磅礴走泥丸"的雄伟气质在我心中荡漾，让我久久无法平静，曾在无数个深夜里，我的脑海中总是在想红军的二万五千里长征是怎么样的？他们经历了哪些事情？我对红军的征程感到好奇，他们究竟怎么度过的，是怎么在不动人民一针一线的情况下渡过难关？或许我能在这木瓜桥（图 12.1）上找到答案。

图 12.1 木瓜桥头

抱着对红军的敬仰之情以及对桥梁设计的好奇之情，我们来到了武冈邓元泰镇上，经过在当地的走访与调查，神秘的木瓜桥终于被我们揭开了一层面纱。经过岁月无情的洗礼，虽然古桥不复当年的原貌，但其完整的结构框架仍能够看出当年的风姿，很难想象当年的木质桥竟能够在这个洪灾频发的地方坚持上百年，仍旧屹立不倒，时至今日依然作为重要的沟通桥梁使用。

红军桥桥头有一块石碑，上面镌刻着这座桥的沧桑历史。当地的汤书记还多次和上面请求给这座红军桥的维护经费提升一些，让这座桥梁，能帮村民的生活变得更好一点。这就是共产党人的精神！除此之外，木瓜村还建立了木瓜村红色桥梁学习基地，以便后人去学习历史，时刻铭记先辈的艰苦付出。看着村里墙上"共产万岁"四个依旧鲜活醒目的大字，我知道，这片红色的土壤还在持续滋养着这里的人民。

如今的木瓜村，村域内卫生整洁，环境优美，基础设施健全，农村经济不断发展，村民生态环境意识不断增强，生活水平不断提高，真正成为宜居宜业的新木瓜村。村里的王伯和我说,"小汤(汤书记)总是念着我们村里的这些老人家,现在,我们许多老人家都只有一个人在家里,小汤每次从镇里回来,总不忘给我们带些好吃的,我这个头发啊,都是小汤帮我剪的,哈哈哈哈哈。"

而对于木瓜村的人民来说木瓜桥是不可磨灭的意志,是木瓜村人的历史见证,也是木瓜村人的不屈精神的体现,在一代代的传承下,木瓜村对于红军桥的感情从未随着时间而流逝,因为有了木瓜桥才有了现在的木瓜村人民,木瓜村的人民也在新时代下秉持着老一辈的意志绽放出新的光彩,建设出越来越美丽富饶的绿色发展新乡村。

萝卜眼里的铜钱

在这个飞速发展的时代,人心浮躁在所难免,但是当我来到这座木瓜桥上时,我感到无比的宁静,坐在桥边,细品一壶清茶,眺看小桥流水人家,这是多么令人惬意的生活啊。我走访了当地红军战士的后代,聆听了他们先辈们的慷慨激昂的故事,并且从当地管理部门以及当地文献中我获取了湖南武冈邓元泰镇木瓜桥的相关工程设计基础数据,还了解了这座红军桥上所发生过的故事。

故事的背景发生在1930年10月,正值蒋介石集中十万兵力,采取"长驱直入,分进合击"的战术,向南方各革命根据地的红军发动大规模围剿。

枪炮声隆隆的1930年12月,李明瑞、张云逸和邓小平率领的中国工农红军第七军离开起义地广西百色后,由桂林入湘来到武冈。听说有兵从广西而来,木瓜村的村民们如五雷轰顶,不由得联想到了1926年10月广西军阀沈鸿英率部5000余人窜扰村里时烧杀抢掠、为所欲为的情形。为了躲避再次可能到来的灾难,弃家逃命便成了村民们唯一的选择。就这样,整整一个村庄,在一个下午之间就变得空空荡荡,杳无人迹了。

傍晚时分,躲在山林惊魂未定的村民隐约窥视到了一支人数不过3000人的部队从西北面开来,先是经过木瓜桥,然后缓缓进了村庄。"他们的装备简陋,穿着褴褛,已经进入冬季了还是穿单衣,随身只有一条灰色军毯。"当时的村民们还不知道这就是红军,都以为还是以前的大军阀呢。所以没有一个愿意下山,当夜,所有的村民夙夜未眠,都不希望这支队伍注意到他们,免得迎来血光之灾。

"红军是第二天天一亮就排着整齐的队列离开了村庄的。"年过八旬的村民何松林、张一姣、陆跃海回忆起了当时的情景。"为防不测,我们还是在山上待了好一阵子,估计人马确实已经远去,这才小心翼翼地下了山。"

但是下山回到村庄之后,村民们惊呆了。展现在他们眼前的一切完完全全超出了他们的想象:昔日脏乱的屋前屋后竟然干干净净,连地上的家禽拉的粪便都被清理得干干净净。每家每户的门锁完好地悬挂着,无处藏匿的鸡鸭仍像往日那样在院内、禾堂里转悠觅食，丝毫没有被惊扰的感觉。而就在木瓜桥的西端桥头和附近的菜地里，村民们又有了新的发现——几个红红的大字"共产万岁！"

仅用四个字便告诉了村民们他们是一支什么样的军队，而且也用实际行动表明了这支军队是一支人民的军队。

干净的院子，没有被动过的房屋，甚至家里的牲畜也被喂得好好的。不光如此，在菜地里，人们发现了很多被拔掉了萝卜的土坑，而每一个新鲜的土坑里，都发现放有一枚铜钱。这才是不拿老百姓的一针一线，属于我们人民自己的军队！

"他们是红军。这支红军部队是邓小平、李明瑞、张云逸率领的中国工农红军第七军。"几位老人对往事念念不忘，对萝卜眼里的铜钱更是记忆犹新："后来我们才搞清楚，他们到达这里时，已是千里转战，弹少粮缺。由于村里人全跑光了，他们又不忍心撬开村民们的家门，只得忍受着刀刮样的北风露宿在桥廊里、屋檐下。饿了，他们只得到菜地里拔些萝卜充饥，为了不让村民们受损，就在一个萝卜眼里放一枚铜钱……"

中国工农红军第七军在经过湖南武冈邓元泰镇木瓜村时，因为饥饿难耐，战士们在老百姓地里拔萝卜充饥，而后在每个萝卜眼里放一枚铜钱作报酬的"军民鱼水情"故事，使得木瓜桥被当地老百姓亲切地称为"红军桥"。

木瓜桥是当年中国工农红军第七军途经武冈的历史见证，也不知是有缘还是命运的安排，在1945年的5月抗日战争湘西会战期间，这里又一次作为国民革命军汤恩伯集团，第九十四军牟庭芳军长为阻截日寇，奉命从贵州镇远移师武冈，在这里所设的临时作战指挥部的旧址。

除了桥本身保留了我国南方晚清桥梁建筑的风格，有着珍贵的文化价值外，它的历史价值同样是我们不能忽视的，我们有理由让它更完好地保存下去，像"萝卜眼里的铜钱"一样流传着，去感动一代又一代……

坚守

村里的老人熊老一生在守护这座桥，三十年前从父辈那里接过这座桥时，便开始守护，清贫一生，从风华正茂到两鬓斑白，始终守护那一窗的山明水秀，守护着心里的那一份承诺。

从接过桥梁开始，三十年来，风里来雨里去，兢兢业业，毫不含糊，只是苦于护桥经费的严重不足，现在的老桥的修缮和维护是个大问题。村里的那座石碑还是2012年的时候省里拨款修建的。对于修建的问题，我们找了当地的村委会和他们说了一下这个情况，得到的是他们积极的回答。

他们说："之前一直在搞吃的，最近发展起来了，国家搞了土地改革，取消了农业税,还有最近的精准扶贫。现在的生活太好了。吃饭的事不用担心。"

一条河流,一座石桥,一间老屋,未曾离去,已是难舍难分。

按照古代说法,一个村以一个廊桥来定一个村的风水,那么木瓜桥就是这个村里的风水宝地,也是这个村子最为重要的部分,村上的木匠,基本上多多少少都来修过廊桥,给廊桥换过木头。廊桥没有一根钉子,但却依然非常稳固,多少都来源于村里人的守护,因为这座桥已经成为木瓜村的信仰。

以前我觉得一座桥就是一本书,现在发现不是这样的,一座桥的每一根木头都是一本书,它们都承载着这座桥,诉说着它们各自不同的故事。这桥上的每一寸,都仿佛有自己的呼吸。听村里的老人说,该桥的年份已经不可考究,太过于古老,不过可以确定的是,这座桥上的木头,有明清时期的木头,有民国时期的木头,有抗战时期的木头,还有现在最新的木头。它们承受了这座桥的所有重量,默默陪伴,每一根木头都有自己可以诉说的故事。修这座桥,木匠一般是采用当地的杉木,基本都有 30~50 年以上的树龄,只有这个强度才能用来承受廊桥的荷载。

可以说是这座村子成就了这座桥,也可以说是这座桥成就了这个村子。

多少年来,这座桥上走过了无数为生计而赶路的人。人们一直都对它怀着深深的敬意与感谢,这不仅是对桥的尊重,更是对祖辈们功劳的肯定与感谢。

厚重反光的青石板路与斑驳的木围栏,都是被时光眷恋所打磨的印记(图 12.2)。时光,流逝着岁月,沉淀着历史,一转身,便是一段光阴的故事。

如今许多响应国家号召振兴乡村的年轻人已经陆陆续续回到家乡,现在村里镇上的干部们,很多不乏是城市的高才生。我们大学生已经有了这方面的意识,不再如之前一样,唯外国是好,唯城里是好。人们都有了自信,有了为人民服务的心,甘愿去基层为人民服务,我们这一代人在党的带领下思想觉悟都有了很大的提升。

我们在村里给小朋友们拍了许多照片留念,他们比着剪刀手的时候笑得很甜。我多么希望木瓜村的精神财产能够继续由这些少年儿童传承下去。

木瓜桥作为这座小镇东西两岸的唯一桥梁,老一辈无产阶级革命家曾在这片土地上艰苦征战、力挽狂澜,留下了大批珍贵的红色文化遗产,产生了艰苦奋斗、不怕牺牲等宝贵的革命精神。忘记历史意味着背叛。这座桥是历史的见证,对红色历史进行传承和发扬,有助于人民重温这段血与火的历史,激发民族自豪感和认同感,进而弘扬时代的主旋律。

图 12.2　木瓜桥全景

在村庄发展的时候，桥默默地承载着村庄发展的重量，从中华人民共和国成立到现在，这座桥见证了太多，人们的生活也和以前截然不同。这是一个发展的时代，这是一个富足的时代，人们不用再担心饥饿，不用再担心寒冷，不必再担心地主的剥削，不必再担心战争。这份和平，这份发展，都是由中国共产党带来的，由这座桥所承担的。而现在，村民们也在反哺这座桥，桥的精神会一直发扬光大。

在当地人们心中，它是孩时的回忆，是发展的延续，是情怀的传承。那一沙一石无不向人们述说着历史的艰辛，人民的信仰与时代的进步。

（作者：毛莹玉）

参考文献

[1] 中国人民政治协商会议武冈市委员会文史资料研究委员会. 武冈文史 第五、六辑[M]. 常德：湖南省常德市武陵区委员会，1995.

[2] 凌绍崇. 红色基因 坛乐印记[M]. 南宁：广西人民出版社，2021.

[3] 马本立. 湘西文化大辞典[M]. 长沙：岳麓书社，2000.

[4] 黄三畅. 木瓜桥[J]. 金沙江文艺，2021，（06）：84-86.

[5] 曾彩霞. 难忘木瓜桥[N]. 邵阳日报. 2021-10-18（04）.

第13章
潇湘八景画难描，雅爱衡阳青草桥
——衡阳青草桥

"潇湘八景画难描，雅爱衡阳青草桥。"这是清代诗人朱佩莲在诗句中描绘的青草桥。衡阳本地人更喜欢称其为"草桥"。青草桥，位于中山北路北端，为衡州八景之一。桥如其名，历经800多年，青草桥早已饱经风霜，历尽沧海桑田的不断变迁，仍顽强立于湘江之上。那些光影交接的日子刻画着这座桥的厚重成熟，青草桥吐息之间，天下换了人间。

红色桥梁寻访小组走进青草桥，共同追寻青草桥背后的红色历史，探寻那些红色人物与红色事迹。我们专门走访了住在桥梁附近的居民，在与他们的交谈中得知，南宋淳熙十三年（1186年）4月，衡州知府薛柏瑄始建木桥于青草渡。1944年，青草桥在日寇犯衡时被炸毁，后架木桥以通汽车。1956年7月，衡阳市人民政府拨款在原临时木桥下游新建桥墩，加高路基，扩宽桥面，成为石墩石拱、八孔中型公路桥，直至今日。青草桥横跨蒸水，沟通了蒸湘区和石鼓区，是湖南省以及中南地区重要的交通枢纽之一。衡阳市也是中国"抗战纪念城"，在抗战时期，青草桥极大地缩短了跨区运输物资和军队的时间，具有重要的军事战略意义。同时，夏明翰故居、湘南学联旧址等众多红色景点均在附近，无一不在向人们诉说着衡阳那刻骨铭心的红色故事。

湘南革命的"红船"从这里扬帆起航

1919年6月7日，恰逢五四运动开展之际，在夏明翰等人的组织领导下，衡阳学界成立了湘南学生联合会（简称"湘南学联"）。毛泽东在此亲自播下火种、重点组织发动、寻找一大批有"初心"的热血青年，在这里形成了湘南地区爱国学生的总部，发展湘南地区第一批党团员，成立湘南地区第一个党支部、第一个团支部，使湘南学联成为湘南革命的中心。而青草桥，则是衡阳革命运动从南向北传播的重要通道之一，使湘南学联的革命烈焰得以在衡阳地区熊熊燃烧（图13.1）。

湘南学联的成立与五四运动的发起，几乎是同步的，发起人的指导思想也都是奋起开展反帝反封建斗争。当时众多的知识青年把自己的命运同祖国的命运联系起来，走上

图 13.1　湘南革命之火从此处燃起——湘南学联旧址

了献身革命的道路。1927年国民党反动派在长沙发动了"马日事变"以后,湘南学联被迫解散。湘南学联虽然只存在8年时间,但它的革命影响是深刻而久远的。其中毛主席在这场革命中发挥了极其重要的作用。

毛主席对于衡阳的学生运动和工农运动高度关注,曾4次亲临衡阳,住在湘南学联的厅堂里指导湘南革命斗争。经过充分考察,1921年10月,毛主席发展"心社"骨干成员蒋先云、黄静源、唐朝英等加入中国共产党,成为衡阳第一批中共党员。随即,衡阳第一个党小组——中央湖南省立三师范小组、衡阳第一个团支部——社会主义青年团湖南省立第三师范支部相继成立。从此,衡阳的革命活动在中国共产党的领导下热火朝天地开展起来。

湘南学联是党团组织的重要策源地,湘南革命的"红船"从这里扬帆起航,湘南地区第一个党支部的诞生,使湘南革命从此有了坚定的理想信念和强大的精神支柱。而形成的"爱国、进步、民主、科学"的湘南学联精神,是值得我们后辈追忆和弘扬的。

"官可以不做,命不可不革"

湘南学联是湘南革命的中心,这里曾涌现出一大批有"初心"的热血青年,他们有着"敢教日月换新天"的豪情壮志,有着"直挂云帆济沧海"的抱负。

图 13.2　蒋先云遗像

1919年五四运动爆发,蒋先云(图13.2)任湘南学生联合会总干事,成为湘南学生运动领袖。1921年3月,蒋先云组织爱国学生革命团体"心社"。同年冬,经毛泽东介绍,蒋先云加入中国共产党。1922年9月14日,蒋先云同刘少奇、李立三领导了震惊全国的安源路矿工人大罢工,随即成长为工人运动领袖。

1924年3月,经中共湘区区委推荐,蒋先云赴广州报考黄埔军校,他以第一名的成绩考入黄埔军校第一期,后又以第一名的成绩毕业,创造了黄埔军校史上一项"后无来者"的奇迹。蒋介石曾声称"如果革命成功后我解甲归田,黄埔军校这些龙虎之士只有蒋先云才能指挥。"可以说，蒋先云被蒋介石寄予了厚望，钦定他为自己的接班人。然而世事变迁，在1926年"中山舰事件"发生后，蒋介石搞起了反革命。面对高官厚禄的引诱，具有国共双重党员身份的蒋先云第一个当着蒋介石的面公开表示"永远做共产党员"，并且直言"昨天校长，今天校贼"而维护了共产党人的尊严。

如此文武双全的大将之才，将来必定能大有一番作为，然而在与蒋介石决绝之后，为得到共产党的信任，在这过程中遭到张国焘的猜疑和排斥，这无疑是对蒋先云最沉痛的打击。此时的蒋先云身为团长兼政委，带着证明自己的强烈愿望投入到第二次北伐战场，与多于自己数倍的奉军激战。在与张学良奉系的一次交战中，作为团长的蒋先云抱着一战求死的心态，亲自率部队冲锋，打得张学良撤了一个军长，杀了一个旅长、三个团长，动用了坦克、飞机甚至毒气，最终还是被打得溃不成军。蒋先云一连冲了三次。第一次，被打中腿，重伤不下火线，第二次，骑的马不幸被炮打伤，他依然冲锋，两次负伤仍不退前线，第三次，被敌人打中胸部。最终以战死沙场来证明自己的革命决心，时年25岁。

在长沙烈士公园，塔内的烈士文抄碑上"头可断，而共产党籍不可牺牲！""官可以不做，命不可不革！"两句铿锵有力的名言列于正面第一位置。这是"黄埔三杰"之首的蒋先云在北伐战争洪流中发出的革命宣言，彰显出了一位共产党员的铮铮铁骨。

桐梓山工农武装血战湘江

1928年4月，湘南的春天气息格外浓郁，桐梓山开满了火红的杜鹃花，遵照朱德、陈毅的指示，独立三团在宋乔生、谢翰文的率领下，依依不舍地告别根据地的乡亲们，踏过青草桥，在耒阳与湘南起义大部队会合后，一路浩浩荡荡，如同滚滚的革命洪流奔向革命圣地井冈山。

红军长征时，桐梓山的工农武装被编入红一军团二师五团，简称红五团。红五团是整个长征队伍的开路先锋，走在长征队伍的最前面，主要是侦察和扫除外围。1934年11月底，中央红军准备渡过湘江，遭遇敌人重兵包围。红五团奉命在湘江边的觉山铺构筑第一道防线，红五团已经连续战斗两天，疲惫不堪。这时，军团长林彪给红五团下达的任务是：坚守阵地，必须保证中央首长过江。1934年11月29日清晨，战斗打响，敌人有4个师、15个团，还有飞机大炮，一开始就是狂轰滥炸。战斗到30日下午，毛泽东、朱德、周恩来等中央首长终于第一批渡过湘江，任务完成。林彪让红五团撤到第二线，这时红五团剩下的十几个人才撤到第二线，继续战斗。在湘江战役中，桐梓山工农战士连续战斗五天，他们用鲜血和生命，用信仰和忠诚，为中央红军渡江赢得了宝贵时间，为长征的胜利、为中国革命的胜利，立下不朽功勋。正如聂荣臻元帅的题词：觉山阻击战中牺牲的红军烈士，永垂不朽！

这支英雄的部队1000多名战士，为了新中国，在漫漫征途中，血洒疆场，为国捐躯，除了宋乔生、谢翰文、资歌侠、李育松等几位主要领导人，绝大多数连名字都没有留下，就像夜空中的星星，春天里的小草，虽无名但永恒！就像黑夜中的星星火光，虽渺小但足以燎原！

桐梓山工农革命（图13.3）虽然已成往事，但是他们的丰功伟绩将永垂不朽，与世长存。桐梓山工农武装是英雄的队伍，是红军的标杆，是衡阳的骄傲。他们前赴后继，血染风采，现在仍然让我们深深感动并时刻铭记。

图13.3　红军在桐梓山

"誓以一死为报国家"

1944年，为了扭转太平洋战场的不利局势，打通从中国东北到越南的大陆交通线，日寇调集50万兵力，并且陆海空配合，实施"一号作战计划"，开始了侵华以来在中国战场上最大规模的进攻。当年4月，日军占领郑州，许昌、洛阳相继失守，6月中旬，长沙沦陷。随后日军向衡阳进犯，衡阳保卫战随之打响。

衡阳保卫战是在迎战敌军的左中右三路包抄的情况下拉开战幕的。敌军中路由湘潭经衡山，攻衡阳正面；右翼出湘乡趋永丰，攻衡阳西南面；左翼由醴陵出攸县、茶陵，南犯安仁、耒阳，包抄衡阳东南面，企图切断第四战区国民党军由韶关北援衡阳的通道。日军凭借着火力和人数优势，对衡阳守军连续发起了3次总攻，向衡阳城垣倾泻了大量的炸弹、燃烧弹和各种毒气弹，炸毁了青草桥，也炸毁了战士们的身躯。一片火海，烟尘弥漫，遮天蔽日，面对如此强大的敌人，守军凭借着坚固工事和群众的积极配合，奋力还击。为补充兵力，守军的文书、军医、看护以及留城的百姓，都拿起武器同入城敌军展开激烈的巷战。第三师九团团长鞠震寰壮烈牺牲；虎形巢、接龙山、小西门、五桂岭、回雁峰、岳屏山守军亦血染征衣，赤地一片。情况万分危急，第十军军长方先觉等向重庆国民党最高当局发出最后一份电报称："敌人今晨由北门突入以后，即在城内展开巷战，我官兵伤亡殆尽，再无兵可资堵击，职等誓以一死为报国家！"8月8日拂晓，衡阳在外无援兵，内无弹药的情况下落入敌手。

47天的浴血奋战换来的是全世界的认可，他们将湖南人骨子里那股吃得苦、耐得烦、不怕死、霸得蛮的劲发挥得淋漓尽致。作为全国唯一的抗战纪念城衡阳，这个名字是无数人为之泪目的回忆，而这个名字背后承载的是"一寸山河一寸血。"

青草桥饱经风霜，新时代也同样是一条筚路蓝缕，充满艰难险阻的道路。"志之所趋，无远弗届，穷山距海，不能限也。"对想做的事，我辈土木学子要敢试敢为，并持之以恒，努力从无到有、从小到大，把理想变为现实，不惧险阻，不畏挑战。凡大事皆起于小事，小事不论，大事又将不可救。作为新时代土木新青年，我们应注重基础，求真务实，更要立大志，明大德。只有所乘的船只牢不可破，所持的信念坚定无比，我们才足以担大任，才能助力祖国土木行业的发展，与祖国的航母乘风破浪，共奋进！

光阴无声逝去，黯淡了昔日盛景荣光，现在青草桥头不见酒旗踪影，旌旗风韵也早已成为纸上佳话。湘南学联也早已不再革命火焰遍地，思想激烈碰撞。可是，青草桥仍然是刻在衡阳发展年轮里不可抹去的一段历史，是衡阳的代表性地标之一。而这个特殊的地标，需要一代又一代的土木人用智慧将其传承。奋斗是青春的底色，行动是最好的传承。作为新时代的土木人，我们要立鸿鹄志、做奋斗者，要肩负起历史的责任，不负所期，在奋斗中释放青春激情、追逐青春理想，为实现中华民族伟大复兴而奋斗。

（作者：吕未希）

参考文献

[1] 衡阳市交通志编纂组. 衡阳市交通志[M]. 长沙：湖南出版社，1993.

[2] 谢先荣. 湘南学联纪念馆[J]. 湖南党史月刊，1992，(06)：20-21.

[3] 张志初. 湘南学联绽放永不凋谢的初心之花[J]. 湘潮，2019，(10)：28-33.

[4] 李颖. 纪念馆在宣传"中国梦"观念中的重要作用[J]. 环球人文地理，2015，(14)：332.

[5] 夏远生. 毛泽东倚重的革命先烈蒋先云[J]. 新湘评论，2022，(17)：54-55.

[6] 杨攀，杨飞，郝占辉. 蒋先云——拒绝蒋介石高官诱惑的"黄埔第一人"[J]. 兰台世界，2010，(13)：25.

[7] 周凭栏,周冰洋,周太和.若说北伐,哪能不提蒋先云呢——周肃清讲述蒋先云烈士之死[J].党史博览,2023,(05):54-56,59.

[8] 周作君.追随朱德上井冈[J].剧作家,2022,(03):4-24.

[9] 陈长河.衡阳保卫战与方先觉投敌[J].军事历史研究,2001,(04):50-56.

[10] 秦弓.抗战文学与衡阳保卫战[J].抗战文化研究,2012,(1):112-123.

第 14 章
渌江桥上八百年，我与大桥共存亡
——醴陵渌江桥

实践活动期间，我们土木 2007 班的七位同学组队参加了学院举办的寻访"乡音·家乡桥的故事"寒假社会实践活动，在经过一番讨论之后，我们选定了江宇合同学家乡醴陵的渌江桥作为此次实践活动的对象。

醴陵市位于湖南省东部的中段位置，东与江西省萍乡市湘东区接界，东北连江西省萍乡市上栗县，北接湖南省浏阳市，西接渌口区，南邻攸县。醴陵市境内江河交织，均属湘江水系，主要河流有渌水、昭陵河和涧江。而我们此次寻访的渌江桥便位于这三大河流中的渌江之上。醴陵市历史悠久，经历过多次朝代变换，而渌江桥自建成以来，也同样经历过多次重建。作为醴陵的第一大民桥的渌江桥具有三大特点：其一，桥的跨度大，是目前湖南省境内保存最好、跨度最大的石拱桥；其二，有保存完整的名人所题桥名桥碑；其三，文字史料详实，从明代至民国的《渌江桥记》就有十一种之多。如今的渌江桥以其古朴、雄健的风姿成为瓷城的一大人文景观。1996 年，湖南省人民政府将其公布为省级文物保护单位。2013 年 5 月，国务院公布渌江桥为第七批全国重点文物保护单位。

渌江桥不仅是自古以来的交通要冲，更是醴陵市人民百折不挠，自强不息的精神的象征。

乡绅聚民梁转石，先辈智勇淋漓致

在南宋前渌江之上有渡无桥，南宋时期建桥，是地区交通的重要部分，明朝洪武十二年（1379 年），修复渌江桥。从建成至此，渌江桥皆为梁桥结构。而作为中国古代最早出现的桥梁，梁桥的建筑步骤相对简单，但其自重较大，当跨度提升时，其建造成本将大幅度增加。而且作为石墩木梁结构下的渌江桥，极易毁于火灾。

永乐元年（1403 年）桥毁于火。此后 80 年间，过河主要靠渡船。明成化十八年（1482 年）开始架设经状元洲至南门的浮桥。民国时期，陈盛芳带头捐款，并向全县发起修桥捐资提议书，于 1925 年 11 月 15 日竣工。之后渌江桥还经历了大大小小的战火数起，现是省内保存最好的石拱桥。

陈盛芳，字茂兰，1874年生于醴陵白兔潭黄甲村，后迁浦口河泉。年少即聪敏善思，但家境贫寒，只能从父兄学砌工。他善于吸取他人所长，总结经验，因此技术日精。1896年，经文俊铎推荐去安源矿务局做工。值安源煤矿建造高近20丈烟囱，多人承建皆以失败告终。陈盛芳吸取他人失败教训，改进施工方法，一丝不苟，精益求精，一次便建成功，受到矿务局总办张韶甄、德籍工程师赖伦赏识。此后，路矿所需厂房、烟囱，均由其承包建造，名满湘赣两省，所得甚厚，遂大量购置田产、房产，终成一方富绅。

1906—1909年的醴陵渌江桥

图14.1　石墩木梁结构下的渌江桥

陈盛芳发修桥之宏愿，始于少年时的一次进城。那天，他帮父亲拉车运盐，到了渌江木桥边，正要拉车上去，守桥人一根水火棍拦住去路："运货车辆一律要抬着才许过去，这是规矩。要不就请人帮忙，要不就去西门坐渡船。"盛芳父亲知道，这也并不是单为为难他。因为此乃木桥（图14.1），铁质车轮的碾压势必缩短桥之寿命，为长久计，这规矩得立。无奈之下，他们只好转去几里之外坐渡船了。这一经历，使年幼的盛芳受到触动，发誓一定要修一座可供车辆通行的大石桥。

到1919年，北军从醴陵败退，纵火烧城的同时，在渌江桥面挖坑数十，中间塞以棉絮，复以煤油浇灌烧之，桥瞬间化为灰烬，南北相通又复艰难。几年的军阀混战，醴陵凋敝不堪。直到1924年，干戈才稍微平息，民生得以安稳。陈盛芳目睹市民南北出入不便，觉得此时修桥正是最好时机。时醴陵人傅熊湘任省署秘书来醴公干，也有此意。于是推傅熊湘为主修，制定建桥工程规划；陈盛芳任工程经理，组织施工，指挥监督；陈碧沅为工程师，负责技术支持。

陈盛芳自己首先捐银元3.4万元，田租250石，并向全县发出捐资修桥倡议书。由于其素有善名，威望颇高，仅一月之内，便筹得银元20余万元。此后一年间，无论酷暑严寒，陈盛芳皆巡于渌江两岸，殚精竭虑，莫敢松懈。所有麻石皆取自长沙丁字湾，每一块都经过精心劈凿打磨，形状特殊的，皆进行编码。陈盛芳的名字响彻渌江两岸以及湘东赣西，每一只从渌江进入醴陵的航船都心悦诚服，义务捎运一块石料带到工地，如此大工程，石料一项竟未花分文运资。全县人民通力合作，大桥终于在1925年11月15日竣工（图14.2），桥面凿出专用车槽，供所有车辆通行。康有为题"渌江桥"三字，傅熊湘撰写的渌江桥碑文，均刻嵌于下首桥侧。

图 14.2　多孔石拱桥结构下的渌江桥

大桥竣工次年，醴陵遇特大洪水，市街成了河道，房屋冲倒了八九百间，三丈多高的桥拱瓮顶离水面只有二三尺的距离，渌江新石桥迎来第一次大考验。陈盛芳一整天立于桥上，对来劝他回去的人决然吼道："我陈盛芳要与大桥共存亡，桥若垮，死了算！"结果，大桥安然无恙。

渌江桥自古为交通要道，曾为省内通往湘东赣西的必经之道。1927年9月12日，秋收暴动的醴陵农军与安源的工农革命军第一军第一师第二团会师，攻入县城，中路军曾直逼渌江桥头。1928年1月和2月两次组织农军攻城，均在渌江桥激战。抗日战争时醴陵一度沦陷，桥栏略有损坏。经历无数次洪水和战火，渌江石拱桥仅小有损破，经修缮复原。

1944年夏，日军准备进攻醴陵。国民党作出要炸毁沿线所有桥梁的决定，渌江桥自然也在其列。陈盛芳闻听消息，极其愤怒，决定独闯国民党五十八军军部。家人慌忙拦住，陈盛芳怒斥道："渌江桥就是我的命！一县人的心血建造，多么不容易，现在日本鬼子还没来，就要自己炸毁它，我能对得起谁！你们莫拦我，有什么三灾八难，也是死了算！"

陈盛芳见了军长鲁道源，毫无怯意，仅仅用一句话就让鲁道源改变了强硬态度："我虽老迈小民，却也知国家兴亡匹夫有责，只要炸桥能阻挡日军，我无二话。你一声令下，桥我亲自来炸，大不了以后再修。"说的鲁军长羞惭不已，深知其说得有理。黄河都炸了，挡住日军了吗？！他马上电请上峰，收回了命令。渌江桥再一次得以保存。

1946年12月12日陈盛芳病逝，葬于西山，归葬之日，许多民众自发前去哀悼。

少年时能观一方百姓之疾苦，宏达时不忘年少济民之初心，舍性命守一县人心血之建造，心永记国家之兴亡匹夫亦有责。顶天立地之大丈夫，不愧如此。

命途多舛之要道，红色星火之摇篮

渌江桥建桥至今已有800多年的历史，自古为交通要津。据《醴陵县志》记载：渌江桥不可一日无，也非一州一道之关系。江楚衢途往来商旅轮蹄络绎莫不向渡于此。现在渌江桥仍以其独特的地理位置成为醴陵城南北交通的咽喉。醴陵历为吴楚要冲，且连

75

通南北。南宋前，交通常阻于渌水。南宋绍兴六七年间（1136—1137年），湖南安抚使赵善俊奏停渌水渡钱，说明当时有渡无桥。乾道九年（1173年）正月三十日，诗人范成大（后任参知政事）经萍乡到醴陵，作《题醴陵驿》五律，有"渌水桥边县，门前柳已黄。人稀山木寿，土瘦水泉香"之句。在所著《骖鸾录》中称："比年新作桥"。桥名"渌水"，可见桥建于乾道早中期。此后的800年间，毁于水14次，毁于火5次，毁于兵4次；宋修2次，元修1次，明修7次，清修13次，民国时修1次。

渌江，又名渌水。渌江河，属湘江一级支流，发源于江西杨歧山千拉岭南麓，西流经过醴陵市，渌口区，在渌口镇汇入湘江，它的流域面积5675km²，干流长度168km。渌江和发源于湘赣边界的浏阳河，洣水，耒水，习惯上称作湘东"小四水"，其主要支流有铁水澄潭江。渌江流经了株洲、醴陵市的主城区，流域面积广，极大地造福了两岸人民。渌江历史悠久，这里正是1906年萍浏醴起义（图14.3）爆发时，西路军总统李香阁率领数千农军打醴陵攻城的誓师地和出发地。

图14.3 萍浏醴起义

萍浏醴起义是光绪三十二年（1906年）中国同盟会领导下的江西萍乡，湖南浏阳、醴陵地区会党和矿工发动的反清武装起义，是中国同盟会成立后第一次大规模的武装起义。光绪三十一年（1905年）湖南发生水灾，官僚豪绅乘机哄抬米价，饥民载道。光绪三十二年（1906年）中国同盟会会员刘道一等从日本回到湖南联络会党，宣传中国同盟会革命纲领，确定了江西萍乡，湖南浏阳、醴陵三处同时发动起义，萍乡方面以安源煤矿矿工数千人为主力。12月初起义爆发，各路起义军遍布附近几县，在几天内占领麻石、文家市、上栗等重要市镇，推举会党首领龚春台为起义军都督，发布中华国民军起义檄文，以中国同盟会的政纲为号召。起义军声势浩大，屡败清军。清政府调集湘、鄂、赣及江宁（今南京）数万军队镇压，起义军不幸失败，刘道一等人牺牲。

萍浏醴起义是中国同盟会成立后发动的第一次大规模的武装起义，是太平天国起义以后中国南方爆发的一次范围最大的反清革命斗争。满清政府借此在长江中下游大兴党狱，大肆杀害会党首领和革命党人，长江中、下游的革命活动遭到严重挫折。这次起义虽然失败了，但它震动中外，沉重地打击了清朝的反动统治，因而成为辛亥革命的一次重大预演。起义将士所表现出来的慷慨赴难、英勇顽强、前仆后继、视死如归的革命精神，极大地振奋了广大革命党人和人民群众，从而推动了全国革命高潮的迅速到来。醴陵市、醴陵市的人民、醴陵市的这座古桥，皆为命途多舛的见证者，见证着八百年岁月长河的流淌，见证着点点星火，渐渐点燃整个神州。

上下八百年之纵观，先后数十代之守护

南宋：南宋末，元兵围潭州（长沙），所属浏阳、攸县等县遭兵燹，渌江桥毁。元至正五年（1345年）修复，改名至正桥。至正十二年（1352年），毁于红巾军与元兵的战事。

明朝：明洪武十二年（1379年），修复渌江桥。永乐元年（1403年）毁于火。此后近80年间，主要靠船渡。成化十八年（1482年）起，开始架设经状元洲到南门的浮桥。如是，建桥即撤浮桥，桥毁又架浮桥。明代桥名还曾用"乐乐""惠民"。

清朝：清初，衡、湘、浏、醴、攸等地，明朝的湖广总督统兵与李自成旧部间、明军与清兵间反复攻占，渌江桥与县城被毁。清乾隆十七年至四十一年（1752—1776年），县绅彭之冕捐银万余两，两次重修，一次维修。为加固木梁，每3株大树，用铁条贯连一体，一纵一横，多层叠架。桥面两旁建板亭小店数十，如步入街市。后毁于火，全县集资，举彭督修，并在桥面铺三合土以防火。

中华民国：中华民国八年（1919年），北军从醴陵败退，纵火烧城的同时，在桥面挖坑数十，中塞棉絮，灌煤油浇桥。为长久计，富绅陈盛芳于中华民国十三年（1924年）倡议建石拱桥，并捐银元3.4万元、田租250石，连同原桥会资金2.6万银元，政府拨款和全县认捐，共筹银元25万元有余。由南社创始人之一的傅熊湘主修，陈盛芳为工程经理，陈碧元为工程师，在原桥址上游约50m处，修建长186.7m，宽8m，2台、9墩、10孔的石拱桥。桥侧有引桥与状元洲连接，洲上建有桥公所。1925年竣工。

1927年9月12日，秋收暴动的醴陵农军与安源的工农革命军第一军第一师第二团会师，攻入县城，中路军曾直逼渌江桥头。1928年1月和2月两次组织农军攻城，均在渌江桥激战。抗日战争时醴陵一度沦陷，桥栏略有损坏。经历无数次洪水和战火，渌江石拱桥仅小有损破，经修缮复原。

1949年后：1986年，渌江桥被列为湖南省级重点文物保护单位。2013年3月5日，渌江桥被列为国家级重点文物保护单位。

通过这次的实地考察，对渌江桥的相关故事的深度发掘，我们组了解、接触到许多的文化知识，对于桥梁人文和红色文化有了更深刻的认识。通过这次的实践活动，我们见证了渌江桥这座拥有着800多年历史的古桥与醴陵市人民生活息息相关、相依相存，深刻感受到了渌江桥对于醴陵市人民的重要性与特殊性，在醴陵市人民与渌江桥共同构成的和谐生态中，体会到了一座桥能为一方人民带来的安逸与便捷，体会到了一座桥能

为一方水土带来的发展与繁荣，更体会到了一座桥能为一处方圆所带来的思想的冲击与进步。伴随着这座古桥八百年光阴诞生的无数杰出之先辈，其感人肺腑之故事无一不令我们这些后辈们所动容；其高洁亮丽之思想，无一不使我们这些后辈们所敬仰。

少年时能观一方百姓之疾苦，宏达时不忘年少济民之初心，舍性命守一县人心血之建造，心永记国家之兴亡匹夫亦有责，这是乡绅陈盛芳破财为民建桥，舍命为义护桥的匹夫所怀的赤诚之心。为民请命，举枪反清，纵使自身粉身碎骨，也要为暗无天日之时代，夺来一点光明，这是遭遇失败的萍浏醴起义中所牺牲的刘道一、龚春台等先烈为人民抛头颅洒热血的决绝之心。我们当代大学生，若是有如陈盛芳仁者广袤的家国情怀和责任担当；若是有如刘道一、龚春台等先烈为民愿置生死于度外，为求光明撞破南墙亦不回首的思想觉悟；实现中华民族的伟大复兴，又何难之有？作为当代土木学子，我们应该在大学里扎实学好基础知识，充分发挥想象力，创造力，加强实际动手能力，珍惜实践实习机会。充分掌握知识和具有相应的能力是我们为社会和国家建设添瓦加砖的重要前提。宣扬桥梁文化和红色文化是我们现在就能做的事情。在互联网发达的时代，即使我们还是学生，我们能做的事情可以有很多。幸福是奋斗出来的。为实现自己的幸福，为实现祖国的繁荣富强，我想我们应该做到，努力奋斗，在学习中实践，在实践中学习，保持热忱和专一，保持严谨和创新，以梦为马，以汗为泉，不忘初心，不负韶华。

（作者：程发明）

参考文献

[1] 朱惠勇. 中国古桥录 [M]. 杭州：杭州出版社，2002.

[2] 唐寰澄. 中国古代桥梁 [M]. 北京：文物出版社，1957.

[3] 代鲁. 安源矿工参加萍浏醴起义史料考辨 [J]. 江汉论坛，1962，（07）：38-40.

[4] 饶怀民. 同盟会与萍浏醴起义 [M]. 长沙：岳麓书社，1994.

[5] 丁水生. 湘东第一桥：醴陵渌江桥 [N]. 今日醴陵，2022-04-12（03）.

[6] 唐正芒. 关于醴陵暴动的历史定位 [J]. 中共党史研究，2004，（03）：90-94.

[7] 温琳. 800 多年渌江桥成为醴陵城市文化的一个象征 [N]. 株洲日报. 2023-03-25（03）.

第二篇
艰难困苦，玉汝于成

第 15 章
梦入红桥，漫天繁星映金沙
——金沙桥

金沙桥，小心翼翼地，板直着腰，很庄重，庄重地一动不动。它无数次萦绕在我心头。承载着儿时玩耍的记忆，也见证了追寻梦想的身影。伫立桥头，眺望远方，仿佛寻找着自己的未来。而我也正是沿着桥的方向，走出了村里，有了博览群书并入学府深造的机缘。或许也是因为这座桥的缘故，我选择了土木工程专业，又进一步与桥梁结缘。我是本期红色基因传承人万康贤，让我们一起来聆听金沙桥的红色故事。

2022 年的冬天，一个寒冷的日子，北风夹杂着零星雪花，这是我上大学后的第一个寒假，我带着团队一行在寒风中来到了家乡——湖北省咸宁市崇阳县八一村，我走在桥上，静静地走在桥上。远方的噪音显然比远方更远，你那因为潮湿，而在我身体里留下的斑点，初冬冷峻，暖意顿时涌上心头，温暖着我的全身，原来这座桥在不知不觉中已然成为我的归属。我是听着桥的故事，在桥上玩耍长大的，这次回到金沙桥，我想和团队成员共同追寻红色记忆，把它平凡却又不凡的故事讲给大家听。

金沙桥（图 15.1）位于湖北省咸宁市崇阳县八一村，建于 1939 年，重建于 2020 年。说到桥就不得不说到村，整个村子以桥为轴心，东西南北风景有别。桥西是以

图 15.1　金沙桥远景

石城镇为代表的新区；桥东则是典型的田园风光；河床中的河沙，是咸宁重要的建材资源，因淘沙及沙里淘金产业，两岸很多人民走上了致富的道路。"作为山里人，十二三岁的时候，就要挑着三十斤木柴从八一村出发，走完几十里的小道，再过渡口上陡峭的乌龟石，又得行漫长的路过白泉才进得了城。"金沙桥虽然小巧，仅仅长三十多米，却连接了河流两岸的所有日常；它不起眼，却极大地方便了人们的生活。它是八一村村民之间的情感纽带，更是所有八一村游子的归途。在某种意义上金沙桥更是连接彼此心灵的桥梁。

团队一行到达村里后，便马不停蹄地去寻访村里的老人，尤其是岁数超过80岁的老人，来叙述金沙桥的红色故事。老人们记忆的画卷逐渐打开，我和同学们也没闲着，我一边听一边为同学们翻译当地的方言，同学们则作好记录。

原来这座金沙桥建于抗日战争时期，历史悠久。曾被炸毁过一次用于防止日军侵略而造成更大伤亡，后又重修过一次用于村民交换物资赶集。金沙桥经历了近百年的日晒雨淋，依旧矗立在金沙江上。悠久的历史是它的灵魂。听老人们讲起，大约是在1939年，当时金沙江的水还比较深，想要到对面只能走两天的路才能走到最近的一座桥。后来这附近搭了一座桥很是特殊，这座桥最开始竟是由日本人建的。说起这里，老人们仿佛被历史的某种力量牵了魂，慢慢抬起头，在冬天的暖阳下跟我们聊起了当年的事。

暮霭沉沉侵略袭

1939年的夏天，金沙江处于一年最凶猛的时期，附近来了几个日本人，他们去江边看了看，后又匆匆忙忙离开，这个小插曲在特殊年代引得众人恐慌。说到这里时，我们中有一位同学没忍住插了一句话："鬼子竟然不抢东西就回去，肯定不对劲。"老人看向了我们，若有所思地笑了。

第二天傍晚就有村民大喊："鬼子来啦，鬼子来啦！"所有人都作出了最快的反应躲回自家。可木门再结实也挡不住日本人的枪托，很快，村民们都被抓住了。这次鬼子来了一二十号人，还有一辆卡车。鬼子开口说着没人听得懂的鸟语，汉奸同时对着村民喊起话来："太君说了，为了促进大东亚共荣，皇军会给你们建桥，不过，不是免费的，皇军赶了太久的路，需要几个房子用来休息，各位，懂了吧。"村民们小声说起话来"这……鬼子要在这住下来？""这可怎么办啊，以后日子不安生了。""他要住谁的房子呢？"……"安静，安静，"那汉奸又叫了起来，"太君近来吃斋，不想杀生，所以你们最好配合着点，不然我有的是办法整死你们。"他跟鬼子说了些什么，就让村民们回去了。

漫长又紧张的第一晚过去了，可能是鬼子来的时候确实累了，第一晚竟然这么安生。第二天一大早鬼子就让人把卡车上的袋子卸下来。村民这就纳闷了，大多是石灰，里面的石料和木材根本不够，这怎么建桥？难道还要砍树？可接下来鬼子干的事让村民们又是惊讶又是愤怒，鬼子不仅砍了村里的老树，还把村长家的房子给拆了拿石料。村里几个丁壮都被抓去干活。

在被鬼子奴役的这几天中，村民们意外偷听到鬼子修桥的目的，他们要从这边偷偷建立可以深入红军腹部的桥，以便大部队进入。这可糟了，鬼子把村民盯得紧紧的，消息根本传不出去。

说到这，老人的表情很是激动，我们听到这也急了。

在鬼子的胁迫下，村民们不得不配合鬼子建桥，十天不到，这桥便建好了。桥建完后，鬼子不理会村民直接离开了，毕竟这村子离那桥并不近。这期间村民们除了受了些压迫，有几个人被打了受伤外，没有出人命，这算是不幸中的大幸，估计是鬼子偷偷过来，也不想把事情弄大。

其实，桥建好的当天，村长就让人偷偷送信去了……望着眼前的那座桥，那条河，尽管正值冬季，河水并不多，但我们仍然能联想到，那座桥，那群人，那场斗智斗勇的"战争"。

挥洒热血迎曙光

在村委会的帮助下，我们寻访到了年纪最大的那位老人。据老人所说，1940 年的那个夏天，天气炎热，雨越下越大，湍急的河水已经能够卷起沉木了。也就是在这时，日军来到八一村，在桥上修筑防御工事。老人犹然记得，自从日本鬼子来了这儿，村民们饱受摧残……

一支红军也就在那时，赶到了八一村。村民们难掩激动，"是我们的军队啊！"原来，红军早已意识到这就是日军深入的咽喉所在，为了切断日军的补给，仅仅一个连的红军们当时下定决心："炸桥！"可是，敌我兵力的悬殊，让红军战士们不敢轻举妄动。不得已，战士们在村子中隐匿下来，和村民们暗中合计着炸桥的办法。

村民们和红军连夜探讨，几天下来，"围魏救赵"的办法便定下来了。

1940 年 8 月的那天凌晨，天未亮，桥的东西两岸一片寂静。红军战士们等待着进攻的信号。连长带着战士们在西岸开枪，战斗瞬间爆发！战斗持续了半个小时，战士们或是受伤，或是阵亡。此时，东岸的战士们迟迟未能行动。他们在等待，等待驻扎在东岸的日本鬼子向西岸支援，他们才能抓住进攻良机。东岸因地形过于平坦，红军战士们只得藏身于河水中。凌晨的河水浸漫身躯，那股凉意从皮肤侵入骨髓。但，没有一个战士叫出声来！因为他们知道，他们的同志们正在西岸艰难地战斗着，他们不能放弃。战士们坚持着，就在所有人都以为东岸的敌军要支援西岸时，西岸几挺机枪却将连长他们又压在土坡下面，抬不起头来。原来，狡猾的敌人在桥上修建了一个隐秘的暗堡，两条火舌拦住了红军战士们进攻的脚步。不突破这道防线便意味着行动失败！红军战士们陷入了危机⋯⋯

常说，天空虽有乌云，但乌云的上面，永远会有太阳在照耀。老人激动着，说他永远记得，几个红军战士跃出阵地，用生命开辟道路，将手榴弹扔到了暗堡内⋯⋯那一刻，他们身躯如此伟大，敌人慌张了，东岸的鬼子们开始支援西岸，埋伏着的红军们就在这一刻，露出了尖刀。战士们在身后同伴们的炮火掩护下，冲到桥梁底部，放置了炸药！

自战争后，一些埋伏在河里的战士落下了病根，一些受到枪伤的战士因未得到及时救治落下了终身的残疾。但是，战斗英雄们没有流露出一丝悔意。他们炫耀着自己受了多重的伤，取得了多大的战果。他们在自豪！在为自己的付出得到的成果感到欣慰！

平淡岁月话家常

20世纪五六十年代初期，咸宁的这座桥又开始了新的故事。

不同于之前惊天动地的故事，我们在采访中发现老一辈的人对于这座桥有着不一样的记忆。中华人民共和国成立初期经历大荒，为交换物资节省时间，村民开辟一条新的道路，金沙桥因此又被修葺。

村民向我们展示了当时留下的一张老照片，虽然不是在桥上拍摄的，却也大致可见他们当时与桥之间的深厚情谊。

照片中是几个村民在清早结伴去赶集，画面中除了人以外，还有比人庞大得多的物资。

有个特别有意思的地方，图片里展示了一个青年人用扁担挑了两个大箩筐，一边装了一个睡眼惺忪的娃娃。

老桥就像一个孤寂的老头（图15.2），卧在河中央几十年。几十年的沧桑风雨，每天承载着过往的人们。每天笑着迎来人们，送走人们。

在老人的记忆里，他说："有了这个桥，可以少走点路。"说完还笑了，说自己还从没想过一座桥还能挖掘出这么多

图15.2　金沙桥远景

东西来，他只记得当初很多人都走那条路特别热闹。

有意思的是，和这里的老人对这座桥的深情难忘不同，住在这里的"七零八零九零"对于这座桥竟然没有什么记忆。

原来桥建好没几年，全国进入了公社时期。

"公社后呢？"

"没人用啦！水浅得都能直接走过去。"老人摆了摆手。

记忆一直空白。

时间来到2020年，这座桥开始了修补工作，紧跟着国家"要想富，先修路"的指导，又开始有新的人踏上征途。

过去，挑担，推车，抽驴，叫骂声，吆喝声，谈天说笑。

现在，小汽车飞速越过，我们坐在车上，看着窗外。

心得感悟

经过这座桥只需要短短十几秒，这两天的经历却让我们调研团队的同学们都感慨万千，这座桥见证了历史和文明，见证了从混乱走向和平的八十年。即使我们多么心绪难平，它也还是默默继续它的道路，我们不知道还会有怎样的故事发生在这座桥上，未来的人又会通过怎样的机遇与这座桥相逢。

古人有云：一叶知秋。透过这座已进入朝枚之年的古桥，过去的时代在澎湃翻涌。

金沙桥修建之前，八一村村民想要过河，往往需要绕山路，这给村民带来极大的不便与困扰。2020年金沙桥成功翻修后（图15.3），这不仅是改善村民交通、带动经济发展的桥梁，更是连接红色历史与时代精神的桥梁。

图 15.3　改造后的金沙桥远景

金沙桥曾被毁过，后又重获新生，作为两水分界线以及城乡过道口，2020年，金沙桥开启了它的新征途，开始了它的新使命。通过此次考察，我们在实践中更直观地学习了桥梁的专业知识，我们在8位老人讲述的故事中更深刻地领悟了先辈的革命精神。我们震撼于红军炸桥的故事，更钦佩各位先辈舍己为公的奉献精神。

　　正是因为这些，我们更加明白学习土木工程的重要意义。土木工程可以提高民生质量，带动国家经济发展，在国民经济建设中具有重要地位。这不仅是一座桥、一座房屋，更是通向幸福的媒介。"逢山开路，遇水架桥。"这不是简简单单的一句话，而是一种信仰，包含着为国为民的理念。我们肩负着人民的嘱托和为中华民族复兴的重任，我们学习的知识终将是要用来造福人民的。离开八一村的时候，我们一行人最后看了一眼金沙桥，同样期盼着，能够像这座桥梁一样武装自己，奉献人民；同样期盼着，我们能够担当起我们这一代人的使命，为中华民族伟大复兴的中国梦而不懈奋斗。

　　这座桥的样子已经与老人印象中的样子截然不同了，山水依旧，时异事殊。我们将目光锁定在这个地方，车来车往，山水不变。年轻时，他是冲锋陷阵，抵御外寇的英雄。如今他朝枚在上，壮心不已，矢志不移，无私地奉献着自己的光和热。

　　一座桥，一段故事，一个时代，万种精神。

（作者：万康贤）

参考文献

[1] 崇阳县志编纂委员会. 崇阳县志 [M]. 武汉：武汉大学出版社，1991.

[2] 张杰锋，李欣. 红军 [M]. 成都：四川人民出版社，2009.

第 16 章
独立深涧永不屈，自断铁骨遏咽喉
——惠通桥

引言

  2022年1月18日，我们调研小组从天南海北齐聚云南省保山市龙陵县腊勐镇腊勐，将目光牢牢锁定在惠通桥，通过实地走访、收集各种历史材料、交流分享等方式，一起见证了惠通桥的前世今生。伫立桥头，汹涌的怒江奔流不息，位于东西两侧的等子大山头和腊勐松山高耸入云，连同山谷中的回响似乎都在诉说着这座挺立在滇西险地，伫立在山涧之间，于危难中炸毁，于胜利中修复的桥梁。让我们一同拨开历史的云雾，穿越血与火，回望七十多年前，在云南保山市龙陵县有这么一座钢索吊桥见证了那段光明战胜黑暗、正义战胜邪恶的英勇抗日史。我是本期红色基因传承人张志明，今天我想讲述的是一座改变滇西抗战命运的红色桥梁——惠通桥。

建桥赤子心

  整个调研过程来探索惠通桥的前生今世，一座挽救国家和民族命运的传奇桥。惠通桥如同弯曲的河道一样坎坷，经历几次波折才终于建成。古代永昌（今保山）通往芒部（今芒市）出缅甸的古驿道"老渡口"便是如今惠通桥所处之地。最早始建于明清时期，那时候能有一座跨越怒江的通道一直是怒江两岸人民梦寐以求的，可是修桥建桥需要大量的资金和技术。从清道光十六年（1836年）开始，在云南省和龙陵当地政府的组织下，惠通桥进行过多次修建，但最后都以失败告终。直至民国二十年（1931年），邱天培接任了龙陵县县长，受到爱国侨胞梁金山先生的赞助，才建成了当时唯一一座跨越怒江的钢索吊桥，并取名"惠通桥"。

  说到梁金山（图16.1）这位爱国人士，调研团队通过各种方式做了大量工作才知晓他与惠通桥的故事。1884年，

图 16.1 爱国侨胞梁金山

梁金山生于云南保山，自幼家贫，帮人赶马往来于滇西与缅甸之间，先后修过铁路，当过火车司炉，也做过公路道班、码头搬运工和银矿工人。1916年，梁金山32岁，英制新式机械被回购扩大生产后，月产白银猛增到1200余万两。梁金山便成为缅甸华侨中的巨富。他性格豪爽，被社会各阶层人士称誉，于是成为缅甸很有声望的华工领袖。当邱天培告知梁金山家乡要在怒江上修一座大桥时，梁先生二话不说，毅然决定卖公司、卖工厂来修桥。因为出生并成长在这里的梁金山，曾无数次梦想着能在怒江上修建一座桥。在他看来，给家乡修桥是利国利民的头等好事，但是当年修建惠通桥，十分昂贵，而龙陵县只拿得出一小部分。得知此消息后，梁金山便降价将两个商号和一个公司卖出筹款建桥。正是梁先生这份对祖国、对家乡的温情，惠通桥的修建才迎来了曙光。

大桥竣工后，由于梁金山先生杰出无私的贡献，本要将桥命名为"金山桥"，最终取名为"惠通桥"，因为梁先生说这座桥是要施惠于两岸的老百姓，可见这位爱国志士心中对祖国和人民的情感至深。后来缅甸战场失利，国民政府决定炸桥阻击日军。当炸桥的消息传到梁金山耳中时，先生忍痛说："炸就炸了吧，以后重修就是了，我相信，抗战胜利，惠通桥会修复的。"后来到了大反攻重修惠通桥时，梁金山又做了部分捐资。这次重修后的大桥保障了前线的弹药运输，为最后的胜利作出了不可磨灭的贡献。

中华人民共和国成立后，梁金山先生继续为祖国的事业奉献自己，为修筑保腾公路，梁金山顶烈日、冒霜雪、风餐露宿，古稀之年操劳奔波在这条险恶艰苦的线路上。梁先生是实业家，更是一名热血的爱国者，在国家深陷危难之时，放弃个人利益只为支持祖国的抗战事业。这种大难当前的无私奉献精神深深震撼了我们调研团队的每一位同学，我们也必将传承老一辈仁人志士的爱国精神。

守桥铁骨硬

第二次世界大战期间，德军横扫欧洲，日军陷在中国战场脱不了身，无法推进向东南亚扩张的"南进政策"。为了迫使中国屈服，日本政府认为当务之急便是切断国际对华援助。1940年9月，日军封锁了滇越铁路和海防到广西的通道。同年10月调遣了100架飞机轰炸滇缅公路，惠通桥便是其轰炸的重点之一。与怒江上的其他桥梁不同，虽然经历日军数百架次飞机的轮番轰炸，它却保存了下来。日军的飞机能捣毁美国、英国的战列舰，为何炸不毁一座几百米的小桥？

当我们调研团队近距离走进惠通桥时，才发现此桥锚碇的位置基础不但牢靠，且位置极其隐蔽，因此日军的飞机难以准确定位它。由此地理位置来看，惠通桥依傍着悬崖峭壁而修建，处于怒江U形转向口中，由于常年潮湿的空气，水雾缭绕的江面，为此提供了天然的保护屏障，得益于此得天独厚的地理优势，但更多的是离不开守桥官兵的坚守。自 1940 年 10 月至 1941 年 2 月，惠通桥遭遇日军 6 次大型空袭。但每次空袭过后，守桥官兵（图 16.2）便开始突击抢修桥梁，此后惠通桥便又恢复一幅车水马龙的景象。炸一次，守桥官兵便修一次，为前线的抗战提供着强有力的运输保障。这是炸不断的惠通桥，是不怕流血、不畏牺牲的中国军人和中国人民。

炸桥阻敌进

同学们查阅大量历史资料发现，1942 年 1 月，日军发动缅甸战役，为了彻底切断滇缅公路，5 月初，

图 16.2 守桥的中国军人

日军五十六师团以装甲车为先导，百余辆汽车载兵组成快速纵队，沿滇缅公路挺进滇西，5 日到达惠通桥西岸。日军的闪电行动，使国民政府十分惊慌。若日军从惠通桥渡过怒江，到达昆明不过十日，威胁重庆。因此惠通桥成为昆明乃至重庆的"生命桥"。

为了守护当时的政府中枢，在敌强我弱的情况下，炸毁惠通桥成为阻敌于怒江西岸的最佳选择。不到日军攻桥时决不炸桥，成为政府高层的共识。因为它不仅是日军进攻昆明的唯一通道，同时也是众多军民百姓撤退的生命通道。中国军队撤退的同时，日军也陷入了进退两难的困境。强攻惠通桥必然会引发中国守军炸桥，因此日军采取化装隐蔽暗渡占领桥东以控制全桥的方案。这又给中国守军判断炸桥时机带来巨大困难。

远征军在撤退中炸毁了怒江上的其他桥梁，仅剩下连接两岸的惠通桥。5 月 2 日，从畹町撤往昆明的途中，远征军工兵总指挥马崇六将军途经惠通桥时，授权队长张祖武接管大桥并留下一队士兵，受命遇到紧急情况立即炸桥。接到炸桥任务，他便马上召开会议讨论炸桥方案。由主梁传向吊杆再传向主缆是悬索桥的传力途径，从而最终将力传递到桥塔和锚碇。桥塔主要承受着主缆施加在其上的压力，于是破坏主塔不仅能保留下主缆，为日后的重建留下了条件，同时又能长时间阻断交通，经商议，决定进行三点同时爆破。他们分工合作，一连长胡世安率全连赴桥头西侧安装炸药，二连长赵宋卿在桥主梁处进行炸药安装，三连长石坚在桥头东侧安装炸药。为确保成功，同时采用了导火索引爆和电引爆。

5 月 5 日上午，伪装成难民的日军来到了惠通桥头。此时惠通桥西岸散兵难民混杂通行，来往车辆络绎不绝，商车军车推拥争道，乱乱哄哄使得人心惶惶，张祖武正率领手下极力疏通。由于过桥的通道当时极度混乱，为了维持过桥秩序，士兵不得不开枪。而随着枪声一响，混在逃难人群中的日军伪装人员惶恐认为自己被发现了，便举枪射击

开枪者，同时想试图占领桥梁。伴随着突如其来的枪声，张祖武发现了奔扑桥头西岸的敌人正准备攻抢惠通桥。于是，他高喊道："点火！"并用力压下发电器手柄。顿时烟尘弥漫，桥沉江底。

通过文献阅读，我们找到了经历炸桥的当事人，已经97岁高龄的罗开瑚先生回忆起当时的情景。说起炸桥，那声枪响依旧令97岁的老先生记忆犹新。当天，正开着车往惠通桥赶的老先生沿途便听到了要炸桥的消息，于是他一路急行，即使遇到堵车也绝不下车休息。"中午12点多，我刚过惠通桥，就听到轰的一声巨响。回头望去，江面上腾空而起几丈高的水柱，惠通桥便消失在浓烟之中，车辆、人流纷纷落入江水，很多人被激烈的水柱压翻下去再也没有起来。"罗开瑚回忆道。劫后余生，令老先生庆幸不已。

随后，日军在炮火的支援下强渡怒江。然而，出乎日军的意料，一直在"拼命溃逃"的中国军队竟然开始了猛烈的抵抗。双方激战3小时，到了下午2点，日军一百四十六联队第二大队、野炮第五十六联队的第一中队和第二中队的一个小队赶到并加入战斗。日军两个步兵大队和两个野炮大队加一个小队，4千步炮精锐齐聚惠通桥东岸，重炮架在松山的腊勐乡老车站，沿江岸构筑迫击炮阵地，对着惠通桥东岸猛烈轰击。部分敌军准备强渡怒江，于是敌我双方在怒江进行了反复的激战，最终随着我军三十六师将渡过怒江的日军肃清，其他部队则受命抢占惠通桥下游沿江据点和渡口，七十一军沿怒江的布防也跟着完成，战局终于稳定下来。从此日军强渡怒江的计划破灭，开始了两年之久的隔江对峙的局面。

惠通桥被炸毁的同时，也切断了日军打通进攻昆明的唯一通道。阻敌炸桥，遏敌咽喉，保住了战时陪都重庆，保住了中国军队的精锐力量，保住了西南四省，也为之后大反攻奠定了坚实的战略基础。炸断惠通桥为继续抗击日寇发挥了其最大的作用。

南侨英雄情

在调研团队的继续梳理中，我们发现原来炸断的惠通桥不仅把日军阻挡在了怒江西岸，也把3000多名来不及过江的南侨机工留在了日占区。惠通桥被炸断后，无法撤回的南侨机工放火烧毁卡车和物资。他们中的部分人冒险泅水渡过怒江，部分人就地参加游击队，还有相当一部分惨遭日军杀害，魂断异乡。

我们在整理资料的过程中发现南侨机工回国抗日纪念碑后面有一座黑色大理石石墙，上面用黄色的字迹刻着近3000名机工的姓名。其中包括叶晓东的父亲陈团圆，他谈及自己的父亲："我父亲就是那会儿被日军抓住并被活埋的，那时我刚出生不久。关于父亲的事情我知道得很少，也没见过他的照片。"70多岁的叶晓东对父亲陈团圆完全没有印象。一直到15岁那年，才知晓自己的生父是回国参加抗战的南侨机工。叶晓东经常用粗糙的手指抚摸纪念碑后石墙上父亲的名字，想象父亲的样子。

中国抗战史上，南侨机工不但是为了祖国连命都不要的英雄，也是一群曾经被遗忘的抗战者。抗战期间，滇缅公路是中国重要的陆上物资生命线。但当时国内缺乏汽车驾驶人员，1939年，以陈嘉庚为首的南侨总会号召华侨青年参加"南洋华侨机工回国服务团"，号召大家回国服务。此次公告收到了3000多名爱国华侨青年的积极响应，其中包括了司机、工人，也有工程师、大学生的参与。这里面的许多人其实并没有在中国生活过，但是为了报效祖国，他们放弃了悠闲享乐的生活，毅然投入抗战的硝烟中。

回国后，当时第二次世界大战中最大的运输车队便是由他们组成。当年的滇缅公路不仅路面狭窄，还经常塌方，导致不少机工连人带车坠入山谷，甚至连遗体都找不到。敌机的轰炸更是家常便饭。

他们是抗日战争中的热血青年，他们当中有的人甚至都不知道祖国的样貌，只知道当祖国面临危难时，他们必会征召。在那个战火纷飞的年代，他们的奉献与付出给中国的抗战史画上了浓墨重彩的一笔。

结语

弹指一挥，七十余载。如今的惠通桥（图16.3）依旧伫立，昔日的繁华虽不存，却为此增添了岁月的沧桑。它依然独立在山涧之中，诉说着中国人民可歌可泣的抗日英雄故事。从建桥到阻敌炸桥再到大反攻时的修桥，无数的民族英雄在此留下足迹：梁金山先生奉献一切积蓄只为救国利民；中国军民不间断的修桥从未让敌人切断后路；守桥官兵毫不迟疑地炸桥成功阻断了来势汹汹的敌人；还有那些运输线路上默默奉献自己的南侨抗日英雄们。他们的故事和惠通桥的一生息息相关，惠通桥的存在将不断激励我们：勿忘历史，才能砥砺前行；吾辈自强，才能振兴中华。

百年征程波澜壮阔，百年初心历久弥新。我和团队的成员们一起站在惠通桥头回望历史，沉思那段血泪与火焰的残酷以及来之不易的和平，感慨万千。曾经的惠通桥改变了抗战的命运，而在新时代的今天，土木强国更是我们青年一辈的责任。尤其是对于我们学桥梁的人来说，建好一座桥是重大而光荣的使命！现如今中国已经是桥梁建设大国，我们不断突破着新的跨径，追求新的高

图16.3　惠通桥近景

度和新的工艺。学习这门实践性很强的工科专业，除了专业理论性知识学习，我们青年学子更应该在实践中寻找专业报国的情怀和担当，感受大国工匠的使命、责任与智慧。高校教育改革也更需要注重我们党、我们国家优良革命精神的传承，让青年在学习工作中牢记使命，不忘初心，敢于吃苦，不断创新，建设更加美丽繁荣的祖国。

参考文献

[1] 云南省交通厅，云南省民航局. 云南省志卷三十三交通志 [M]. 昆明：云南人民出版社，2001.

[2] 邹丕信. 怒江（云南省境）水文特性初步分析 [J]. 云南水电技术，1997，（01）：4.

[3] 郝涛. 梁金山. 把一切献给祖国的抗战 [J]. 中华儿女，2015，（16）：23–25.

[4] 江从延. 滇西抗战中的功果桥与惠通桥 [J]. 大理文化，2015，（03）：104–112.

[5] 章琳. 扼守怒江 [N]. 中国档案报，2019-04-19（02）.

[6] 许正. 巍巍桥魂啸风雨 [J]. 党史纵横，2017，（10）：47–49.

第 17 章
淞沪血战第一枪,激战之地不敢忘
——八字桥

百年征程波澜壮阔,百年初心历久弥坚;百年筚路蓝缕奠基立业,百年创造辉煌开辟未来。百年来,党在艰苦的斗争中洗礼,历经千辛万苦,走上正确道路,实现了中华民族的伟大复兴。历史的长河在华夏大地上徐徐流淌,留下一幅幅美丽的图画,让我们在这一世纪的奋斗中,充满了崇敬和缅怀。而就在这历史长河中,上海市虹口区的八字桥,经历了一段从木质结构被破坏到钢筋混凝土桥梁的修复,见证了抗战时期沪城的惨痛历史。

作为土木工程学院桥梁寻访实践团中的一支队伍,我们选择前往八字桥唤醒这段红色记忆,把所收集的故事与见证的真实历史记忆描述给你。我是本期红色基因传承人方亚茹,我把八字桥讲给你听。

虹口区的区名亦源于虹口港,因其丰富的水系,使虹口成为上海最主要的水路枢纽,同时也形成了虹口的一座桥。这些富饶的大桥,有的还在,有的已成为地区的名称,与周围的古建筑一同,见证着上海东方与西方文明的碰撞与融合,并在这里留下了一段值得纪念的历史。

"八字桥"(宝安桥)建于民国初年(1912年),位于上海市柳营路、同心路、水电路的交叉口,八字桥通同心路和柳营路,原来有两条河交汇于此,故在东、西修建两座桥横跨这两条河,从平面上看桥像一个"八"字,故名八字桥。

风和日丽,大家怀着期盼的心情去调研八字桥的红色历史,实践团一行人参观了博物馆,领悟这片地区发生过的历史,又走访了附近的几户人家,听一听他们口中的八字桥(图17.1)。

图 17.1 虹口区历史遗址纪念地八字桥

第 17 章 淞沪血战第一枪，激战之地不敢忘 —— 八字桥

枪声怒吼　守卫硬土

通过资料调查与参观博物馆得知，八字桥一带位于 1932 年 "一·二八" 淞沪抗战（又称 "一·二八事变"）激战处。八字桥原为木制，长约 50m，是沟通虹口和闸北的要隘，桥的东面是虹口的日占区，桥的西面是闸北的华界，北火车站距离此处非常近，作为一个重要的战略目标，日军觊觎许久。1932 年 1 月 28 日夜，日本海军特别陆战队一部从四川北路西侧突然进攻八字桥区（图 17.2），遭到了十九路军 156 旅即刻还击，"一·二八事变" 就此爆发。随着此次事变爆发，蔡廷锴、蒋光鼐等率领的英勇的十九路军和上海人民进行奋勇抵抗，毫无疑问使日本侵略者遭到沉重打击，最后不得不与国民政府谈判签订了《淞沪停战协定》，对上海的军事进攻也随之停止了。但此次协定的签订，也使上海成为日本侵华的重要基地，中国与日本之间战争爆发的可能性因此增大。随着平津被侵占后，日本帝国主义壮大了胆子，接着又迫不及待地策划着进攻上海，日军沿用它固有的伎俩挑起事端。为了制造紧张局势，日本海军特别陆战队于 7 月 24 日称一名士兵失踪。但不久，这名士兵便被查获且送还日本领事馆。可想而知这一阴谋并没有得逞，日本又借机撤退上海日侨，为发动战争作准备。

"八字桥究竟在淞沪抗战中起到了什么作用呢？" 实践团的同学们不禁提出了这样的疑问。

原来，"一·二八" 淞沪抗战中，经过一个半月的激烈战斗，日军数次企图从八字桥绕向上海北门，但直到停战，八字桥仍未被日军彻底侵占。淞沪抗战中，日军遭受了国民党的顽强抵抗造成了巨大的损失，此次战斗，标志着两国之间不宣而战，全面战争由此便真正开始。卢沟桥事变后，由先前的华北地区的区域性战争升级到全面战争，同时也

图 17.2　八字桥之战

粉碎了日本 "三个月内消灭中国" 的阴谋，从而大涨了中国人的志气和中国的威风。

"我认为这次在八字桥上发生的战争真的体现出了我们军队的顽强与血性。" 其中一位队员说到。队长回应道："是啊，'一·二八' 淞沪抗战期间，日军曾几次试图通过八字桥迂回攻击中国军队控制下的上海北站。但直至《淞沪停战协定》签订之时，日本军队也没能完全控制八字桥。"

"一·二八" 淞沪抗战最终虽以中国让步而结束，但与此同时此次血战也使国内外

见识了我们中国军队的不俗实力。听完"一·二八"淞沪抗战的故事后,实践团队员不仅加深了对这部分历史的了解与体会,也更加明白了八字桥在这次抗战中的重要作用。

孤军抗争　不朽丰碑

在搜集资料过程中,我们还注意到了其中一人,他叫林大八。林大八出生于日本鹤冈,1904 年毕业于日本陆军士官学校第 16 期,很早就踏上了侵略中国的道路,1914 年就来到了中国东北任职,1918 年 9 月在关东都督府陆军部里担任职务。1924 年,当时军衔为中佐的林大八被日军派到奉系军阀之中,担任吉林督军署顾问。林大八长期在东北任职,处心积虑地为日本侵略东北收集情报和铺平道路。

1932 年 3 月 1 日,为了想要在 3 月 3 日国际联盟大会之前结束战局,日军第九师团策应前来增援的第十一师团登陆,发起了第三次总攻。日军第九师团长植田谦吉中将向部下训示:"第三次攻击对内外关系都有着重大意义,成果如何,影响极大,希望全体官兵以必胜的信念勇敢战斗。"林大八率领着步兵第七联队于上午 11 时以坦克为先导,向江湾镇一带发起了突击,进攻方向位于麦王宅、陆家宅一线。

日军为了这次进攻是进行了充分准备的,尤其是对左翼队的进攻方向有侧重。3 月 1 日早晨 6 时 30 分,日军海军航空兵的飞机即对左翼队正面的中国军队阵地进行了空袭;8 时 30 分,日军炮兵部队又集中轰击左翼队正面的中国军队阵地;至 11 时,日军炮兵停止集中的炮击之后,又以两个中队配合左翼队的行动。虽然中国军队遭遇了猛烈的空袭和炮击,但是仍以压不倒之势坚守着阵地,林大八率部队攻向左翼队正面的中国军队阵地时,也受到中国军队坚决顽强的抵抗。11 时 25 分,一发子弹击穿他的腹部,倒地不省人事。

1932 年 3 月 1 日下午 1 时林大八毙命于后方,他成为日军发动侵华战争以来第一个通过追晋方式"获取"陆军少将军衔的将官,成为日军在 14 年抗日战争中第一个被中国军民击毙的将官。国军把他毙命的十字路口命名为"大八辻",后来逐渐演化成了现在的"大柏树"。

关于击毙林大八部队的记录是:"正当危急存亡之际,敌第九师团第七联队队长率领总预备队冲入我阵地。我第一团官兵全体投入阵线,当场将敌第七联队队长击毙。"依据当时的战报,3 月 1 日驻守江湾的"第一团"其实是第十九路军第七十八师第一五五旅(黄固担任旅长)第一团,该团团长云应霖(图 17.3)率部击毙

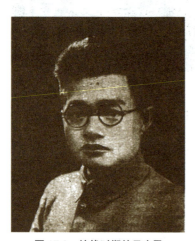

图 17.3　抗战时期的云应霖

了来犯的日军大佐联队长林大八，他自己在战斗之中也英勇负伤了。率部获取14年抗日战争之中首次击毙日军将官这一战绩的云应霖团长，是"一·二八"淞沪抗战里中国军队负伤的7位团以上军官之一。

"一·二八"淞沪抗战在3月初结束了。而中国军队在"一·二八"淞沪抗战里，包括击毙日军将官林大八在内的各项战绩，都将永远彪炳中华民族的史册。所有的队员们都为我们的抗战英雄们鼓掌称赞，致以最崇高的敬意。

血火淬炼　精神璀璨

1937年7月7日的卢沟桥事变，标志着全面抗日战争的开始。在华北，二十九军还在同日军边打边谈。虽然有不小的战斗，但是双方都还在谈判桌上，日军是为调集援兵争取时间，平津卫戍司令宋哲元则对和平还抱有幻想。但与此同时，在华东的上海，局势却完全不是这样。

7月13日，"一·二八"事变中第五军主帅张治中出任京沪警备司令官，这项任命标志着国民政府打算对盘踞在上海的日军予以彻底清算。"一·二八"事变后，常驻上海的日本海军陆战队已经达到2500人，日军吸取了"一·二八"事变的教训，给上海的日本海军陆战队增加了大量冲锋枪、坦克、重炮，并对日本海军陆战队的司令部进行加固，使之可以抵御150mm榴弹炮的轰击。随着卢沟桥事变的继续扩大，蒋介石决定在华北决战，但是为确保侧翼必须先要迅速解决上海的日军，而且为了防止日军进入长江，蒋介石下令在江阴沉船封锁长江，可惜被潜伏在汪精卫身边的日本间谍泄露了情报。

7月28日，得到消息的日本侨民从汉口和长江沿岸迅速撤离到上海。7月29日，日本联合舰队司令永野修身发布命令，要求第一舰队主力驶往上海，配合在上海的第三舰队备战。而中国方面鉴于上海的紧张局势，也调集钟松的第二师补充旅化装成上海保安总团的士兵进驻上海市区构筑工事，和日军展开对峙。

就在上海已经成为火药桶的时候，8月9日下午5时30分，日本海军陆战队中尉大山勇夫和斋藤要藏两人，驾驶军用汽车冲向虹桥机场，被机场卫兵击毙，这就是臭名昭著的虹桥机场事件。当虹桥机场事件发生后，时任上海市长俞鸿钧和国民政府外交部秘书周珏分别向日本驻沪总领事和日本海军通话，进行解释说明。当时日方声明，日本海军陆战队官兵当日未有奉命外出，纵令有人外出，也绝不会到虹桥机场。虹桥机场事件最终点燃了上海这个"火药桶"。

在做好一切准备之后，8月13日上午9时15分起，日本海军陆战队在铁甲车的掩护下，由宝山路商务印书馆旧厂址出发，于横浜桥过淞沪铁路，向宝山路我军阵地进发,并向我军阵地开枪射击。双方就在八字桥上开始这场战役。我方保安队为自卫起见,用机枪扫射,打退了敌军,日方士兵死 5 人,伤 10 余人。8 月 13 日下午 4 时,在八字桥进行前进搜索的日本海军陆战队第三大队踩中了中国军队事先埋设的地雷,日军随即向柳营路上的八十七师阵地开始大规模进攻,并以大炮轰击,得到命令的八十七师随即全面发起进攻。驻上海的中国军队第九集团军,在张治中率领下奋起抵抗,国民党政府陆续调集 6 个集团军 70 余万人抗击,初战获胜。淞沪会战就这样从八字桥开始了,淞沪会战的"八·一三"事变,日本称为第二次上海事变,开始于 1937 年 8 月 13 日,是卢沟桥事变后中日双方在抗日战争中的第一场大型会战,也是整个中日战争中进行的规模最大、战斗最惨烈的一场战役。图 17.4 为我们找到的当时《申报》的稿件。

图 17.4 《申报》稿件

围攻开始的第二天,八十八师二六四旅旅长黄梅兴壮烈殉国。当时投入围攻的两个师的兵力并不足以迅速攻克日军盘踞的诸多据点,三十六师还在从西安赶往上海的路上。当得知日本陆军两个师团已经在增援的路上时,蒋介石决定从华北调集中国军队主力堵住日本陆军的攻击。

眼看无法打开局势的日本陆军只能继续投入援兵,进入上海这个巨大的绞肉机中。蒋介石也改变了之前在华北决战的打算,全面抗战第一场的主力决战就这样以双方不停投入兵力开始。

在 3 个月的恶战中,日军总计投入了 8 个师团又 2 个旅团级支队,数百门重炮,驻上海的日本海军陆战队也扩张到接近万人。中国军队总计投入了 50 余个师,包括蒋介石麾下最精锐的中央军校教导总队，装备德国进口的 150mm 榴弹炮炮兵团，虽然这场 3 个月的战役以中国军队的失败告终，但是这场血战宣告了日军三个月"灭亡中国"的幻想破灭，同时对日军第十一师团和第三师团造成毁灭性打击，两个师团的战斗兵员都死伤 90% 以上，无力参加之后的追击作战。

实践团队员们有幸身处当年血战的现场，感受到中国军队当年奋勇抗战的血性。八字桥被称作见证淞沪会战历史的桥也当之无愧。两次淞沪抗战开始于八字桥，日军被中国军队击毙的第一位少将毙命于八字桥附近，并且中国军队第一次向日军发起大规模进攻也是在八字桥。两次淞沪抗战的战火燃起的八字桥，成为中国军队反抗日本侵略的标志地，八字桥见证了抗日战争中太多的"第一次"，可以说，在 14 年中日战争史上，八字桥的地位并不低于卢沟桥。2006 年 1 月 5 日虹口区人民政府公布八字桥为虹口区历史纪念地，以昭示后人。

寻访感悟

实践团在八字桥现场，身临其境，自己的红色血脉更是热烈地流淌着。80 多年过去，八字桥硝烟早已褪去，曾经被鲜红血液染红的俞泾浦也早已恢复小河该有的颜色，除了一块小小的纪念牌，似乎一切和战争没有太大关系。但是八字桥发生过激战，中国的热血男儿在这里抛洒过鲜血，仅凭这一点，就足够建一座让所有人看得到的大型纪念碑。对这些抗日英雄致以最崇高的敬意，人民英雄，永垂不朽。

从可知到未知的距离，没有红地毯，没有人喝彩，有的是不尽的流血牺牲，有的是万水千山的阻隔和枪林弹雨的屏障。峥嵘岁月，想起亿万中国军民伤亡的沉重代价，我们更加懂得，今天的和平岁月弥足珍贵。一百年风雨兼程，中国已经不再是那个千疮百孔的国家了，在世界舞台上扮演着越来越重要的角色，这些都源于党的领导，我们的国家正在坚实地踏出每一步。

而作为土木工程学院的一员，更应该坚定自己的理想信念，牢记初心和使命，匆匆一瞬而已，历史不能忘却，正义不容挑战，须纪念并且时刻铭记，不要忘了欲动的帝国主义，以史为鉴，军改之路，步履铿锵。曾经国力贫弱，先辈不得已用血肉之躯抵抗倭国铁蹄，如今吾辈更不能忘却中华民族历代之耻，团结一心，为中华民族之复兴而奋进！

（作者：董治佑、方亚茹）

参考文献

[1] 上海市虹口区人民政府. 上海市虹口区地名志 [M]. 上海：百家出版社，1989.

[2] 任蕙兰，刘绮黎. 上海淞沪会战遗迹 [J]. 新民周刊，2015，（32）：80-81.

[3] 吴德正. 北山的记忆 [M]. 北京：中国农业大学出版社，2011.

[4] 魏延秋. 一·二八淞沪抗战研究综述 [J]. 上海党史与党建，2015，（06）：26-28.

[5] 中国第二历史档案馆. 一·二八淞沪抗战史料选 [J]. 民国档案，2018，（01）：3-23.

[6] 张子申，薛春德. 侵华日军将帅毙命记（三）[J]. 环球军事，2005，（15）：54-57.

[7] 余子道. 蒋介石与淞沪会战 [J]. 军事历史研究，2014，28（03）：52-61.

[8] 陈廷湘. 重评淞沪会战的战略意义 [J]. 四川大学学报（哲学社会科学版），2014，（03）：5-24.

第 18 章
日寇侵略痛断肠，断桥赎罪话沧桑
——南渡江铁桥

海南省海口市东南方向，离南渡江出海口约 7km，站在新大洲大桥上往北看，便能看见一座残存的桥梁。桥梁东边已经垮塌，仅剩下歪歪斜斜的桥墩立在水中；桥梁西侧的桥体依然完好，屹立水中，透出历史的芬芳，像是在和过往的人们诉说着它经历的革命故事，这就是著名的南渡江铁桥。

2022 年的寒假令我终生难忘，它令人感动、令人难忘，作为学院红色桥梁寻访实践团其中一支团队，我们团队选择南下来到海口市，追寻这座红色桥梁历史，聆听当地人们对它的红色记忆，把我们了解的故事讲给更多的读者。我是本期红色基因传承人李旭辉，现在，让我们走进这座饱经历史的红色桥梁。

南渡江铁桥（图 18.1），也被民间称为"鬼子铁桥"，其位于海南省海口市东南方向。这是一座第二次世界大战时期日本侵略者修建的公路铁桥，它的作用是为海南岛腹地的日本侵略力量及时补充战略物资，以强化统治和掠夺资源。在铁桥通车后，由于守桥的日军经常窜到附近村庄，杀人放火，对通过桥下的民船任意掠夺财物或无端开枪扫射，因此铁桥也成为过往船只的"鬼门关"。铁桥的设计者斋藤博明也在日本战败投降后毅然留在中国海南省，用整整六十年的光阴，为战争赎罪并长眠海南。至今，作为纪念物而被保存下来的南渡江铁桥，成为日本帝国主义侵略、掠夺海南岛的铁证和中国人民战胜帝国主义的战利品。在参观博物馆以及收集资料之后，我们对斋藤博明作了详细的了解，我们今天的故事，就围绕着这位南渡江铁桥设计者讲述。

图 18.1　南渡江铁桥

设计渡江铁桥，目睹悲惨世界

1939年11月，日军侵略海南9个月后，一位名叫斋藤博明的日本青年来到海南。这一年他刚满20岁。斋藤博明于1939年日本东京大学土木专科毕业，毕业后进入了日本明治制糖公司。那个时候的明治制糖公司业务发展迅速，在北海道、韩国等地都有工厂，新进的社员都会被分配到各地工厂。斋藤博明入职后，得到社长新元八丈雄的赏识，社长告诉他公司将在中国海南发展业务，希望他能去海南努力工作。这就是斋藤博明到海南的初衷。

初来海南的斋藤博明以为理想大门从此打开，他在东京大学学到的土木工程专业知识可以派上用场。他参与糖厂的设计与建设，夜以继日，不知疲倦。正当年华的斋藤博明不仅在定安开始了自己的事业，也在这里邂逅了一位定安娘子吴氏，并与她一起生儿育女。1940年初，吴氏与斋藤博明在定安有了自己的小家。入乡随俗，他也起了个中国名字——"黄博明"。

与此同时，日本侵占海南的野心日益膨胀，急需加快对海南资源的掠夺，南渡江桥梁的"建设"迫在眉睫。新婚不久，精通土木工程设计的斋藤博明被日本海军特务部指派到海口，开始着手设计南渡江铁桥。

20岁出头的斋藤博明被迫离开新婚妻子，极度苦闷中他坚持写日记。参与施工的斋藤博明在日记中写道："在大桥建设过程中，我时常目睹大批的劳工被迫害致死，内心备受煎熬。铁桥修建通车后，我多次目睹守桥的日军对桥下无辜民船进行扫射，看着自己设计的大桥成为罪恶的屠场，我内心矛盾重重，却无能为力。"南渡江铁桥下鲜红的血流给内心敏感的斋藤博明留下刻骨铭心的印象。

南渡江上的碉堡，实际上是个岗亭，是日军当年为了守卫南渡江铁桥而设置的，在里边有十几个射击孔，射击孔是面对着江面的。南渡江是北部的一个重要的运输交通线，日军侵占海南以后，建立了南渡江铁桥，实际上就把这条水上交通线切断了，对进入这条水域的船只，日军经常进行扫射，造成重大人员伤亡和损失。

"所以当时的斋藤博明心里是特别矛盾的，那我更想了解他后面是怎么做的？"实践团队员好奇地问道。

痛恨战争，前途迷茫

在日军进行疯狂侵占掠夺的同时，海南人民奋勇反抗，琼崖纵队积极组织游击作战。为此，日军在全岛范围内，通过大肆屠杀无辜平民的方式展开血腥报复。同时，随着战争的深入，对军粮需求日益增大，日军开始督促日本在海南的民间株式会社征收军粮，斋藤博明也被卷入了收粮的队伍。

斋藤博明在日记中写道："昭和 20 年（1945 年）5 月，我们一行 100 人乘坐木造船从秀英港到达雷州半岛的南端海安，一路上经常遭到联盟军飞机的轰炸和袭击，我们夜里 11 点上船出海直到第二天早晨 6 点才到达海安上岸。步行了 4~5 个小时到达徐闻县城，街上空无一人，我们在徐闻休息了两三天又步行到下桥休息半天再到达青桐，在此地训练两周，然后每日步行直到到达湛江，又经廉江向广西进发。一路上时不时与中国陆军遭遇战斗，中队死伤十多人，敢死队也遭遇中国军队的迫击炮被打散了，我们的武器弹药严重不足，缺水缺药没粮食补充，最后连收发电报用于记录的纸张、笔甚至发报机的电池都全部没有了。夜里我们会去老百姓的田里偷挖芋头、地瓜这些东西来吃，负伤人员众多。我们只能睡在潮湿的海边草地上，听着伤兵的呻吟，还有人在暗自哭泣，那种情景犹如日本古歌里的哀调。长夜漫漫如此惨淡，士兵们厌恶了战争渴望回到家乡，长夜漫漫无明日……"

"我从他的日记里确实感觉到了他对战争的痛恨与无助。"队员们想一探究竟这位南渡江铁桥设计者的心路历程。

以身赎罪，长眠海南

1944 年，随着日本在太平洋战争的节节败退，国共开始全面对日反攻，日军失败的气息笼罩在海南上空。此时日本军方更加疯狂地掠夺资源，转运重要物资。1945 年 8 月 15 日，日本天皇宣布投降。国民党军政要员接收日产的人员纷纷到达海南。10 月，斋藤博明来到海口骑楼老街，昔日秩序井然的明治制糖海口事务所已经是一片狼藉。他在事务所办理移交手续时，被国民党接收要员发现他能说中日两国语言，而且还会讲一口海南话，立即被扣留下来。这个与海南有着千丝万缕联系的日本人，正是接收部队最急需的特殊人员，日本军队留下的军车兵器正急需整理翻译，配合清点的工作便落在他身上。他随着国民党军队沿着海南东海岸一直到三亚的田独铁矿，一路上协助中国军政机构接收日本撤退遗留下来的所有物资。一直忙碌到 1946 年 6 月，他才回到海口，此时日本军队已经在 3、4 月被美国的军舰遣送回国，他所供职的明治制糖株式会社也撤离海南，从此，他与改变自己命运的公司相隔千里，杳无音讯几十年。

"所以他这时候是怎么选择的？在日本战败之后，他在中国的生活该怎么度过？"

个人在历史面前，该如何承担？1945 年 8 月战争结束后，作为日本人的斋藤博明，面临着人生的重大选择。

此时的斋藤博明已经是一个两岁孩子的父亲。经过多次彻夜难眠，他终于作出了人生的重大抉择：留在中国。他要养育在战争中生下的孩子，他要以个人行动为这场侵略战争赎罪。但是,这是一个充满风险的决定。虽然日军侵略期间,他没有拿过枪杀过人,但他是铁桥的设计者,这座桥是日本对海南岛资源掠夺的罪证,斋藤博明始终无法摆脱这强烈的罪恶感。但决心已定,他准备着要为他的决定付出任何代价。

"这种赎罪的决定倒还是让我大吃一惊,他能作出这种选择在某种程度上也让我觉得他是有一定原则的。"实践团队长说道。

1950年,日本千叶县政府经过多年寻找,也没有得到斋藤博明的音讯。千叶县政府宣告斋藤博明死亡,家人把他的"遗骨"送到家族墓地,修建坟墓。从此,斋藤博明成了家族"战死"的"英雄",年年接受香火的"祭拜"。然而就在日本宣告斋藤博明"战亡"之际,已经改名为黄博明的他在中国海南开始新的人生。

1950年海南解放后,黄博明因技术出众,精通日语、德语,得到了中国重用。1955年,经过严格审核,黄博明进入海南行政公署工业处任工程师,从此,黄博明开始了一生漫长的"赎罪"过程。百废待兴的海南极其需要他这样的技术人才,他没有被当作敌人。东京大学严格的学术训练和后来的实践经验,让黄博明在海南工业界很快脱颖而出,他终于在中国找到施展才干的出口。

黄博明的孙子黄朝晖说,1973年中日恢复邦交,爷爷患肺结核,在医院看到日本药品,制造商为明治制糖株式会社,他就按照地址写信给公司,与新元久先生取得联系。新元久是黄博明原来上司新元八丈雄的儿子,他生于1933年,日本东京大学毕业。此时正在明治制糖株式会社工作。

可以说,如果没有1973年的"中日邦交",斋藤博明这个名字便永远不会被记起,那段不堪回首的往事以及新元八丈雄就永远隐藏在黄博明的人生字典里,不为外界所知。

2014年6月新元久先生回忆:"大概是在1973年的时候,中日恢复邦交,那个时候我在明治制糖株式会社巧克力研究所研究开发新产品。有一天,我接到总公司的一个电话:新元先生,您认识海南岛一个叫黄博明的人吗?他给您寄了一封信。"

信里是这样写的:"中日恢复了邦交,我终于可以给日本写信了。很久以前我是明治制糖的社员被派到中国海南岛工作,那个时候我的上司是新元八丈雄。如果我能再回日本,我非常希望能拜会他,能帮我找到他的地址吗?"

新元久先生告诉我们:"我的父亲当时是海南岛蔗糖业开发第一责任人,我想黄博明先生应该是那个时候和我父亲一起工作过的人。从那时候开始我们就有了很多书信往来,在信里面他告诉我他的日本名字叫斋藤博明,因为各种原因,战败后他没能返回日本,现在在海南岛工作。"

黄博明与新元久先生多次谈起,他在中国已经找到人生的价值。此时,刚经历"文化大革命"的中国更需要科学技术人才。他夜以继日地工作,他主持建设的工厂遍及全岛，高达 40 多家。海南工业龙头企业海口罐头厂由黄博明主持设计，那些超前的设计理念为海口罐头厂（椰树集团的前身）带来巨大的收益，成为海南工业界的一面旗帜。黄博明以优异的能力和工作业绩，得到了中国政府和人民的认可，1992 年，黄博明获得国务院颁发的政府特殊津贴专家，他当初选择留在中国的人生价值似乎得到了回报。

"黄博明在海南还闯出了一片天地，难道他以后也想一直生活在海南了么？"实践团队员问道。

黄博明夜以继日地工作，尽管后来受到历次运动的冲击，饱受生活的磨难，但他依然以超常的能力和敬业精神，得到了中国政府和人民的认可。他曾说过，他在海南成家，海南成就了他后半生的事业，海南就是他的第二故乡。

"我不是来海南做坏事的，只想留下来做好事。"黄博明先生在 2006 年 11 月一次采访中说道。"晚年的爷爷曾多次回到日本，却每次都选择留在中国海南。最后一次是 2007 年初，知道自己不久于人世的爷爷告诉我们，百年之后一定要把自己葬在中国，葬在中国的海南。"黄博明的孙子黄朝晖说。

1994 年，黄博明以 74 岁高龄从海南省机械工业总公司总工程师的位置退休（图 18.2）。2007 年秋天，黄博明在海南去世，享年 90 岁。家人按照他生前的吩咐，将他葬在中国，和他妻子埋葬在一起。

2014 年 9 月，新元久先生来到海南。他希望与黄博明的后人一起，共同为和平奔走呼吁。十几年前，黄博明将他的孙子黄朝晖和孙女黄雪丹送到日本学习，新元久作为长辈热心帮助他们，希望他们多多了解日本，成为中日两国和平的见证人。

图 18.2 退休在家的黄博明

寻访感悟

实践团在真正了解黄博明之后，对他更多的是敬意，一个不愿发生战争的人用自己的一生救赎自己和国家犯下的过错。抗日战争历时之长，涉及之广，伤亡之惨重，前所未有。从东北到海南岛，日本帝国主义的铁蹄踏遍中国，给中国人带来巨大灾难。被卷入战争的日本人斋藤博明也在战争的漩涡中一度无助，迷茫，甚至被迫助纣为虐。那"逝去"的斋藤博明被卷入一场战争，而新生的黄博明却以自己一生的行动救赎自己的灵魂，以求得到永久的安宁。十四年抗战，十四年离乱，离乱的又何止是被害者的人生？

1984年9月，南渡江大桥竣工通车，建设工期比原计划缩短105天，项目获得广东省建委"全优工程"称号。至此，一座由中国人自己建设的大桥，终于拴上了南渡江的"腰"。已成为危桥的南渡江铁桥从此停止使用和被封闭，作为纪念物而保存下来，仿佛是一个新旧交替的象征。2000年10月，海南遭遇百年洪灾，历经60年沧桑的老铁桥在10月14日被洪水冲垮。铁桥中部约50m桥面塌入江中，唯余380m的桥面和11个桥墩东倒西歪地残卧在南渡江水中（图18.3）。

图18.3 如今的南渡江铁桥

历经八十余年，南渡江铁桥早已成断桥残墩。铁桥一路走来，见证了旧时代的耻辱，也见证了新时代的变迁。尽管如今的南渡江铁桥已经是残桥，但它并没有完全失去日本帝国主义那贪婪和残暴的"灵魂"，它所蕴含的法西斯血统还未散尽。大自然的伟力冲垮了铁桥，却冲刷不掉人们对战争恐怖的记忆。

时至今日，作为纪念物而保存下来的南渡江铁桥，成为日本帝国主义者侵略、掠夺海南岛的铁证，同时也是海南人民反抗帝国主义，捍卫民族尊严的历史实物见证。

作为土木学子，身处新时代的我们更要全面完善素质，使自己成为对国家和社会有用的人才，昔日的铁桥已断，历史的记忆永存，让我们向伟大历程致敬、向伟大复兴誓师，在中华民族伟大复兴的进程中放飞青春梦想。

（作者：董治佑、李旭辉）

参考文献

[1] 曾萍，朱跃生. 镜头里的南渡江铁桥 [J]. 今日海南，2014，（06）：42-43.

[2] 中共海南省委党史研究室. 中国共产党海南历史 [M]. 北京：中共党史出版社，2019.

[3] 冯仁鸿. 海口百年 [J]. 椰城，2008，（01）：16.

[4] 佚名. 南渡江铁桥 [N]. 海南日报，2008-07-14（05）.

[5] 海南年鉴编辑委员会，海南年鉴 – 海南概况 [M]. 海南：海南年鉴社，1993.

[6] 佚名. 风雨中的南渡江铁桥 历经沧桑 见证历史 [N]. 南国都市报. 2015-04-01（034）.

第 19 章
坚守津沽,不朽丰碑
——天津解放桥

百年间,在党的领导下,中国从一个落后的农业大国蜕变为世界工业大国,创造了经济高速发展和社会长期稳定的两大奇迹。在天津,有这么一座桥梁见证了中国的百年变迁,它以自己坚固的钢铁身躯承受着这百年的战乱与风雨,它就是天津解放桥。

2022 年的寒假,伴着稍带寒意的北风,我们红色桥梁寻访实践团前往天津,找寻当地的红色记忆,把我们聆听到的红色故事讲给你听。我是本期红色基因传承人李伟伦,下面让我们走进天津解放桥。

在对当地的史料馆以及博物馆进行调研后,我们对解放桥有了更深刻的认识,对天津这座城市有了更崇高的敬意。图 19.1 为天津市海河。

四座桥梁、三个世纪

通过收集资料及调研,我们了解到解放桥的修建历史可以追溯到 1861 年的老龙头浮桥(图 19.2)。最初架设老龙头浮桥是为了英租界与法租界服务,为了使外国人的船只停放在紫竹林租界区域,不再沿着河继续行驶到老城厢。老龙头浮桥是中方政治意图与外方经济意图达到平衡的产物。当时对于洋人通商津门,官方颇为忌惮。

图 19.1　天津市海河

图 19.2　老龙头浮桥

在如今的解放桥不远处，还曾出现过一座未建成即被拆除的铁桥，可能是还没竣工的缘故，所以在各类史籍文献中都查不到它的名字。1888年天津铁路通车之后，铁路公司着手修建一座跨越海河的高大铁拱桥以连接租界与天津东站，这座桥最初决定建在英法租界的交界处，但是法国当局以这将会妨碍法国炮艇驶抵法租界码头为理由而反对修建。后来又决定在法国租界上游修建，但是又遭到中国人的反对，最终选择了现在的万国桥以下大约150码这样一个折中的地点修建。

1886年，李鸿章组建开平铁路公司，由该公司购买原属开平煤矿的唐胥铁路，并将铁路从胥各庄修至芦台。这段铁路于1887年建成后，又续修至天津，并于1888年通车，即"唐津铁路"。按照计划，下一步将是铺设从天津到通州的铁路，史称"津通铁路"。1888年冬，李鸿章通过海军衙门奏请建设津通铁路，清廷表示同意。连接法租界与天津东站的跨河铁桥，正是本次工程的一部分。但最后因为守旧派顽固认为铁路将成为河运的竞争者而反对铁桥的修建，加上那些在政治上或私人意见上反对李鸿章的人的抵抗，他们热切地希望抓住这个机会，同时破坏李鸿章的筑路政策和他个人，导致铁桥在建造一半的时候就被叫停，最后被拆除。1889年4月26日的《申报》就刊登出了《铁桥拆毁》的新闻："天津铁路公司新建铁桥，江浙沙船以为未便等情节，经列报。嗣因盐船人等亦向督辕具禀，恳请拆毁，傅相当即批驳未允。傅相一秉大工，并无适莫，随允罢工，并将全桥一律拆毕。"于是，这座已跨越海河并且即将完工的大桥，也只能半途而废。

现如今，解放桥扮演着交通枢纽的角色，为天津人们提供着便利，但在百年前，列强肆意践踏神州大地之时，在此处建桥考虑的更多的是军事需要。最初在此处提出建桥设想的人是侵华分子华伦将军，1901年考虑到战争方面，义和团与清军相互配合在紫竹林一带使列强损失惨重，侵华分子华伦一直对其心有余悸，于是提出了在此处建设一座铁桥。1902年桥梁修筑工作着手展开，1904年铁桥正式建成，这座铁桥最初被称为老龙头桥，但因为与万国桥在时间上有继承关系，位置又很近，所以一般称它为万国桥的前身——老万国桥。老万国桥的建成同时标志着紫竹林地区告别了浮桥，进入了铁桥时代。

老万国桥是一座平转开启式铁桥，中间分为四孔，采用变高度连续桁架结构，是当初天津较为先进的桥，但随着天津的发展，老万国桥无法承受繁重的交通任务，所以在新万国桥被建成之后，老万国桥也随之被拆除。

1923年，天津市政府为了缓解老万国桥上繁重的交通压力，决定在附近修建一座开启式的钢桁架结构的开启桥，该开启桥命名为新万国桥（现称为解放桥，图19.3）。解放桥最终于1927年建成，但解放桥的设计者在民间一直众说纷纭，流传最广的一种说法是巴黎埃菲尔铁塔的设计师埃菲尔，但真的是这样的吗？经过作家方博的调查取证，可得知解放桥的设计师应该是一位叫作白璧的法国工学博士，在1927年10月19日和1929年4月15日的《益世报》中均有记载，其中记录到白璧所言"估价银七十万两，言定三年交工""保险至百年，桥身不毁"。但即使知道设计师的名字，关于设计师的出身之类仍然是个谜，这或许也是解放桥的迷人之处吧。这，就是解放桥的第一则故事。

图 19.3　新万国桥（解放桥）

开桥阻日寇

"据了解，这座桥在阻击日寇中发挥了重要作用。"实践团队长说道。

在1927年建成解放桥后，1929年10月25日，日本军舰在中国政府毫不知情的情况下公然闯入天津内河，并一路长驱而入直抵日租界码头。这种行径无疑是对中国主权的公然蔑视，更是对中国政府的无理挑衅。面对如此形势，津沽舆论界一片哗然，各大媒体接连数日对事态进展给予持续报道。这也为我们了解当年的历史细节提供了大量的参考依据。

与"槙号"驱逐舰一同来天津的，还有一艘名为"马吉号"的鱼雷艇。两舰于10月23日抵达塘沽，24日沿海河逆流而上，在特别一区码头停泊，25日过万国桥最终抵达日租界山口街码头（图19.4）。据1929年10月24日《大公报》中的《两日舰长驱入海河》一文报道，日舰是以"视察海河"为名进入内河的。《津海关十年报告 1922—1931》中也有记载："1929年间，有日本驱逐舰，驶至本埠日租界河岸停泊，察其用意，盖因天津港口界限，将有推至日租界以西之举，该舰特来试航，以示日籍商轮可以驶达该段水道内停泊。果也，本埠港口界限，即于1930年6月6日，由万国桥展至金汤桥矣。"

即便"拓展航线"的理由勉强说得过去，可是日方为何放着各种商船、民船不用，偏偏要让军舰来试航，这无论如何都是说不通的。军舰被公认是一个国家在水面上的活动

图 19.4　日本军舰驶过万国桥

"领土",一旦肆意驶入他国内河,必将昭示着赤裸裸的侵略野心。10月23日,《益世报》发表的《日驱逐舰昨抵塘沽》一文中描写第一时间发现日舰行踪的过程时,就向国人发出了大声疾呼:"惟我内地海港,外舰竟敢直入无忌,此种事件,若不急为禁止,则我国防土,殊多缺憾云。"

在参观的资料馆中了解到这些历史时,大家内心都怀着愤恨,恨日本人的种种暴行与蛮横,这更加警醒大家,只有国家的国际地位提高,才会有话语权,说话才有分量,国家强大,也就没人敢欺负我们。

寻访感悟

百年弹指一挥间,百年前我们任人欺凌,百年后我们昂首挺胸。百年前只有五十多人、开会都要躲躲藏藏的星星之火般的新兴政党早已成为拥有九千多万党员的世界第一大党。中国共产党的百年历程诠释了党何以伟大的真谛。那就是因为中国共产党是为人民而生,因人民而兴,始终与人民在一起,为人民利益而奋斗!人民群众是我党最深厚的力量源泉,也是我党气贯长虹、百年恰是风华正茂的根本所在。

星星之火,可以燎原。一百年披星戴月、风雨兼程,一百年忍辱负重、砥砺前行。百年江山换新颜,然党"全心全意为人民服务"的宗旨不改,党"为人民而生"的初心不变,时代洪流中党"因人民而兴"的领悟越发透彻,"与人民一起"的立场日益坚定。百年是经历是终结,亦是开篇是新局,星火升腾时代巍峨,照亮新的征程,新的百年我们党定会和人民一起书写新的不朽诗篇!

如今,解放桥依然静静地横架于海河上。现在的解放桥更多地成为一道天津著名的景观,它备受瞩目的开启功能现在也很少使用。它的开启更像是一场仪式,只有每当重大节日时,政府才会选择打开解放桥的开启功能,配合着海河的夜景和桥头不远处造型别致的世纪钟,无处不彰显着天津的多元色彩以及老牌工业城市的文化底蕴。对于天津来说,解放桥更像是天津及全中国这百年历史变迁的纪念者。它以它饱经风霜的钢铁身躯无时无刻在警示着后人不能忘记那段"落后就要挨打"的屈辱历史,也在不断地激励着每个中国人奋勇向前。

作为一名新时代的土木学子,在百年之未有大变局的关键时刻,更应继承革命先辈的意志,将自己所学全部投入祖国基建事业当中,立鸿鹄志,做奋斗者,在逐梦路上奋勇前行。

(作者:李伟伦、周苇朝)

参考文献

[1] 《天津经济》课题组. 海河门户的百年开合——天津解放桥 [J]. 天津经济，2015，（01）：63-66.

[2] 吴保平. 天津 84 年历史变迁的见证者——解放桥 [J]. 建筑，2010，（09）：76-77.

[3] 荆强. 战争记忆中的桥（四）天津解放桥 [J]. 孙子研究，2017，（05）：127-128.

[4] 方无. 天津·解放桥一开一合间的百年津沽 [J]. 城市地理，2020，12（12）：80-82.

[5] 方博. 百年留踪 解放桥的前世今生 [M]. 天津：天津古籍出版社，2015.

[6] 佚名. 天津解放桥重新开启 [N]. 扬州时报，2008-07-24（A10）.

第20章
交通枢纽供四方，抢修耒河促解放
——耒河大桥

自三千多年前的周朝发明浮桥和石拱桥以来，我国已经诞生了数以万计的桥梁，桥梁记载着一个民族的历史发展，每一座桥梁都有它的故事、历史和传说。在桥梁世界当中，繁花似锦，桥梁的故事也令人心驰神往。我是本期红色基因传承人赵希成，今天我为大家带来的是耒河大桥背后的红色故事。

有这么一座桥，它始建于1935年，在抗日战争和解放战争期间曾两度遭到严重破坏，这座桥梁见证了血雨腥风、内忧外患的时期，目睹了先烈们抛头颅洒热血的生动事迹，同时也承载了一部桥梁发展史，这座曲折而富有当地特色的桥梁就是耒河大桥（图20.1）。2022年的一个冬天，初晴，在冬日暖阳的照耀下，我和我的团队小伙伴乘坐火车来到了衡阳市。乘坐公交来到市郊区，我们一行沿着长长的河岸线，走上耒河大桥的桥头。桥下的耒河，也称耒水，静静流淌在罗霄山脉石门山与湘江之间。看着河水远去，思绪仿佛也随之飘远。团队一行开始着手调研工作，在桥附近寻找来往的人，听他们讲述耒河大桥的故事。

图20.1 耒河大桥远景

在当地人的讲述过程中，我们逐步了解到耒河大桥是衡阳最早修建的一座大桥，20世纪初，粤汉铁路规划时，就计划在耒河口建一座大桥。1933年粤汉铁路株（洲）韶（关）段复工之始，工程局便组织技术人员在此钻凿河底，于11月动工。大桥设计为8×18m上承钢板梁及4×60m下承钢桁梁桥，桥长408.4m，是当年粤汉铁路株（洲）衡（阳）间三大铁桥之一。1934年夏季，水灾频发，最高水位达75m以上，为十余年来所未有，尤以4、6、8三个月间为最，且阴雨连绵，每次涨水，恒旬始退，大桥屡建屡毁。工人们经过两个冬期施工，1936年2月始克有成。当年9月1日，粤汉铁路全线通车，衡阳自此有了铁路。

交通枢纽供四方

耒河大桥建成第二年，抗日战争全面爆发。抗战初期，由于内地沿海被封锁，香港成为中国军队战略物资的主要补给基地。1937年8月至1938年10月，粤汉铁路与广九铁路接轨联运，各国输华物资75%由香港经广九、粤汉铁路输入，最多日在途列车达140余列。1938年6月12日，延安《新华日报》在《保卫大武汉》的社评中号召："把所有不能让敌人轰炸和破坏的物资迅速搬迁或保藏。"据不完全资料统计，当时迁往内地的工厂有230余家，搬出十几万吨物资，运送科技人员1万余名，大部分由粤汉铁路经衡阳转湘桂线运出。耒河大桥作为连接粤汉、湘桂铁路的交通要道，立下了赫赫战功。

古人云，兵马未动，粮草先行。耒河大桥在战争年代发挥了十分重要的后勤补给作用。1938年10月，广州、武汉沦陷后，粤汉铁路南北两端被日军阻断，湘桂铁路成为西南大后方与抗日前线的重要后勤补给通道。从1938年10月至1944年6月，耒河大桥承担了向抗日前线运送军队、战略物资的重任，在"长沙保卫战""常德保卫战""衡阳保卫战"中，作出了巨大的贡献。其中最为出名的就是在抗日战争阶段长达47天的衡阳保卫战中，耒河大桥充当了补给生命线，为衡阳乃至整个抗日都提供了有力的支持。

运输使命敢担当

除了建立这座桥的设计者和工人们，耒河大桥延续至今也离不开迎着炮火抢修的铁道兵和铁路工人们。穿越血与火的岁月，打开风云激荡的历史，我们不难发现，英雄的铁道兵在东北的战火中诞生，在解放战争中发展壮大，身影迅速从东北走向全国。为保障战时铁路运输大动脉的畅通、解放全中国，他们用热血和生命履行了一个庄严承诺——"野战军打到哪里，铁路就修到哪里！"

今天，让我们一起重温在渡江战役之后，在物资奇缺、生活艰苦、水土不服的困难条件下，铁道兵与铁路工人抢修耒河大桥（图20.2）、加快解放进程的英雄壮举。

图20.2　抢修中的耒河大桥

1949年百万大军横渡长江后，以摧枯拉朽、风卷残云之势，迅速解放南京、杭州、上海、武汉等广大地区，将国民党军队逐步压缩到西南、华南的有限地区，国民党政府仓皇迁往广州。此时，盘踞在中南、西南的国民党正规军约70余万人，企图长期控制这些地区，伺机卷土重来。其中，白崇禧集团的5个兵团共20余万人据守湖南、广西；余汉谋集团的3个兵团据守广东；胡宗南集团和地方军阀据守云、贵、川和西康等省。为粉碎敌人阴谋，解放全中国，中央要求四野和二野第四兵团迅速向前推进。由此，衡宝战役、广东战役、广西战役先后打响。出于军事运输与作战考虑，铁路成为双方争斗的焦点。尤其对解放军来说，铁路更是保证供给的大动脉、生命线。为阻止解放大军，国民党有计划、分阶段地切断运输大动脉，对粤汉、湘桂等铁路进行严重破坏。为保障前线供给，迅速修复铁路成为解放军的当务之急。1949年7月，刚刚渡江的铁道兵团立即投入了抢修战斗。1949年10月24日，粤汉铁路武昌至株洲段开通。此时，两广战役已经打响。为支援前线，二支队又赶赴株洲至衡阳段，担负耒河大桥、耒河桥的修复和衡（阳）大（堡）间的线路抢修大任。

黄桂生所在的班转移到了耒河大桥。据他回忆，耒河大桥先修便桥以通车。那一年的冬天特别冷，来得也特别早。黄桂生对此记忆特别深刻。时值11月，天下着雨，下着下着就下起了雪，屋檐下的冰溜子一尺多长，穿着棉衣还打哆嗦。

为节省材料，工地广泛开展教育活动，收到了很好的效果。大家在拆卸便桥时，对旧木料和旧铁料都认真爱护，生怕浪费。有些战士为了不弄丢螺钉，就把螺钉用绳子一个个拴起来，套在自己的脖子上。

11月12日，耒河大桥抢修开始。四野首长命令，必须在21天内完成任务。雪上加霜的是，气锤打桩机和做排架的木方还耽误了一天半时间才运到。在上排架时，要将重约2t的排架从陆地上运到河中间，除了下水以外，别无他法。在干部的带动下，战士们纷纷跳下冰冷的河水。兵团副司令吕正操来到现场，看见战士们一个个在水中冻得发紫，非常感动。在"不把轨扣完不回去"的口号下，战士们和工友们昼夜奋战，最多连续56个小时没有休息。28日晚，第一列火车穿过层层雨幕，稳稳地通过耒河大桥。工地上掌声和欢呼声响成一片。至此，粤汉铁路株洲至衡阳段提前通车，为广西战役的最后胜利提供了运输保障。

维护历史

抗日战争胜利后，1946年1月，国民政府交通部开始组织实施粤汉铁路复路工程。粤汉铁路管理局提出"先求其通，后求其备"的原则，组织劳工抢修临时木便桥200余座，至7月1日，全线修复通车。通车一年内，架设正桥。受通货膨胀、工款不敷、材料匮乏、技术工人缺少等影响，迟滞1948年9月，正桥修复工程才基本完成，被毁4年多的耒河大桥获得重生。

耒河大桥诞生于战争年代，命运多舛。1949年4月，解放大军渡过长江，国民党军队溃败时，对粤汉铁路进行了疯狂破坏，全线被炸毁桥梁38座，其中耒河大桥破坏最为严重。大桥的12个桥墩，除12号墩完好外，其余11个桥墩均被炸毁，钢梁坠入滚滚的河水中，耒河大桥再次被毁。

1949年8月初，长沙和平解放。23日，中央军委铁道部在株洲成立衡阳铁路管理局。铁路局成立后，即着手组织抢修铁路。当时成立了3个桥梁队，9月发展到5个桥梁队，全局直接参加抢修的工人达到5000多人。铁路职工和铁道兵团战士一道，日夜奋战在铁道线上，抢修一段，通车一段。

由于耒河大桥修复工程艰巨，上级决定先搭建一条木便桥。长沙桥梁队120多位工人，于11月3日至5日，只花了3天时间，就搭好了一条二百几十米长的浮桥。经过半个多月的紧张抢修，11月28日，全长368m的耒河木便桥建成，保证了12月29日粤汉铁路全线通车。

1950年1月5日，耒河大桥正桥开始修复。抢修队员利用原墩基重筑墩身，打捞钢梁加以修配，将原来4孔梁拼成3孔，在第4跨中加设钢塔架，安装2孔30m板梁（1951年，以1孔61.65m钢桁梁更换该2孔板梁，拆除钢塔架，恢复原模式）。在铁路局第二桥梁队第一分队500名工友和铁道兵团22大队1中队600多名战士的联合突击下，仅仅用了72天，就完成了耒河大桥正桥的修复工程，比上级规定的工期提前了两天。3月18日，耒河大桥再次获得重生。从此，耒河大桥远离了战火的蹂躏，以崭新的姿态投身于中华人民共和国的建设之中。

1957年10月，武汉长江大桥建成，平汉、粤汉两条铁路直接通车，并称为京广铁路。20世纪70年代末，铁路部门对耒河大桥进行过一次换梁，但仍保留英式军用梁，这种钢梁系20世纪40年代英国制造。由于钢梁年久蚀化严重，荷载等级偏低，且宽度和长度不够，严重限制了超级超限货物的运输和整个京广铁路电气化改造工程进展。1990年开始，铁路部门以国产大跨度低合金新式拴杆桁梁，替换京广线上所有英式军用梁。新梁每孔长48m，高11m，宽5.7m，质量为160t。

1992年12月12日，13时10分，耒河大桥一孔长48m、重260t的英式军用梁，在两台200t液压油顶的推动下，缓缓离开了桥墩。至此，京广铁路全线桥梁上的英式军用梁全部拆除。

跨入21世纪，随着国家经济建设的快速发展，面对既有线高密度、高速度的运输压力，年逾八旬的耒河大桥已不堪重负。为确保行车安全，列车通过耒河大桥时不得不限速 60km/h 运行，耒河大桥成为制约京广大动脉南北运输的一大瓶颈。

进入 21 世纪，新的耒河大桥开工建设，桥址位于老耒河大桥下游约 45m 处。新耒河大桥为直线双线桥，一条为京广上行线，一条为湘桂铁路连接衡北编组场的专用联络线。新桥设计为 14 孔钢筋混凝土箱形连续梁结构，长 656.8m，设计行车时速为 160km。

2013 年 8 月 26 日 13 时 45 分，一列满载行囊的快运专列缓缓通过新建的耒河大桥。自此，历经了大半个世纪的耒河大桥光荣退役，完成了它的历史使命。

如今，耒河口附近建起了 4 座新大桥，退役后的耒河大桥依然站立在耒河上，目睹着铁路日新月异的发展，静待着自己的最后归属（图 20.3）。

图 20.3　耒河大桥全貌

调研心得

京广上行线老耒河大桥至今已经服役 87 年，是粤汉铁路现存的唯一完整保留的桥梁，是粤汉铁路株（洲）韶（关）段 3 座同类型钢结构大桥中唯一完整幸存的大桥，也是粤汉铁路通车时间最长、保存最完整的一座桥。它记载了粤汉铁路、京广铁路和这座城市的沧桑历史，铭刻着抗日战争、解放战争的烽火岁月，记录了新中国铁路的发展史。它是一本活的教科书，希望它能够得到完好的保存，掀开它生命中新的一页，给后人留下一些不可复制的记忆。

作为一名土木学子，此次调研旅途使我们更加明白学习土木工程专业的重要意义。桥梁是推动国家经济发展，连接人民幸福的通道。我们一定不能忘却历史，这座耒河大桥就和我们一样，作为中国众多桥梁中的一员，它为社会作出了不可磨灭的贡献，尽管经历了战争的摧毁，但是经过时间的印证，最终还是坚强地屹立在耒河之上，默默地承担着铁路的来来往往，为人们提供便捷和便利。我们作为众多学生中的一员，也要担负起自己的责任，勤奋学习，锻炼本领，无论是经历多大的挫折都不言放弃。红色桥梁故事不仅是历史的见证，更是我们学习的好标本。于此希望国家能够更加昌盛，我们的未来也能更加美好。

（作者：赵希成）

参考文献

[1] 耒阳市志编纂委员会．耒阳市志 [M]．北京：中国社会出版社，1993．

[2] 衡南县志编纂委员会．衡南县志 [M]．北京：中国社会出版社，1992．

[3] 佚名．京广铁路耒河特大桥合龙 [J]．施工技术，2012，（21）：77．

[4] 匡玉，唐灵．京广铁路耒河特大桥合龙 [N]．湖南日报．2012-11-06（11）．

第 21 章
呕心沥血建钱塘，粉身碎骨阻敌军
——钱塘江大桥

一座城有一座城的历史，一座桥有一座桥的故事。今天要给大家讲述的桥梁正是位于"上有天堂，下有苏杭"美誉的浙江省杭州市境的一座跨钱塘江双层桁架桥。在西湖之南，六和塔附近钱塘江上，矗立了我国近代史的交通枢纽——钱塘江大桥，它也是中国第一座现代化大桥。这座公铁两用桥由中国桥梁专家茅以升主持全部结构设计，起于虎跑路，南至滨江区江南大道联庄村上沙埠；全长 1453m，公路桥宽 9.14m，铁路桥宽 4.88m；它有上下两个车道，桥面上层为双向两车道公路，设计速度可达 100km/h，下层为单线轨道铁路，设计速度可达 120km/h。我是本期红色基因传承人胡淳俊，今天我为大家带来的是钱塘江大桥背后的红色故事。

我曾无数次走过这座大桥，每每从上面走来，特别是火车驶过时，都能感受这条铁皮蛟龙的呼喊声，它似乎是在召唤着我们这一辈青年学子，昂首抬头，向前出发！这次，我和我的团队伙伴们一起坐车来到这座美丽的城市，来到这座沟通了南北岸，更是接通了历史与未来的钱塘江大桥，一时间感慨万千。若要我们来讲它的故事，恐怕它身上的每一块钢都有自己的小故事，而我们脑海中首先浮现的一个画面是桥梁的建造者，也是我国著名的土木工程学家、被赞誉为"中国桥魂"的桥梁专家茅以升！

呕心沥血建钱塘

1933 年，著名桥梁学家茅以升教授任教于天津北洋大学，后受邀参与杭州钱塘江大桥的兴建。而在此之前，由于国内建造工艺的落后、关键技术的缺失等一系列问题，此类大型桥梁的建设均由外国人参与主办。大桥的建设不仅面临着技术上的困难，同时也苦于此独特的地理位置。钱塘江自古凶险，时有上游山洪暴发，下游海潮涌入，如遇台风天则浊浪排空。因此当地的老杭州人形容一件事的不可能性，常用"在钱塘江上造桥"这一句话来借喻。这也是钱塘江大桥在杭州老百姓心中地位十分特殊的原因之一。

曾有外国桥梁专家预言：钱塘江水流急深，不符合造桥的条件。因为钱塘江地处入海口，江流汹涌澎湃。但是茅以升慨然就任，下定决心担负这项前所未有的重任。自受

第 21 章 | 呕心沥血建钱塘，粉身碎骨阻敌军 —— 钱塘江大桥

命以来，他查阅了大量的资料，发现"钱塘江造桥"并非不可能。面对困难，他迎难而上。他带领团队经历半年的勘测，光是设计方案就出了十几个，从中选出了一个最佳方案，925 个日日夜夜的艰苦奋斗，他突破了一个又一个技术难题，80 多个重大难题被攻破，解决了让世界桥梁专家困扰的难题：如何在软烂的泥沙里筑桥墩，如何在波涛里架起构架？江潮和水流中的泥沙就是巨大的难题之一。作为我国第一座公路铁路兼用的现代化大桥——钱塘江大桥修建而成，创造了让世界桥梁专家叹为观止的奇迹（图 21.1）。

同学们走进钱塘江大桥纪念馆，纪念馆分"建桥序曲""攻克难关""历经沧桑""养桥护桥""卓越成就"和"茅以升生平"六个篇章。馆藏有大量图片、实物和茅以升的著作、手稿、藏书及使用过的物品等。在观看历史影像的过程中，我们每个人感触颇深，加深了对钱塘江大桥基本概况和建造历史的了解，也更加体会到当时建设钱塘江大桥的不易。除了技术上的难关，当时所面临的形势也非常紧张，内战频繁，各种物资短缺，经费不足，此外还面临日军的飞机侵袭，整个建桥的过程更是难上加难。自"八·一三"淞沪会战后的第二天，日军飞机开始轰炸钱塘江大桥，随后不时地前来投放炸弹阻碍桥梁施工，所幸大桥主体始终未被炸中。在茅以升的带领下，工人们齐心协力、头顶飞机的轰炸，夜以继日地赶工，终于建成了全长 1453m，双层公路、铁路两用的钢梁桥。1937 年 9 月 26 日，大桥建成通车（图 21.2），打破了只有洋人才能建造铁桥的惯例，钱塘江大桥充分展现了中华儿女的聪明才智和勤劳勇敢，开启中国铁路桥梁史上一个辉煌的里程碑。

图 21.1　钱塘江大桥开工典礼

图 21.2　1937 年 9 月 26 日竣工的钱塘江大桥

然而当时的中日战争形势不容乐观，1937 年 12 月，日军进攻武康，杭州危在旦夕。上海和南京之间铁路中断，钱塘江大桥成了撤退的唯一通道。据当时铁路局估计，大桥通车仅三个月，大桥的上层公路在还没有完全竣工的情况下就赶时间开放了，就是在这样的情况下抢运了大批军需、民用物资，有 300 多台机车和超过 2000 节客货车通过大桥，靠钱塘江大桥逃避战火的难民更是不计其数，经大桥运送的抗战物资有力地支援了前线的抗战。抗战中要过江的人络绎不绝，原来每天有一两万人坐义渡，上海沦陷后，要过江的人更多

了，但大船多被征用，靠小船又不够，浙江省政府迫不得已开放大桥公路。钱塘江大桥成了战时的生命通道，自建成到炸毁的89天时间里，100多万军民通过此桥得以转移。

粉身碎骨阻敌军

茅以升亲手造桥，又亲手毁桥。他究竟是怀着怎样的心情炸毁了自己呕心沥血建好的钱塘江大桥？1937年11月16日下午，为了阻止日本侵略者过江，在钱塘江大桥正式开通的前一天，茅以升突然接到炸毁大桥的命令。修建两个月时间不到，钱塘江大桥就要被毁了。正如他自己说的好像要亲手掐死自己的孩子似的，茅以升复杂的心情可想而知。为了阻击日本侵略者的脚步，保障更多的中国老百姓的生命安全，他毅然决然地执行命令，连夜便带人把炸药放进桥墩的空洞及五孔钢梁的杆件上，同时将100多根引线接到位于南岸的一所房子内。攻陷上海后，一部分日军便沿沪宁铁路向南京进攻，一部分日军向杭州逼进。为迟滞日军的步伐，南京当局命令茅以升最迟于12月15日下午1点前炸毁大桥。望着大桥上源源不断的难民来来往往，茅以升实在是难下决心，直至23日下午5点，受敌军所迫，伴随着一声轰然巨响，钱塘江大桥就此中断。眼睁睁看着数年的心血毁于一旦，南2号桥墩上部完全炸毁，五孔钢梁全部炸断，这座通车89天，全长1453m的大桥被炸成了6段。

大桥被炸毁的这一天晚上，茅以升满腔悲愤地在书桌前写下8个字"抗战必胜，此桥必复"。为避免日军修复大桥，茅以升随身带走建桥的14箱资料。随后多年，他辗转于浙江、湖南、贵州、四川、上海等地，最后返回杭州，万里逃难，多次遭遇敌机空袭，也许是冥冥中自有天意，资料却没有丝毫缺损。持续3个多月的淞沪会战，终以上海沦陷告终。我们的钱塘江大桥为战火中的中华儿女艰难地搭建了一条生命线，为中国最后抗战的胜利保留了希望的火种。

在外敌入侵的这些岁月中钱塘江大桥也沉寂了9年，当抗战胜利的喜讯传遍中华大地，我们的钱塘江大桥的重建也提上了日程。期盼着，期盼着，终于在1946年抗战胜利的第二年，炸毁的钱塘江大桥开始进行修复，它成为浙赣线上的关键性工程之一，而修复工作同样由茅以升担以重任，他的愿望也得以实现。钱塘江大桥（图21.3）是我国现代桥梁的摇篮，为日后我国的桥梁建造留下了丰富的经验，成为中国桥梁史的重要开篇之作。钱塘江大桥见证了我国

图21.3　钱塘江大桥全貌

的近代历史，也将继续为中华民族的伟大复兴作出它那不可或缺的贡献。

调研心得

在团队一行的调研中，我们感悟颇深，尤其是钱塘江大桥的辉煌历史，深刻地烙在我们每个人的心头。从建桥初期至今已有近 90 年历史，它所包含的我们党领导人民在革命和建设实践中形成的红色基因，一直被视作信仰与追求的代名词，引领着人们投身于创造历史、推动社会进步的实践中。它不仅为民族复兴增强了文化自信，增强了民族凝聚力，也极大激发了国家发展的无限潜力。

作为土木学子，对于桥本就有着特殊的情感，钱塘江大桥作为中国桥梁史的重要开篇之作，为日后我国的桥梁建造留下了丰富的经验，是中国铁路桥梁史上一个辉煌的里程碑，是我们每个土木人都要上的专业课，也是一堂生动的思想教育课。通过追溯钱塘江大桥的历史及其红色印记可以让我们感受到革命先辈们为了实现共产主义社会而不断进行的努力奋斗，这是我们青年学生应该作为榜样而学习的。"桥梁之魂"茅以升先生，是我们每个桥梁人的偶像和榜样，我们青年桥梁人要传承和发扬茅以升先生的桥梁志、民主梦和中国情，努力投身于新时代中国桥梁的建设事业中来，相信中华民族在我们新一代青年的努力之下一定会实现中华民族的伟大复兴。

如今，钱塘江大桥已经成为杭州的名片、抗战的记忆，对于那段历史，其也是最好的纪念！回首 1937 年 12 月 24 日，杭州沦陷，在日军的铁蹄下奄奄一息；回忆 1949 年 5 月 3 日，杭州解放，军民们保卫大桥齐心协力；遥看未来，杭州腾飞，呼之欲出的新格局已经起航。东南形胜，三吴都会，钱塘自古、未来都是繁华！

（作者：胡淳俊）

参考文献

[1] 叶介甫. 茅以升与钱塘江大桥 [J]. 民主与科学，2022，（02）：8-13.

[2] 冉绵惠. 钱塘江大桥：茅以升的抗日壮举 [J]. 西南交通大学学报（社会科学版），2016，17（03）：1-5.

[3] 浙江省科学技术志编纂委员会. 浙江省科学技术志 [M]. 北京：中华书局，1996.

[4] 鲍军. 烽火地名 – 钱塘江大桥 [J]. 中国地名，2015，（04）：40.

[5] 施心超. 把笔传声 [M]. 上海：上海大学出版社，2021.

[6] 郑献翰. 杭州全书 钱塘江文献集成 第 10 册 钱塘江大桥史料（二）[M]. 杭州：杭州出版社，2015.

第三篇
破旧立新,艰苦奋斗

第 22 章
吃得苦，霸得蛮
——橘子洲大桥

2022年1月8日的上午，我们调研小组一同来到这座眺望"湘江北去"五十余年的橘子洲大桥。站在这座大桥上，河东以五一广场为核心，是整个长沙最繁华的地界，河西梅溪湖高楼林立，金茂双塔湖边矗立，诠释着长沙的城市美学，桥上省会与益阳、常德及湘西地区连通，桥下湘江包揽橘子洲头。

橘子洲大桥（图22.1）分别由水上主桥、陆地岳麓区引桥、橘子洲引桥、芙蓉区引桥、桥墩、拱肋及各立交匝道组成，主桥路段呈正西至正东方向布置，采用的是当年极为流行的双曲拱桥建筑形式。橘子洲大桥主桥共21孔，线路全长1532m。我们此行的目的，正是希望透过现在回溯橘子洲大桥建设的过程，看五十岁老桥是怎么从梦想走到现实，又是如何在新挑战之下焕然重生，又对我们这些未来的建造者提出了怎样的要求。接下来请跟随我们的脚步，来到梦开始的地方。

图 22.1　鸟瞰橘子洲大桥

河东河西相连——圆百年修桥梦

"你以为湘江是你家乡的那条小港吗，这么宽的江面怎么能架桥啊，过去没有，今后也不会有的！"原《湖南日报》摄影记者唐大柏向我们讲起了他1951年和同学过湘江时认为湘江终会有一桥但却被同行同学嘲笑的故事。他当年是追踪报道橘子洲大桥建成欢庆的工作人员之一，在讲述橘子洲大桥百年梦时忍不住向我们讲了这样一件趣事。随后他立刻正色，一幅历史画卷徐徐展开在我们面前。

"光绪二年，郭嵩焘被派往英法两国任驻外使节，英国泰晤士河和法国塞纳河上的大桥令他震惊外国工业的发达，并且思考中国也应该拥有这样的桥梁。他把这件事记到了日记里，流露出效仿英法在湘江上修建一座铁桥的想法，紧随其后，在1912年，黄兴在构想长沙城市规划时提出：水陆洲、岳麓山、溁湾市一带，建一铁桥往来，则居民散布，得受空旷之气表示支持。"虽然有了各路人马的助力、领导班子的支持、千万百姓的期盼，但是大桥开建还差一笔资金。唐老先生向我们展示了一张照片，照片中是一位穿着党服的中年男性，唐老先生说道："在这个时候，时任中南局第一书记的陶铸来长沙视察，就看到车辆和行人在五一路上排队等轮渡过河，队伍足足有两三公里，就放下豪言：中南局出一半钱。"

自那以后万事俱备，湖南省交通规划勘察设计院随即启动方案设计，1970年5月，长沙湘江大桥指挥部成立，1971年9月6日，在中共湖南省委及长沙市委直接领导下，橘子洲大桥正式开工修建（图22.2）。

百年梦，就在今朝起航。

图22.2　还未建成的橘子洲大桥

老老少少齐上阵——举全省之力拼出建设奇迹

离开唐家，我们来到了湘江边上，唐老先生告诉我们在长沙街头随机找一个老人就有可能是当年橘子洲大桥建设的基层人员之一，于是我们并没有花费太多的力气就找到了当地一名姓王的老人。谈及往事，老人瞬间侃侃而谈："当时啦，不夸张地讲啊，全省的人都来了，那个盛况我一辈子就见过一次，人多力量大，但是呢这个工期就得赶，一个桥，要是修几年大家几年都发展不了，我当时是焊接，白天，吊装工将拱肋吊起合拢。之后，木工、混凝土工开始作业。到了晚上，就我们这些焊工登场，将拱肋接头上下缘伸出的钢筋焊牢。4个不同的工种连续流水作业，夜以继日，一整天湘江边上都是机器声，但是这个事儿，没人抱怨，累了就躺在地上休息，到了自己的时间就爬起来干活，人就一股劲儿，劲往一处使，不管什么时候，桥上永远挤满了正在作业的人。"

老先生说话间隙喝了一口水，又双眼放光投入到他的故事描绘中去："不过我们当时焊接学的人比较少，那几天可是累死我了，没过几天，听说全省的其他工作都叫停了，把1000多焊接工都送过来。众人拾柴火焰高！一个桥墩建好了，广播就响个不停，把好消息传到所有干活的人的耳朵里。人人都愿意为修桥出力，没人跑了当懒鬼，有的同志为把岩石缝隙中的沙石清除掉,没有合适的工具,就用手指抠,指尖被泥沙磨出了血也不叫苦。哎哟,吃苦耐劳苦中作乐!"

这时,一名姓徐的老人前来拜访王老先生,王老先生向老人介绍了我们此行的目的,徐老也跃跃欲试,他是当初湘江大桥负责人之一,属于领导班子,想起那段时光,表示当时不是赶这条路就是转那条路,不是今天人民有需求,就是明天要处理办事情,他想起,他当时听到人民讲得最多的就是"只要我们提出要求,省里有求必应。""这不就有一次,施工组需要一个混凝土泵,这个东西可是只有部队才有。后来我们领导就向上面反映,本来部队的东西我们也没有抱太大的希望,结果第二天8点,一来到现场就发现,混凝土泵已经摆放在桥底。原来是省里联系广州部队连夜用专机调过来的。还有一次,吊装组需要15t的卷扬机,第二天,卷扬机就从岳阳临湘运到了长沙,好多时候啊,我走过去办事儿,看着台上人来人往,每一次一走,我心里那个澎湃,我说这下面出力上面也得出力,咱们一块儿把这湘江给跨过去!"

图22.3 1972年热烈庆祝橘子洲大桥(原名长沙湘江大桥)通车典礼剪彩盛况

果不其然,1972年10月1日,橘子洲大桥建成通车(图22.3),从开工修建到正式通车,它仅用了1年时间,有趣的是,我们之后又采访了很多人,人们对于建桥活动印象最深的是建桥结束后四天的狂欢。

"那一刻大家一起在桥那边欢呼举着国旗,那场面,那阵势我是真忘不了,看着那么大一座桥如巨兽一般,居然是那么小小的人建出来的!看着这个我就想起长城,想起故宫,一下子我就想到咱们的人民真伟大!这么小点力气却仍然能架桥修路,与天斗不怕困苦!大伙儿都是吃得苦,霸得蛮的好湖南汉子!"我们采访的一位老人言至深处眼角泛着泪光,这段话让当时我们小组的成员很是震撼。

在詹天佑纪念馆入口的石雕上刻着詹公的名言:"各出所学,各尽所知,使国家富强不受外辱,足以自立于地球之上。"回顾这一历史事件我们看到了并且清晰认识到历史是由人民群众创造的,是人民群众的力量让长沙谱写了新历史,让湘江被征服,不仅五十年来是如此,千年以来人民一直不断地用自己的力量去完成历史任务、战胜历史难题,人民,如此伟大!

"退役"危机——新一代努力创新生

"炸桥！绝对不可能！"

时间来到千禧年后，中国迅速发展，湘江成为其中一个缩影。

当年一群设计者们住在竹子混泥巴搭的一片工棚里创造出橘子洲大桥伟大的设计，在这次活动中我们有幸拜访到了当年的设计者之一——朱若常同志。

在汽车还没有普遍发展起来的时代，他们认为湘江上每日通航5000辆都已经算是很高的标准了，谁能想到改革开放后中国发展如此之快，橘子洲大桥很快受到了交通压力，并且面临更多人的质疑，要求炸桥重建更大的桥，这件事让老先生非常愤怒，喊出了开头那句话。

"当年认为5000辆已经够多了，谁能想到长沙经济发展这么快呀！"朱老感叹道："橘子洲大桥工程是我验收的，质量十分可靠。47年了，大桥从'五脏六腑'到'血液'都没有问题。既然还能使用，那么直接让它'退役'岂不是很可惜？"不过随即老人说道："还好，当初我们建桥的成果还是有人珍惜，新一代吃得苦，霸得蛮的年轻人又站了出来找寻救赎之道，银盆岭大桥、月亮岛大桥、猴子石大桥等过江大桥也跟着上了湘江，2011年又有营盘路过江隧道通车，前前后后好多年轻人投身建设，不是修桥就是修隧道，为橘子洲大桥分走了大部分交通压力。"

"新时代，跟我们当初建桥就不一样了，一群年轻人在纸上统筹江山、科学计算，当时还用算盘用纸笔，我当年去考察，年轻人们就已经用上了电脑，把桥的结构图先在电脑里面绘制好，十分严谨地为橘子洲大桥的建设保驾护航。"说到这里老先生不忘教导我们，他的目光中带着期盼："你们呐，又是一代年轻人，真好，每一代人，都会有人出来守护橘子洲大桥，都会有人想着要去记着橘子洲大桥，真好！希望你们将来也能加入进来，咱中国这么发展，橘子洲大桥也得发展，新时代又有新目标，橘子洲大桥未来就全依靠你们这些年轻人了！"

我们离开的时候已经是傍晚了，橘子洲头夜晚的风景很美，杜甫江阁诗情画意，摩天巨轮浪漫璀璨，岸两边的高楼大厦灯火通明，一同组成画布，放映着各色的图案倒映在水中，轮船在其间呜呜作响，我们手里有很多老照片，我们举着它们，五十年，我们透过一座桥看到了中国的沧桑巨变，看到了不同时代的人们怎么完成这份历史要求，同时感受到了我们肩上的责任和那些我们长久忽略的远大理想。夜色渐晚，但长沙这座城市依然灯火通明，我们走在回去的路上，五湖四海的人正从橘子洲大桥经过，在关于长沙的记忆里，橘子洲大桥始终占据重要一部分。

橘子洲大桥的建成，是湖南长沙人"吃得苦，霸得蛮"文化最完美的表现。从建桥初期，各位能人志士从畅想构造、解决资金问题，到建设阶段上面办事、下面干活一股劲往一处使，再到最后又一代人解决它的退役危机，每一个时期的艰难困苦都由当时那群"吃得苦，霸得蛮"的建设者用不同的方法解决。从此一百年的修桥梦，将河东河西连在了一起，将江边上的人民紧紧地绑在了一起，从此长沙发展有了一个划时代的标志，带动了长沙的经济、交通、景区发展，使其从二线城市向新一线城市进军。透过这一座庞大的橘子洲大桥，我们看到了人民的力量，透过这一座小小的橘子洲大桥，我们看到了中国的发展（图22.4）。"湘江北去，橘子洲头。看万山红遍，层林尽染，漫江碧透，百舸争流。"新时代的有志青年啊，更应该学习其中"吃得苦，霸得蛮"的精神与决心，有壮志豪情凌云之志，不负这些先辈所托。作为土木工程桥梁系专业的当代青年学子，更应该学习其为社会建设作贡献的工匠精神，唱出无愧于祖国和人民的时代绝响！

图 22.4　橘子洲大桥现状

（作者：吴瑀、曾胜春）

参考文献

[1] 长沙市岳麓区志编纂委员会，《长沙市岳麓区志》（1988-2002）[M]. 长沙：方志出版社，2010.

[2] 陈永刚. 一座桥：连接历史和今天 [N]. 湖南日报，2009-08-27（06）.

[3] 王蔚琛，吉建良. 回忆长沙首座 湘江大桥的修建 [J]. 湘潮（上半月），2014，（01）：45-46.

[4] 周蕾. 大桥战报：见证天堑变通途 [J]. 湘潮，2022，562（09）：26-27.

[5] 刘思驿. 橘子洲头：见证长沙百年风华正茂 [J]. 湘潮，2023，566（01）：61-62.

[6] 张成刚. 走遍中国——湖南 [J]. 中国地名，2006，（06）：64-66.

[7] 刘寿安，陆纪时. 长沙市湘江大桥改造设计浅述 [C]. 中国土木工程学会市政工程专业委员会第一次城市桥梁学术会议论文集，1987.

[8] 周义武. 忆橘子洲大桥建设始末 [M]. 长沙：湖南大学出版社，2021.

第 23 章
未曾远去的耒阳大桥
——耒阳大桥

一座城市，一条河流，一座大桥，这似乎是每一座文化名城的标配，而湖南省耒阳市就是这众多文化名城中的一座。"革命大摇篮""文化大观园""交通大枢纽""鸟的天堂"等高频词共同构筑起耒阳的"名片"，吸引着一波又一波的游客前往参观。当学院组织红色桥梁寻访活动时，我首先想到的是我的家乡——"革命大摇篮"耒阳，最想寻访的是耒阳大桥（图 23.1）。2022年 1 月 22 日，我们踏上了寻访之旅。我们采访了当地的老爷爷，了解到耒阳大桥始建于 1970 年，是耒阳市第一座跨耒水大桥，是湘南通往赣南、闽南公路战备的重要桥梁，承载着人民对美好生活的向往。

图 23.1　耒阳大桥夜景

从老爷爷的介绍中，我们了解到耒阳已有 2200 多年悠久历史，是千年古县，它素有"荆楚名区""三湘古邑"的美誉，留下了历史名人杜甫、徐霞客、蔡伦的脚印。老爷爷说："蔡伦，他影响了世界文明进程；耒河，她繁衍了农耕文明；而耒阳大桥，她书写了耒阳社会主义现代化建设新篇章。"通过采访调研，我们了解到官民齐心建大桥助推经济，新大桥引领新时代的耒阳大桥故事。透过故事我们能感受到长辈对这座桥的深厚感情和独特情怀，今天我想将这个故事分享给大家。

官民同建桥，天堑变通途

在当地政府和老百姓的勠力同心下，经过 10 个月的奋战，1970 年 12 月 26 日耒阳大桥终于开通了。同时也开启耒阳社会主义建设的新篇章。

耒阳大桥的修建还得从历史说起。千百年来，耒水起着沟通外界，滋养文明的重大作用，但也一定程度上阻碍了两岸民众的往来，不利于当地经济的发展。当时唯一能联系两岸民众的交通工具就是渡船,像汽车,拖拉机都要经渡船航运才能抵达河的对岸。众所周知,一条渡船一次只能渡十几个人,一两辆车。再加上耒水湍急,漩涡多,遇上洪水暴发,水位上涨就只能"罢渡"。每当这个时候,老百姓们只能望河兴叹。这给当地居民生活带来了极大的不便,也有较大的安全隐患,十分不利于耒阳经济的发展。

其实早在民国时期耒阳人民就曾两次集资准备修建一座耒阳大桥,但因当时战乱纷飞、经济萧条,这个愿望始终没有实现,也成了耒阳世世代代老百姓心中一直惦记的事情。1949年后,河两岸的往来愈加频繁,当采访到水东江老组长时,他为我们介绍道:"竹筏、小船是渡河的仅有方式,下点大雨,河水上涨,坐船过河就非常不安全。这边的物资几乎不可能卖到河对面,这对村里人来讲,真的是个麻烦。于是修建一座桥是我们茶余饭后常常会谈论到的一个话题。"

中华人民共和国成立后,耒阳的历史也终于翻开了新的一页。当时的县委会书记调研了解到老百姓的愿望后,决定建桥,兴建耒阳大桥多次提上日程。在市政府的指示下,耒河两岸附近的村民召开了关于耒阳大桥选址的讨论会。1970年初,当时的耒阳县革命委员会作出决定,在一中上游和水东江之间修建一座钢筋混凝土悬链线双曲石拱桥。但在物资匮乏的20世纪六七十年代,要想建造这样一座大桥难度极大。

首先是资金困难,当时耒阳每年的财政收入只有几百万元,而建造一座耒阳大桥其预算资金至少在200万元以上。其次是技术问题,耒河川流湍急,旋涡多,要想围堰建桥,困难重重。最后是施工问题,当时人员紧缺,而且缺乏专业的人才进行现场监工。但是这些困难依旧没有难倒耒阳人民,耒阳政府直接把指挥部设在施工现场,一线指挥,一线督战。人手不够,人民就撸起袖子,在当地政府的带领下,团结一心地投入到建桥的伟大事业中去。

当时参加了建桥的何爷爷回忆道:"这是为我们人民建的桥,我们当然要帮忙啦!而且我还是党员,必须要贡献自己的一分力量。用指挥部主任徐林文的话来说,就是我们的桥自己做主。"

我们调研了解到,在设计方案确定的过程中出现了很多的争执,在工程开始不久指挥部与省陆运公司测设大队闹了大矛盾。矛盾之一,省陆运公司测设大队认为:大桥东岸原来有条路通向桥头,但是不直,有个弯道。设计方只是进行了加宽,弯道不改。理由是可少占粮田和拆迁民房。而耒阳方要求道路拉直加宽,有利于行车安全和美观。矛盾之二,原设计方案桥墩内心采用石灰浇筑砌石工艺,外墙麻石才用水泥砌石勾缝工艺,理由是为了节约经费。耒阳方要求全部采用水泥浇筑砌石工艺,理由是耒河经常洪水泛滥成灾,上游永兴、上堡木材被洪水冲走,木材和木筏对桥墩撞击力大,人力无法抗阻;耒阳大桥是战备桥,是军队调往厦门前线的主要道路,原来的方案必须更改。耒阳方一再重申经费是省里投资 130 万元包干耒阳革命委员会使用。

双方各执己见互不相让。在无法调和的情况下，徐林文大胆果断地决定："不用省陆运公司测设大队人员了，留下了图纸，我们自己也可以！"徐林文胆略过人，尊重人才，请了一些有志之士。这些有知识、有技术、有见识的知识分子，面对这么大的工程，终于有了用武之地。面对难题，大多数人都是从零开始，以前从未经历过，但是他们也不害怕。

徐林文不仅是一个参与者，更是一位引领者。他成为每天第一个来到办公室，最后一个离开的人。他是施工现场的常客，他知道这座桥对这座城市的重要意义，他丝毫不敢懈怠，工地上大大小小的事，他都会尽力帮忙。开工那一天，施工地段水流湍急，气温低。桥墩需要围堰抽水，这需要用双引擎汽船将上游放的竹排拖到指定地段，竹排水手向汽船抛送缆绳。徐林文见状，毫不犹豫，立马脱掉鞋袜，带头下到冰冷的河水中拖拉竹排，和大家一起完成了任务。"在当时，没有什么比建成这座桥更重要的了，我们的桥我们做主，我们的桥我们自己拼命建！"徐林文这样说道。徐林文也是这么做的。修建大桥是当时耒阳人民生活中的大事，需要方方面面的力量，全县上下可以说是要人给人，倾其所能。大家都发扬不怕苦不怕累的艰苦奋斗精神。3000 多人为修建耒阳大桥付出了无数汗水和心血，甚至有些人在建设的过程中付出了生命，他们的故事将永远被耒阳人民所铭记，他们的精神将永远激励着一代代耒阳人民。

耒阳大桥（图 23.2）的修建为耒阳经济腾飞插上了翅膀，它不仅方便了耒阳东西部乡镇的经济文化交流，还延伸到了安仁、茶陵地区，甚至延伸至更远的井冈山地区。耒阳大桥缩短的不仅仅是时间和距离，更是缩短了耒阳迈向现代化城市的进程。

图 23.2　耒阳大桥风景图

新大桥再创辉煌，奔向新时代

到 2013 年，耒阳大桥已服务当地老百姓出行和经济社会发展 43 年，作出了巨大贡献，也见证了耒阳市的发展历程。但由于多年超负荷使用与运载，耒阳大桥被定为危桥，改造迫在眉睫。

新耒阳大桥的桥位选定为原址，主桥长 322m，宽 31m，相当于老桥宽度的 3 倍，是跨耒水桥梁中最宽的。桥面采用一级公路标准，双向六车道，这次工期长达 30 个月，只为了建设一座真正的现代化大桥。

2014 年 9 月 24 日，服役 44 年的老耒阳大桥举行爆破。当时人山人海，大家纷纷与它合影留念。在老百姓心中，它不只是一座桥，更是一位朋友，一份情感，一份牵挂。大家齐声倒数，随着一声巨响，尘土漫天，耒阳大桥完成了它的历史使命，以悲壮的形式告别了爱它、敬它的耒阳人民。从此，爆破的耒阳大桥老百姓称它为"老大桥"。

但耒阳新大桥的建设同样面临重重困难，如资金短缺、工期紧、技术难度大等。面对困难，耒阳政府迎难而上，强化宗旨意识，始终坚持从群众中来，到群众中去。一方面，积极开展基层工作，收集民情民意，及时化解矛盾隐患，多次召开居民委员会会议，解决建桥期间给人民群众带来的不利影响。就住在桥边的梁奶奶说道："当时确实是不愿意，因为有噪声，灰尘，但是政府的人来和我们说了很多，也为我们这边的居民调整了施工时间，对我们的影响降低了很多。而且想想，这种对人民好的桥还是要建的。"另一方面，政府高度重视，成立耒阳大桥改造建设指挥部。由市长亲自担任指挥长，大力推进各项工作。从 2014 年 3 月 1 日大桥改造建设工程开始，2 年 7 个月，市领导始终把耒阳大桥改造建设工程作为耒阳市一项重点项目工程。耒阳新大桥是民生之桥、发展之桥、德政之桥，新大桥能否按计划建成通车，群众期望值高，社会关注度高，关系党心民心和政府公信力。

时势造英雄。2016 年 10 月 1 日，在市政府的指导下，人民群众的努力下，耒阳新大桥终于建成通车（图 23.3），这无疑是耒阳发展史上最让人欣喜的、最重彩浓墨的一笔；也是耒阳人民给伟大祖国最好的国庆献礼；更是新时代耒阳社会主义现代化建设中的一道彩虹。

图 23.3　耒阳新大桥

耒阳大桥的修建是民心所向，是耒阳经济发展的必然要求。20 世纪 70 年代，在全市人民的共同努力下用最古老的方法修建起了老大桥。当时的年轻人，凭借自己的满腔热血和为耒阳经济谋发展、为子孙后代谋福利的决心，用自己手中的一砖一石谱写一部激情昂扬的深情赞歌。老大桥的成功通车是3000多人日日夜夜，抛头颅，洒热血的结果。老大桥不仅是一座桥，是耒阳的地标建筑，更是凝聚着耒阳百万人民对耒阳城市发展的高度关注。人民不会忘记这段历史，2007年耒阳遭受了百年不遇的特大洪灾，水满桥拱，它凭着顽强的毅力一直坚守着；2009年又是50年不遇的冰灾，造成桥面严重开裂，它凭着对耒阳人民高度的责任感，一直坚挺着。一次次艰难的考验，老大桥依然挺立耒水之上，连通东西。它的故事家喻户晓，它激励着一代代耒阳人民艰苦奋斗，攻坚克难，挑战极限，争创一流。图23.4为耒阳大桥文化墙。

图23.4　耒阳大桥文化墙

老人们在分享故身时传达出的"心中有梦，眼中有神，话中有力"的魄力影响着我们。调研时，我们时不时地听到："大桥建起来之后真的舒适了很多、便利了很多、美观了好多"等这样的赞美之词。

时代的责任赋予青年，时代的光荣属于青年。作为土木青年，在未来职业发展道路上必会遇到各种各样的技术难题，面对"卡脖子"难题，唯有学好专业知识，练就过硬的本领，提高自己的知识储备、创新能力、品德修养，才能让我们在奉献国家基建的路上走得自信、走得坚定、走得更远。

（作者：李嘉皞）

参考文献

[1]　耒阳市志编纂委员会．耒阳市志[M]．北京：中国社会出版社，1993．

[2]　谷桂生．新耒阳大桥通车[N]．衡阳日报．2016.10.09（A03）．

[3]　衡阳市地方志编纂委员会．衡阳市志（中）[M]．长沙：湖南人民出版社，1998．

[4]　佚名．耒阳大桥 即将拆除重建[N]．衡阳日报，2013.11.06（A05）．

第 24 章
湘江上不可移动的文物
——衡阳湘江公铁大桥

寒假临近,学院组织了"从万桥飞架,'桥'见中国奋斗"实践活动。跳入脑海的第一座桥就是衡阳湘江公铁大桥,参与建桥的贺爷爷曾经多次谈及的"老桥",那座陪伴他半辈子的"老桥",就是衡阳湘江公铁大桥,是中国第二座继武汉长江大桥之后建成的双层式公路、铁路两用大桥,它的设计总负责人是中国现代钢桥技术的奠基人——方秦汉,它的设计、施工由中国桥梁先辈独自完成,千千万万的衡阳市民参加了大桥的建造。它在抗日战火中诞生,在人民保卫战中被炸毁,在解放战争胜利后又被修复,在乡村振兴中它仍继续奉献着、服务着。自1957年12月30日通车至今,它已见证湘江两万三千七百多个奔腾不息的日夜,承载了无数的人们抵达无尽的远方。这一座历史悠久,红色底蕴深厚的"老大桥"所承载的红色记忆让我们由衷地感到自豪和敬佩。

我们站在桥的东侧远眺,看着来来往往的车辆在大桥上自由奔驰,看着这滔滔的河水,河水的波光里倒映着桥梁的影子,大桥日夜见证着火车一驶而过的旅途,聆听着人们漫游闲谈的欢笑。我们不禁遐想,这份宁静的背后藏着的又是怎样的热血革命?带着这许多的疑问,我们调研小组开始了与贺爷爷的深度访谈。

天空慢慢下起了小雨,微微细雨斜打在江面上,泛起一层层涟漪。贺爷爷头戴蓑笠,背着手站在江边,看着桥梁,一张饱经风霜的脸,两只深陷的眼睛,深邃明亮,看上去很有神,眼里藏了些同游人不一样的情感。我们一起坐在桥边的休息椅上,聊起了桥的历史。"这桥前前后后'几经磨难',终于建成通车了,现在,都有六十多年了吧!"贺爷爷清了清嗓子,展开了回忆。

抗日战争中诞生的桥

时间回转到1937年11月,衡阳西站成为中国人民抗日战争中大西南重要通道东端连接前线的转运点,在当时中国抗日战争运送物资和兵员中发挥了重要作用。在修筑西南重要通道湘桂铁路衡桂段时,为了便于实现在湘江西岸的湘桂线建成后与在湘江东岸的粤汉线相连，促进东西方的交流，国民政府决定修建衡阳湘江公铁大桥。

1937年冬季，由英国桥梁专家设计的衡阳湘江公铁大桥正式开工建设。至1938年10月，大桥修建工程已经完成东、西端两座桥台和第一、二、六号3个桥墩，第三号桥墩完成了大半，第四号桥墩基础也打好了，唯有第五号桥墩没有开工。可由于资金不足，且正逢抗日战争时局紧张，桥梁不得不被迫停工。

1939年，为助力抗日战争的胜利，提高当地人民生活的便捷性，大桥改为修建便桥。众多铁路兵连日连夜地赶工，克服了材料短缺，施工进程缓慢等种种困难，最终如期修建了一座便桥。但是由于设计方面出现了失误，便桥桥面比湘江最高洪水水位要低，一到汛期，时不时就会被洪水淹没，导致交通屡屡中断，这给当地老百姓的生活带来了极大的不便。

为了交通的便利，1942年11月，国民政府决定继续修建停工的大桥，衡阳湘江公铁大桥由此获得再建的机会。据贺爷爷说，当时，他才十几岁，和他一起修建这座桥的伙计们听到这个消息，都特别兴奋，我们辛辛苦苦建的桥，突然说不建了，现在又开始建，那感觉，就像是失而复得啊。1943年12月1日，大型机车拖客车三辆作为部分试车后，大桥情形良好，正式竣工。大桥全长427m，两岸分别设置公路引桥，以便汽车行驶。

1944年4月20日，大桥实现了铁路公路双通车，汽车火车皆可通行。1944年之前，衡阳虽然有粤汉、湘桂两条铁路，但是由于湘江的阻隔，两条铁路不能互相联通，国民政府不惜花费财力物力人力，同时还要躲避日军飞机的轰炸和扫射，历时几年，湘桂铁路衡阳湘江公铁大桥终于建成通车。

湘江喋血中炸毁的桥

然而，在大桥建成还不到3个月的时间里，它就被炸毁了。这要从被誉为"东方的莫斯科保卫战"的衡阳保卫战说起。

1944年，日军在太平洋战场节节败退，为了从中国东北打开一条通往越南的交通线，不惜动员50万兵力发动了豫湘桂战役。在这场战役里，郑州、洛阳等地都先后沦陷，而作为湖南省会的长沙，也在接连三次击败日军后，于第四次长沙会战中战败，日军下一个目标便是连接我国东南和西南地区的重要交通枢纽——衡阳。当时的衡阳可以称得上是中国西南的门户和军事咽喉。如果衡阳失守，后果将不堪设想。1944年6月，日军调集十多万兵力大举进攻衡阳，而衡阳城内却只有一万多士兵驻守。如此悬殊的兵力差距，却没有动摇衡阳守军和衡阳人民抗日的决心。驻守衡阳的方先觉将军和他率领的第十军更是毫无畏惧，利用对地形地势的了解与日军展开了激烈的对战。

1944年6月22日，驻守的国军为了防止日军从这座桥渡过湘江，保护桂林、柳州、贵阳以及国民政府陪都重庆等西南大后方的安全，在日军抵达衡阳前将该桥炸毁。大桥炸毁后，遍地桥炮弹痕和残砖破瓦，令人十分痛心。但是炸桥是为衡阳保卫战作出的战略牺牲，给驻衡守军增设了一道天然屏障，也延缓了日军的南下步伐，为桂黔地区的抗战赢得了宝贵的时间。

2009年12月1日，衡阳市在修建衡州大道跨湘江大桥时，施工方在江中打捞出一节已经锈蚀严重的货运火车车厢，由于出水位置离公铁大桥及其便桥都很近，人们估计打捞出的火车应该就是炸桥后坠落江中的装载炸药的火车车厢，这似乎是大桥在提醒着我们不要忘记历史的烟云。

抗日战争胜利两年后，也就是1947年，因衡阳湘江公铁大桥功能重要，国民政府决定对其进行修复。但修复工作才进行不到1年，又再次因资金不足、材料缺乏等停工，改为修复便桥。后资金仍然没有着落，又改建轮渡码头，码头于当年12月建成启用。大桥多次开工修复又多次被迫停工，加之码头的启用，宣告了大桥又一次修复无果。

中华人民共和国成立初期涅槃重生的桥

1949年10月8日，衡阳解放。为了给解放军加速进军广西打开湘江通道，新成立的衡阳铁路局协同第四野战军铁道兵团并肩作战，克服工具、材料不足等困难，利用原便桥桥墩，自己制造了鹤式架桥机架梁，仅用1个月时间就架通了桥梁，修建了一座半永久性便桥，桥墩基础为钢筋混凝土，上立钢塔，架设军用钢梁，全长396m。便桥于1949年11月4日动工，12月28日建成，但只能限速运行。

1955年，在铁道部整修改造湘桂铁路时，为连接穿越湖南的107国道，湖南省与铁道部协商，共同修建衡阳湘江公铁两用桥，并将其列入湖南省第一个五年计划建设项目。1955年9月5日，大桥正式开工建设，定下了"上面跑汽车，下面跑火车"的设计方针。1957年6月，大桥工程局开始架梁。9月27日，钢梁合龙。12月27日，大桥建设工程全部竣工。公路桥全长643.15m，宽10m，其中行车道7m。桥面荷载设计1-13级。铁路桥全长426.97m，正桥钢梁为连续梁，桥面为单车道。正桥两端各有公路引桥，东岸引桥长130.91m，西岸引桥长85.27m。全部墩台荷载按中-26级设计。这个设计，在20世纪50年代是比较先进的，后来有"小武汉桥"之称。

1957年12月30日，大桥开通，对当时的衡阳人民来说，这是一件天大的喜事。衡阳市一万多居民冒雨欢聚在两岸桥头，共同见证了大桥落成通车典礼。市民敲锣打鼓，兴高采烈，扭着秧歌，举着红旗，热烈庆祝大桥的通车。11时整，铁路桥剪彩通车。一列由广东省湛江港开到衡阳的客车，在欢呼声和"在祖国和平的土地上"的歌声中驶过湘江。

在很长一段时间里,南下广西只有这一条路可以走。这座桥在对越自卫反击战中更是功不可没,士兵补给都要经过这里才能到达战场,它可以说是当之无愧的战略咽喉了。一直到20世纪90年代,衡阳湘江公铁大桥都由武警把守。很多武警退伍回来,再看到这座桥的时候都会回想起当年在桥上的经历,忍不住热泪盈眶。

乡村振兴中继续奉献的老桥

现在衡阳湘江公铁大桥虽已锈迹斑斑,但它仍在为城市的建设作出贡献,就像一位饱经风霜的老人,一路走来经历太多的坎坷,虽然在上面写满了沧桑,但留在骨子里的精神和灵魂始终没有改变。但它确实再难迈开"轻快的脚步",追上社会发展的步伐。

由于使用年限已久,加上当初建造标准较低,再有车流量大,桥梁发生了一定程度的损耗。另外该桥公路桥面窄,车道少,通行能力差,经常发生拥堵,渐渐成为衡阳市东西公路交通的瓶颈。为此衡阳市逐步兴建其他桥梁以分别分担其公路、铁路交通压力。1988年10月1日,衡阳市新建了衡阳湘江公路大桥,分流该桥公路车辆。2002年,又建成了衡阳湘江公路三桥,进一步缓解衡阳湘江段大桥交通的压力。2009年,衡阳市修建贯穿市区东西的衡州大道,在公铁大桥南侧6m处,修建衡州大道跨湘江公路大桥。该桥已于2012年投入使用,基本分担了公铁大桥的公路车辆。同时,湘桂铁路进行扩能改造,在衡阳新建湘桂铁路湘江特大桥。该桥随2013年12月28日衡柳铁路复线开通后投入使用,代替公铁大桥承担所有客运列车过江。

但是,衡阳湘江公铁大桥并未功成身退,为了保证大桥的通行安全,衡阳市多次对大桥进行整修。目前,该桥仍然承载着衡阳市内公路部分过江的车流,并继续承载着湘桂铁路的部分运输列车过江。随着时光的流逝,衡阳湘江公铁大桥就像一本历史大书,不断记载着这座城市丰富的人文风貌、历史变迁,成为千里湘江上不可移动的文物(图24.1)。

半个多世纪风雨的侵蚀,带走的是衡阳湘江公铁大桥岑亮的钢轨身躯,平整的砂石大道,但它所代表的艰苦奋斗、不怕牺牲的革命精神早已被中国工程师继承发扬——矮寨不"矮",一跨惊天地;港珠澳不"傲",横空出世惊叹世界。作为土木学子,我们应该永怀赶考之心,铭记前辈们

图 24.1　衡阳湘江公铁大桥全貌

为告别旧时代，缔造新时代所付出的爱国精神；久立赶考之志，学习前辈们为打破旧思想，建立新思想的创新精神；常行赶考之事，发扬前辈们为淘汰旧建筑，追随现代化所具有的奉献精神。我们要沉着备考，考出中国桥梁新跨度，考出中国事业新辉煌！

（作者：刘文成、贺欣怡）

参考文献

[1] 衡阳市地方志编纂委员会.衡阳市志（中）[M].长沙：湖南人民出版社，1998.

[2] 周明.喋血孤城 衡阳会战[M].武汉：武汉大学出版社，2009.

[3] 彭志刚.衡阳保卫战的精神内涵及时代价值[J].文教资料，2020,（26）：41-42, 176.

[4] 傅伟男，郭辉.区域抗战史述评与研究进路之省思——以衡阳保卫战为例[J].湖北理工学院学报（人文社会科学版），2022, 39（03）：77-86.

[5] 苏东文.衡阳湘江公铁大桥往事[N].《人民铁道》报，2020-08-02（04）.

[6] 中国人民政治协商会议湖南省衡阳市委员会文史资料研究委员会.衡阳文史资料 第3辑[M].1985.

第 25 章
湘水悠悠，桥跨西东变通途
——湘潭一大桥

对于出生在 21 世纪的我来说，跨江跨河走湘潭一大桥是日常生活中最平常不过的一件事情。当车行到大桥中间，巍峨的桥头堡与一眼千里的湘江总是让人心里舒坦而平静。偶然有一天，点进去朋友圈里高中同学都在疯传的湘潭变迁的推文，我看到了中华人民共和国成立时的湘潭段的湘江。记忆里永远耸立湘江上的大桥没有了踪影，只剩下一两艘简陋的、连渡船都称不上的小筏。原来这就是爷爷口中的老湘潭的一角吗？作为土木专业的学生，湘潭一大桥的历史和建设让我倍感兴趣。学院组织了桥梁寻访活动，于是，我们小组在老师的指导下开始着手探寻湘潭一大桥与湘潭经济振兴的故事。

阳光正好，湘江上波光粼粼，有着浓厚摄影兴趣的退休老人张耀民，站在湘潭一大桥行人道上拍摄照片。提起一大桥建成通车的情形，他仍然很激动。95 岁的张耀民是河北深州人，1938 年参加革命，1949 年随晋中南下工作团来到湘潭，从此扎根在这里。作为接管湘潭和创建新湘潭的一员，他曾担任湘潭市委第二书记兼市长，也是湘潭一大桥建设的总指挥长。张耀民已年过九旬，在微风拂面的春日里，抑或江风送爽的盛夏傍晚，他喜欢站在江边眺望，看看他心中最美的建筑——湘潭一大桥（图 25.1）。

每当他经过湘潭一大桥时，眼见络绎不绝的汽车、摩托车和电动车飞驰桥上，以及人们迈着矫健的步履从桥上走过，他的心中常常涌起一股难以言说的喜悦和自豪感，随之而来的便是无比的感慨！那是在怎样的条件下建成这座桥的啊！当时，国家进入"三

图 25.1 湘潭一大桥

年困难时期"，物资匮乏，吃穿用奇缺，技术条件与今日比用"天渊之别"也不为过。而就在这样的条件下，湘潭人民把湘潭第一座湘江公路大桥，也是湖南第一座湘江公路大桥建成了，创造了公路大桥建筑史上的奇迹！而他有幸成为大桥建设的参与者。他向我们娓娓道来湘潭一大桥的故事。

湘水悠悠隔江叹

通过他的介绍，我们了解到建桥的背景、目的、艰辛过程等。他说湘潭有"小南京""金湘潭"的美誉，也是一代伟人毛主席的家乡，可在1949年前，被湘江分隔为东、西两部分的湘潭却没有桥，人们过河只能靠渡船和筏子。

要发展经济，交通须先行。那时从河东到河西全凭轮渡过河。河东轮渡码头设在现在的东坪镇，河西轮渡码头设在十八总的大码头。为了坐轮渡过河，常常要排队等候，往往一等就是半个小时。过一次河，加上等、渡的时间，经常要近一小时。遇上刮大风、下大雨的日子，渡轮停渡，那就只能等天气好的时候再过河办事。湘潭是毛主席家乡，从长沙去韶山参观的客人，因坐车过河靠摆渡，同样要等两到三个小时，比长沙到韶山汽车跑的时间还长。

看到此情此景，他立马觉得这样下去不行，用轮渡和筏子过江很不安全，而且影响湘潭各个方面的发展。于是，他联合另外十多名代表一起提交了建设湘潭一大桥的议案。1959年，经过中央的批复和层层规划论证，当年11月2日湘潭一大桥正式破土动工，张耀民担任了湘潭一大桥建设的总指挥长。

万众一心克难关

20世纪五六十年代物资紧缺，条件艰苦，工期又紧张。为了尽快推进水下施工，确保桥墩在汛期来临前出水面，指挥部就设在了江面的浮桥上。江面水汽重、风又大，大家冷得受不了，就靠喝白酒驱寒。机械化尚未普及，大家主要采用的是人海战术。每天十几个小时的工作量，不计报酬，而且吃不饱，但是大家干劲就是这么足。建设期间，张耀民在江面上整整住了8个月，当时还得了水肿病。

为保证赶在洪水来临前完成桥墩的建设，1961年，指挥部根据"自力更生、土洋结合、以土为主、力争外援"的建设方针，提出"大战四个月，保证桥墩出水面"，终于在四个月内，由建桥职工在洪水未到之前，捣制混凝土3万余立方米，将全部桥墩抢出水面。全桥吊装构件4000余块，总重1万余吨。省建委集中全省10多个建筑安装部门，吸收交通部召开的湘潭建桥经验交流会上交流的经验，听取专家、教授的意见，采用钢木混合结构物扒杆吊装方案，按要求在四个月内保质完成吊装任务。

大桥的基础和各墩台的施工，就需要混凝土 3 万多立方米。为此，大家还在杨梅洲采砂，用帆船运到工地储备。各地区厂矿为工程送来了 2 万米电线电缆。由于省内没有正规大型水泥厂，为解决水泥问题，除了马家河水泥厂进行全力生产和改进工艺技术外，衡阳、辰溪、长沙等地水泥厂都派出专人负责水泥交货和运输。仅大桥下部施工，人工立窑水泥就达到 6000t 以上。当时钢材也紧缺，整个大桥消耗钢材 3871t、木材 1600m³，这些数字在当时来说堪称天文数字。这些后来都得到了全国各地的支援，本地的工厂，像湘钢、电机厂、马家河水泥厂也支援不少。

没有专业的大型设备，也缺乏专业的小型设备。除了利用现有的设备进行加工外，对机具进行了不断改造革新。"土洋结合"，自力更生，不但改造了手摇泵、镗孔机、活动上土机、扎丝回送器……更是在没有大型设备的情况下，将钢筋拱架和木质架结合在一起，进行拱架搭设。为了赶在洪水来临前完成桥墩基础，一开始采用电钻，让潜水员下水打岩石，一次要四五个人合作，而一天下来，只能打掉半立方米岩石，后来两个技术员发明出了一种"火箭式冲击钻"进行挖岩。正是这种只需要两个人操作的土洋结合"先进工具"，将以往需要上百人次进行的挖岩工作提高速度 500 倍以上，使得原本需要 3 年的工程量，在短时间内得以完成。

当时，基础施工搭设浮桥的施工船全是木船。由于没有铁驳船和挖泥船，他们用 150t 木驳船装载重约 22t 的苏式吊车进行水下作业，装载蛤蚌式抓斗抓泥，装载冲击钻进行凿岩工作。刚开始时，由于荷载不稳定，抓泥船出现倾斜等情况。为防止抓泥时翻覆，他们利用钢丝绳将木驳船外加圆木连接在一起，用来稳定船身。

虽然当时什么都缺，但他们就是不缺人！这场举全市之力的浩大工程中，除了 3000 多名建桥工人全力以赴，夜以继日地辛勤劳动外，驻潭部队指战员、学生、工人、干部、农民等都以极大的热情参加到建设大桥的义务劳动中，共达 40 万人次，有时一天就达上万人次。由于当时的条件限制，没有大型挖掘设备、没有足够的运输设备，大桥的取土工作基本全是人工完成。在这样缺乏设备、缺衣少食的情况下，大家的精神却异常饱满。当时，雨湖还仅仅是几个小小的淤泥塘，大家就在这里取土，最终，挖出了现在的雨湖大部分。可以说，在某种程度上，湘潭大桥是湘潭人"挑、担、拉、抬"出来的。

巨龙落成贯东西

1961 年 10 月 1 日，全湘潭人民终于迎来了激动人心的日子。在中华人民共和国成立 12 周年的这天，历时 1 年零 11 个月，湘潭一大桥正式建成通车。大桥总长 1515m，桥面宽 21m，车行道宽 16m，两侧人行道各宽 2.5m，车行道铺沥青混凝土路面。车行道可以并行5辆载重汽车和通行80t的斯大林级重型坦克。整座大桥投资1400余万元。无论从时间，还是从经济支出上看，湘潭一大桥的建设都创造了奇迹（图25.2）！

省、地、市1万多人参加了庆典，数十辆大小汽车列队隆隆从桥上驶过。时任湖南省委书记华国锋参加大桥通车剪彩。之后毛主席还亲笔为湘潭一大桥

图25.2 湘潭一大桥近景

提名。鲜艳的红绸带被咔嚓剪开，五辆崭新的解放牌载重汽车徐徐从河西桥这边向河东开去，喇叭齐鸣，人们的欢呼声达到了沸点。要知道这是湘江上的第一座大桥，她比长沙的第一座湘江大桥早了十来年。

大桥一通车，原来要花两三个小时才能摆渡过河的汽车，现在只需几分钟就可以飞驶而过！眼观大桥通车典礼盛况，张耀民心中一个深深的感受就是：我们中国人要办成一件事，就是遇到天大的困难，只要团结一心，只要坚忍不拔，只要努力奋斗，就会成功！

湘潭一大桥建成之前，湘江上还未有过一座公路桥，人们一直靠渡船往返过江。随着工农业生产的发展和城市规模的扩大，交通运输日益紧张。据《湘潭市志》记载：1958年前，湘潭渡口日渡车辆300多辆次，人流量1万余人次。到1959年，每天过渡车辆增至2700多辆次，人流量2.5万人次，江面交通经常堵塞，汽车待渡排队常长达1km，等渡时间一般是2~3小时。遇到汛期或雾天停渡，人们只能望江兴叹。

不仅市民的出行受到影响，工矿企业的发展也受到限制。特别是，作为开国领袖毛泽东的故乡，湘潭必须要有一座大桥来连接两岸，完善对外交通，方便来自全国和世界各地的政要、名人、游客等前往韶山参观毛泽东故居，湘潭也需要有一座地标性建筑来助推城市的发展和展示城市的实力。湘潭一大桥由此应时势而生，大桥建成后，G107、G320两条国道得以贯通，湘潭城区交通拥堵问题得以解决；城东与城西连接后，逐渐汇集了大型的商业中心，"湘钢""湘缆""湘电""江麓""江南"等大型工业工厂迅速发展起来，湘潭成了闻名全国的工业基地。

20世纪80年代，湘潭的市民要使用煤气，管道要过江成了难题，如果从水下铺管道，不仅难度成倍增长，成本也超出预算范围。后来专家对大桥的图纸进行了比对，发现当时就已经预留了过江煤气管道，还有电讯、电力、电缆暗槽。"建设桥梁是百年大计，当时设计的预见性、先进性、前瞻性可窥一斑。"

六十多年前的一天，随着第一锹土被铲起，一座牵动湘潭市乃至湖南省的大桥——湘潭一大桥破土动工。它是全国最早的大型公路肋拱桥；它是世界各国游客前往韶山参观毛泽东故居的重要通道。它扮演城市"主动脉"，栉风沐雨六十载，它被誉为"千里湘江第一桥"。而今，它仍在默默地完成属于自己的使命，静静伫立在湘江之上。

六十余载的风雨沧桑，湘潭已然有了天翻地覆的变化，湘潭大桥，它正是这座城市庞然巨变的见证者，也是这座城市独特的一道风景，伴随着几代人成长的记忆。

习近平总书记指出，"广大青年要肩负历史使命，坚定前进信心，立大志、明大德、成大才、担大任，努力成为堪当民族复兴重任的时代新人，让青春在为祖国、为民族、为人民、为人类的不懈奋斗中绽放绚丽之花。"新时代是奋斗者的时代。我们作为土木学子，应当充实自身，树立广大理想，并且不骛于虚声，不驰于空想，能够脚踏实地，有"土垒天下，木承苍穹"的心胸与抱负，才能更好地肩负起时代的重任。

（作者：刘文成、黎清蓉）

参考文献

[1] 《湘潭年鉴》编辑委员会. 湘潭年鉴 1993[M]. 北京：中央广播电视大学出版社，1993.

[2] 邱长林. 忆修湘潭一大桥的往事 [J]. 中华魂，2020，(09)：57-60.

[3] 王仲杰. 湘潭市建设的新面貌 [M]. 长沙：湖南人民出版社，1954.

第 26 章
黄河铁路承载时代记忆
——黄河铁路大桥

2022年2月20日，我们调研小组一起来到河南省郑州市，参观调研郑州黄河铁路大桥，探寻红色记忆。我们首先来到的是郑州黄河文化公园，在那里竖立着一块刻有"中国黄河第一铁路桥遗址"的石碑。石碑旁有一段5孔160m长的桥体，它就是黄河铁路大桥遗址。导游姐姐给我们详细地介绍了大桥的前世今生。它于20世纪初建成通车，经历1958年抢修，到20世纪末拆除，这是一座有始有终的桥，时空的大跨越与中国的发展史息息相关。

万里黄河，天险难渡，故世代相传一句谚语"天下黄河不桥"。大桥的修建历经艰难险阻，建成后桥上车流没停歇过片刻，大桥上、下行一天通行列车约240趟，每趟3~4分钟，郑州北黄河岸边，水面宽阔，地势平坦，可谓"潮平两岸阔"，极目而望，一座座桥跨越水面之上，它们不仅使天堑变通途，也深深地打上了时代的烙印，成为历史的见证者。郑州黄河铁路大桥，原名平汉铁路郑州黄河大桥，即郑州黄河铁路老桥，别名"黄河第一铁路桥"，位于中国河南省境内，是中国第一座横跨黄河南北的钢结构铁路大桥（图26.1）。郑州黄河铁路大桥桥长3015m，共102孔。

图26.1　中国黄河第一铁路桥遗址

郑州黄河铁路大桥采用钢结构。在桥跨布置上，两侧设计为下承钢桁梁，中间为上承钢板梁。基础设计采用铸钢管桩，各桩在地面以上部分以钢拉杆连成整体，增强稳定性。桩的上端套以特制的桩帽，桩帽上设置桥箱和支座垫梁等以承托钢梁。全桥墩台中承托钢桁梁的为由管桩组成的大墩；承托钢板梁的为由管桩组成的小墩；在桁梁与板梁之间为由管桩组成的过渡墩。桥面线路为直线平坡。1952年，郑州黄河铁路大桥的钢梁全部更换为苏制上承式钢桁梁。

郑州黄河铁路大桥于清朝光绪三十二年即1906年4月1日正式通车。桥全长3015m，是中华人民共和国成立以前最长的桥。郑州黄河铁路大桥为南北通道之咽喉，战争之要塞，在解放战争时期，这座桥是共产党与国民党的必争之地。在中华人民共和国成立后，随着国民经济的迅速发展，公路运输的作用就显得尤为重要了，黄河两岸的居民、汽车迫切需要南北通行，此时郑州黄河铁路大桥的作用就逐渐凸显出来，成为南北通行之要地，对当时国民经济的迅速发展起到了举足轻重的作用。1966年，老铁桥重新启用，两端开始设立转运站，以轨道车引平板车拉着汽车过河。1969年10月，桥面上又加铺了一层钢筋混凝土，汽车才能够直接通行黄河铁路大桥，改善了桥下净空，减少旁岸环流冲刷对桥的北端各墩的影响，大桥承载能力得到了极大的提升，交通运输也更为便利。

周总理来了

1906年4月，郑州黄河铁路大桥通车，它是我国第一座横跨黄河、连接南北的钢结构铁路桥，平均每十分钟就有一列满载货物或旅客的列车通过，承担着社会建设的繁重运输任务。但受当时技术、经济等各方面条件的限制，大桥基础管桩入土深度太浅，曾多次因洪水冲刷而受损。1958年7月17日，黄河再发洪水，出现特大洪峰，流量达每秒两万多立方米，老桥有5座桥墩出现险情，11号墩及两孔钢梁被冲毁，京广铁路被迫中断。

7月18日下午，险情发生后，周总理冒雨赶赴抢险地，同千百万人民群众一道，共同战斗。当时，正在黄河铁路老桥附近修建京广铁路郑州黄河新桥的大桥工程局（中铁大桥局前身）也在抢险队伍中。"周总理来了！"这振奋人心的消息像闪电般，立刻传遍了整个大桥工地。已经与洪峰搏斗了几个昼夜的建桥工人，个个精神焕发，大家像潮水一般涌到周总理身旁。周总理和迎上来的人握手，并不断向大家亲切问好，挥手致意。大家望着周总理慈祥的笑容，沉浸在无比幸福之中。

当周总理得知参加抢险的主力队伍是从武汉长江大桥来的大桥工程局的建设队伍时，更高兴了："搞完长江，搞黄河，还要再搞长江！大家有没有信心？"建桥工人齐声回答总理："有！"周总理爽朗地笑了。一会儿，周总理又幽默地说："新桥没修好，还得叫你们修旧的……"大家一起哈哈笑了起来。随后，周总理又冒雨参加了职工群众抢险动员大会。他勉励大家发挥聪明才智、发扬吃苦精神，尽快修好铁桥，使祖国的大动脉早日畅通。雨越下越大，站在他身旁的大桥工程局一处宣传科长李宜仁为周总理撑开一把雨伞，周总理谢绝了，坚持在雨中把话讲完。

在现场，周总理询问道："这桥多少天可以修起来？"大桥工程局劳动模范石景仁答道："只要材料保证，我们保证半月完成！"周总理高兴地说："你们要同风雨、洪水搏斗，现在是小考验，你们胜利完工了，我再来向你们祝贺。"历经14个昼夜的连续奋战，8月2日，黄河铁路老桥恢复通车。

水上英雄

1958年8月5日，又是一个难忘的日子。周总理听到黄河铁路老桥修复通车的消息后，从北京乘飞机来到郑州，视察修复通车的京广线上的黄河铁路老桥。此时，大桥后续的加固维修工作还在继续。下午两点半，周总理又亲自到黄河铁路老桥工地来，和守护大桥的工人一一握手，向高空作业的架线工人和守在桥墩下面的工人热情地挥手致意。他说："同志们辛苦了！"在场的工人们精神振奋地回答："总理辛苦了！"

周总理沿着桥梯走到新架起的钢梁底层，细致地察看，检查新架的桥梁结构，用手敲打着钢梁，抚摸着涂上黄蜡油的螺栓帽，称赞了建桥人保质保量迅速修复大桥的创举。随后，周总理从便梯上到桥面，步行到黄河北岸的岸滩上与架设浮桥的工程兵会见，称赞指战员征服黄河的英雄气概。紧接着，总理又高兴地从大桥北岸回到黄河南岸大桥工地，来到广大建桥工人中间。

当天下午，大桥抢修工程指挥部召开群众慰问大会。周总理对参加大桥抢修的所有人员表示了最亲切的慰问和最崇高的敬意。他赞扬建桥工人是"水上英雄"，并表彰了参加抢修的铁路职工、解放军官兵和当地老百姓。周总理还提出，大桥修通后要做三件事情：一是为有功人员记功，二是制发抢修郑州黄河铁路大桥纪念章，三是写书记录抢修大桥的英雄事迹。会议之后，周总理又批示：大桥通车后要继续加固桥墩，保证大桥的安全畅通，同时要加速修建铁路新桥。在周总理的关心下，1960年4月25日，大桥工程局提前建成了郑州黄河铁路复线桥。

会后，大家邀请总理一同进餐，周总理高兴地答应了。在临时工棚食堂里，周总理要服务员亲自带领他到每个餐桌上看一看，看看每张桌上的饭菜是不是都一样。他微笑着在职工食堂里走了一圈，食堂里不断爆发出雷鸣般的掌声。周总理发现有的桌上的菜差一些，便说："不要搞特殊化。"他选在一张普通的桌子旁坐下来，并招呼大家都坐下，与大家同桌共餐，举杯共庆。

英雄精神传承

如今，无数英雄在桥梁行业建功立业，架起一座座跨山越谷的桥梁。周总理亲民爱民的形象，永远镌刻在了建桥人的心中，激励着一代代建桥人为国家桥梁事业发展接续奋斗。

郑州黄河铁路大桥被称为"中国铁路桥梁之母",是黄河上修建的第一座铁路桥。1906年卢汉铁路投入运营,标志着中国铁路运输的真正开始。第一座黄河桥建设之初,就为"火车拉来的城市"带来必然,也为日后郑州的崛起,成为中原核心城市埋下伏笔,成为历史进程中整个中原城市群、郑州都市圈发展、变化的开端。如今,在距郑州市区20余公里的黄河风景名胜区内,还残留着郑州黄河铁路大桥桥体。始建于1903年的郑州黄河铁路大桥,从建筑工艺、施工工艺上体现了当时的科技发展成就,目前仅保留160m长,历史纪念意义重大,经专家"海选"位列郑州优秀近现代建筑保护名录。

(作者:杨雨欣)

参考文献

[1] 王星光,张裕童. 路政与河政的纠葛:以郑州黄河铁路大桥为中心(1903-1937)[J]. 史学月刊,2023,(03):73-90.

[2] 刘江浩. 辛苦了,郑州黄河铁路大桥 [J]. 经济与社会发展研究,2014,(05):78-80.

[3] 河南黄河河务局. 河南黄河志(1984-2003)[M]. 河南:黄河水利出版社,2009.

[4] 郑州市邙山区地方史志编纂委员会. 邙山区志 [M]. 河南:中州古籍出版社,1994.

第 27 章
百万雄师赴前线，鸭绿江上述豪情
——鸭绿江断桥

当收到学院开展本次寻访桥梁实践活动，我立马想到我的家乡桥梁——鸭绿江断桥。70多年前，由中华优秀儿女组成的中国人民志愿军，肩负着人民的重托、民族的期望，高举保卫和平、反抗侵略的正义旗帜，经鸭绿江上的各座大桥，雄赳赳、气昂昂地跨过了鸭绿江，发扬伟大的爱国主义精神和革命英雄精神，同朝鲜人民和军队一道，历经两年零9个月的浴血奋战，赢得了抗美援朝战争伟大胜利。

有了初步想法之后，我们便开始上网查阅鸭绿江上各座大桥的资料，最终确定了鸭绿江上诸多桥梁中第一桥的鸭绿江断桥作为我们本次寒假实践活动的目的地。我们调研小组赶在寒假开始之前确定了本次寒假实践活动的策划方案，之后我们小组于2022年2月15日奔赴鸭绿江断桥景区开展实地调研活动。坐在前往鸭绿江大桥的出租车上，车上放着的正是《中国人民志愿者战歌》，司机了解到我们是来调研的学生，便和我们慢慢谈起了发生在鸭绿江桥上的战火故事。鸭绿江断桥（图27.1）位于鸭绿江畔，是原鸭绿江大桥被炸毁后的残余部分。鸭绿江断桥为鸭绿江上诸多桥中第一座桥，它于1909年5月动工，最终于1911年10月建成。该桥在中方支援朝鲜前线的交通大动脉中具有战略地位，1950年11月8日至14日美军多次派出轰炸机轰炸，大桥被拦腰炸断，此后，鸭绿江上第一桥习惯被称为断桥（图27.2）。

图 27.1　鸭绿江断桥远景图

图 27.2　鸭绿江断桥遗址

1993年6月断桥动工修整，命名为"鸭绿江断桥"。它历经了抗美援朝战火的洗礼，铭刻着中朝两国人民用鲜血和生命凝成的伟大革命友谊，成为一座永久的历史丰碑。

犹记当年过桥时

那首承载着胜利的乐曲在心中徘徊，我们怀揣着激动的心，踏上鸭绿江大桥，首先映入眼帘的便是那些曾经满目疮痍的断桥，我们小组的成员望着这些断桥，心中感慨万千。眼前仿佛又看到了志愿军铁流滚滚，雄师劲旅的雄姿和风采，感受到志愿军们不怕牺牲，不畏强敌的亮剑精神和中国军人的拳拳赤子之心。

我们首先来到的是大桥附近的抗美援朝纪念馆，在这里，我们遇到了一位导游在给小学生们讲述抗美援朝的英雄故事，我们也深深被故事所吸引，跟随着导游姐姐的讲解重现了当年的战火场面。

10月19日，这个原本普通的日子，人们可能还沉浸在国庆假日的欢声笑语中，但是这一天，对那些参加过抗美援朝战争的老兵来说却是一个刻骨铭心的日子。就是在这一天，中国人民志愿军走上鸭绿江大桥，跨过鸭绿江，踏上了抗美援朝、保家卫国的征程。

在对这些历史的讲述中，导游姐姐提到了一位有着96岁高龄的老兵王凤和。1950年5月1日，海南岛解放。王凤和作为中国人民解放军第四十军的一名连队指导员，参加了解放海南的战斗。海南岛解放后，王凤和和众多战士们正开心地规划着回老家过好日子，这时美国侵占朝鲜、封锁台湾海峡的消息传来，大家都群情激愤道："我们打了这么多年仗才建立了新中国，任何人再敢侵略，我们绝不答应！"心中怀着这样的愤怒，王凤和随部队奉命北上，赶赴丹东，训练多日，1950年10月19日晚，大部队踏上前往朝鲜的征程。19时，队伍上了鸭绿江大桥，天空飘着蒙蒙细雨，江对岸的枪炮声此起彼伏。连队副指导员王哲厚略显愁色地回头望着丹东道："刚解放，咱们国家的大好河山我还没看够哇……"王凤和老先生当时还做他的工作，"这有啥，等把这场仗打赢了，咱们一起，回国坐着飞机看、坐着火车看，把中国看个遍、看个够！"战士们都被逗乐了，步履也更加铿锵。然而战争无情，王哲厚在朝鲜战场中不幸牺牲了。

70多年后的今天，王凤和老先生抚摸着他和王哲厚的一张黑白相片，眼中泪光闪烁。70多年过去了，老兵王凤和兑现着自己当初和王哲厚的诺言。退休后，他走遍了祖国的山山水水，并再度回到丹东鸭绿江畔，对着奔流的江水，他郑重地举起右手，敬了一个标准的军礼，说道："王哲厚，虽然你牺牲在了朝鲜，但我们的约定我替你完成了，你没看到的大好河山，我替你看了。这些年，咱们国家强大了，人民富裕了，再也没人敢来欺负咱们。相信你的在天之灵，也能感受到，你安息吧！"说着，两行清泪无声滑落。

秋风鼓荡，江水无言，载着人们无尽的思念与敬意，奔涌向前。

与王凤和有着相同抗战印记的还有老兵程茂友。

1952年，程茂友跟随部队跨过鸭绿江，和许多战士一样，他的内心充满着对祖国河山的热爱。一上桥，他就开始数起了步数，每走一步就意味着他离祖国更远，离战场更近。终于，805步过后他们下桥了，而等待他们的是与死神并肩的战场，但他们的眼神坚定有力，势必要打赢这场"立国之战"。

入朝当天，程茂友就在随身日记本里写下一段话："亲爱的祖国，为了你的安全和朝鲜人民不受灾难，为亚洲及世界的和平，我们暂时和你告别了。亲爱的祖国，再会吧！"

两位老先生的故事让我们深受感动，正是战士们怀着对祖国和人民的无限热爱和对和平与美好生活的无限向往，以青春热血筑起血肉长城，才能在那峥嵘岁月里挺起新生的共和国钢铁般的脊梁。这才是真正的"保家卫国"！

老兵忆峥嵘

1951年，家住包公街道宁国新村社区的李井香报名了志愿军，集训过后来到了辽宁，编入新部队成为班长。据李井香老人的描述，部队前往安东市（现丹东市）驻防时，大家每天都到鸭绿江的江堤上坐下来学习朝鲜话（这样有利于入朝后的作战）。驻扎十多天后，大家雄赳赳气昂昂地跨过鸭绿江大桥，踏上异国土地，到达了炮火连天的朝鲜战场。

1952年春天，李井香所在的班就被补派到前线"六〇六阵地"，负责坚守前沿600高地。刚到达，猛烈的炮火就向李井香所在阵地狂轰滥炸，阵地上硝烟弥漫，在看到战友陈家昌冲出战壕与敌人拼杀的那一刻，李井香内心的愤怒也被彻底激发了。阵地上的全体战士都应声而起，吼声、枪声、爆炸声，声声入耳，最终敌军抵御不住反击，仓皇而逃。

"这次阻击战，是我参军以来参加的第一次战斗，我的副班长宋世福在战斗中牺牲了，很多战友也永远留在朝鲜，他们才是真正值得敬佩的英雄。"这是老兵李井香说过的一段话。当时他没有害怕，也来不及悲伤，心中只有愤怒，手中的枪也握得更紧，回想起当时的情景，老人双眼泪光闪动。

导游姐姐的讲述让我们以李老的角度回顾了当时志愿军们身处恶劣而残酷的战场环境，寸土不让、寸土必争的一件件事迹，让我们感慨万千，有的崇拜当年奋勇杀敌、英勇献身的志愿军战士，有的慨叹如今中国生活来之不易……

说到使命感，首先我们要明白，我们的使命是什么，现如今中国仍是发展中国家，中西部发展仍不平衡，助力西部大开发，这是人民的心声，是国家的期盼，所以我们要担当起中国基础设施建设，各地区平衡发展的使命，让祖国更加繁荣昌盛！

作为土木新青年，我们就要不忘初心，牢记使命，秉持"宁为百夫长，胜作一书生"的理念，用实业为祖国强大添砖加瓦。

"要想强国，土木先行；土木强国，青年先行"，当代土木青年应当勇于扛起建设大旗，继承抗美援朝铁道兵们永不言弃的精神和奉献祖国的强大使命感，在新时代世界建设强国舞台上立起中国的大旗！

（作者：刘文成、邓志敏）

参考文献

[1] 少才. 鸭绿江断桥：抗美援朝战争留下的最直观的痕迹 [J]. 档案天地，2017，284（12）：26-27.

[2] 佚名. 鸭绿江断桥简介 [J]. 兰台世界，2011，330（11）：3.

[3] 王殊男. 岁月沧桑话断桥——记全国爱国主义教育基地丹东鸭绿江铁桥 [J]. 民主，2012，273（05）：36-37+57.

[4] 迟慧. 浅析鸭绿江断桥景观的文化内涵 [J]. 艺术与设计（理论），2012，2（04）：104-105.

[5] 佚名. 抗美援朝鸭绿江断桥遗址 [J]. 档案天地，2017，284（12）：66.

[6] 佚名. 丹东鸭绿江断桥 [J]. 今日辽宁，2013，(01)：91.

[7] 宋家明. 鸭绿江断桥的追思 [J]. 天津人大，2016，（11）：46-47.

第四篇
改革创新,繁荣发展

第 28 章
轮势随天度，桥形跨海通
——肖家桥

  肖家桥乡，位于湖南省怀化市沅陵县，是沅陵一个美丽乡镇的名称，虽说不足以与其他特色乡镇相媲美，但是也算得上独树一帜。在肖家桥乡境内，有一座不知名的小桥静静地横亘在沅水支流上，它无声无息，却见证了一个穷困落后的小山村的发展。桥的周边全是人家，靠近桥的那一带早已建成全乡最大的集市，人来人往，乡土风情，岁月静好。但哪有什么岁月静好，只不过有人替你负重前行。肖家桥，当然也不只是肖家桥，它承载了一段波澜壮阔的历史。

图 28.1 流水潺潺的肖家桥乡

  在邓文杰老师的带领下，红色桥梁寻访小组来到肖家桥，共同追寻见证肖家桥乡（图 28.1）走进新时代，不断进步发展的红色记忆。经过 7 个小时车程，寻访小组到达了沅陵县，随后乘坐大巴车去往肖家桥乡。司机师傅听说我们要开展寻访活动，热情地向我们介绍肖家桥的基本情况。肖家桥修建于 1994 年，全长 100m，整体结构为坝桥结合式八孔预应力混凝土连续梁桥。肖家桥有水路两通的交通线，秀美的周家溪水库，四通八达到每家每户的乡村水泥小道，以及家家户户都有的太阳能路灯和人来人往的中心集镇。街两边的便利店、超市和餐馆鳞次栉比，每隔四天，各路的流动摊主便会聚集在此置办集市，全乡的乡亲们也都会一同到此来赶集，场面好不热闹。最后他强调："肖家桥得以顺利竣工，肖家桥乡民们能有今天的美好生活，离不开一个人——全大勇。"全大勇是一名中国共产党党员，也被乡亲们称呼为热情执着的领头羊，是肖家桥乡民发家致富的引路人。在修建肖家桥期间，他用尽自己家里的一切、排除万难，为乡民们建造了一座希望之桥！

  在桥边大树下乘凉的几位老人引起了我们的注意，我们过去采访了这几位老人。虽然老人家已经两鬓斑白，但说起肖家桥的故事却还是充满热情。在老人的讲述中，我们得知肖家桥全称"肖家桥乡周家溪大桥",因靠近肖家桥中心地带,故也称"肖家桥"。我们望着桥下的涓涓流水,细细感受着这充满历史古韵的桥梁,不禁陷入了思考。在老人的讲述中,我们记录下了专属于肖家桥的历史印记。

"一隔两岸盼聚首"

1991年的那个夏天,万籁俱寂,但是肖家桥乡这个小小的乡村却静不下来。全家坪的村支书全大勇正在燥热的办公室里和乡政府的官员们争论,希望申请到一笔造桥的资金——他想给全家坪的两岸架上一座桥。风静静拂过办公室外的玉兰树,知了声时有时无地钻进耳朵里,但夏天的静谧和安逸并不属于这个男人。

就在前一年,为了响应湖南省政府的政策,肖家桥乡的低地——也就是乡民们原来生活的主要地区,要改为水库。不得已,乡民们全员搬迁,全家坪村也一样。但不幸的是,全家坪村的村民被一条水道分隔开来,原来一个村的村民只能靠船渡运输、交流。村民们不满这种情况,但也无计可施。但全书记看懂了村民们的心思,他明白,他必须带领全村人民架起一座属于全村人民,全乡人们的桥。

地域上的隔断让全家坪村民难于与对岸的旁亲联系,而心灵上的分离才是村民们最为难过的地方。

全书记身为全家坪人,自然明白村民们的心情,但是,他也有自己的苦衷。水刚涨起来时,也就是水库刚建好时,全书记就和乡党委书记曹仁强说过这个事。曹书记何尝不是如全书记所想,在全家坪两岸修一座桥,因为那不仅只是为全家坪村所修,更是为全乡人民所修。全家坪村位于肖家桥乡的正中心,而那座桥,就像是整个乡的一剂强心针,不仅能加强全乡乡民的联系,更能极大地推动当地经济的发展。但是,因为修建水库这个事,乡里已经耗费了太多太多,再也拿不出钱去造这么一座桥了。

全书记不服,每次都抱着必胜的心态,去向乡党委书记争取,但每次都没有成功。但这并不意味着全书记就放弃了修桥,相反,这更坚定了他造桥的信念。他发誓,一定要把桥给修起来,哪怕是砸锅卖铁。回到家后,全书记思索了很久,其实全书记早已有了主意,只是在想该怎么给老婆解释。这个念头从想造桥开始就已经萌生了。他想,既然政府拿不出钱,干脆就自己掏。那天从政府回来,全书记在家门口的那棵大杨梅树下徘徊了很久。与其说不敢,倒不如说不忍心。书记老婆自从嫁到这里来,没过过一天好日子。还是个小媳妇时,就起早贪黑——割猪草,放牛,晚上挑灯缝补鞋垫,补贴家用。二十多岁的她,皱纹却已开始在脸上蔓延。好不容易攒下来了那么点积蓄,全书记心里难受,这个口,他实在开不出。可她渐渐看出了书记的不对劲。那天,她看着全书记在杨梅树下一脸愁容,就过去问他发生了什么事情,是不是有什么事情在瞒着她。全书记望了一眼，犹豫着该不该说，虽然不忍，但还是把这件事告诉她了。听完之后，她叹了口气，轻松的语气遮掩不了眼中的泪花，扭头对全书记说道："我明白你的心情，家里那钱你拿着，修桥是大事，你要做大事，我肯定支持。"全书记看着她，嘴唇颤动着，眼里噙满了泪水。她转身回到了那个破烂不堪，用以前河滩上的碎石修起来的破房子，小心翼翼地把藏在陪嫁的那个行李箱里的细碎零钱拿了出来，数了数，五百零六块两毛四，交给了全书记。

那个老人讲到这里，抹了一下脸，布满褶皱的手在沧桑的脸上留下了几道淡淡的泪痕。"是全书记啊，全书记舍得啊……"

"齐心协力造心桥"

全书记第二天拿着钱，把全村的男人叫了过来。"大哥、叔叔还有这些个小伙子们，我全大勇誓要把咱们全家坪的这座桥给造好，咱们全家人不能分开！"说罢，全书记掏出兜里揣的那五百多块钱，放在了乡亲们面前的桌子上。"这是我全大勇的家底，不多，只有五百零六块。我希望大家有钱的出钱，有力的出力，我全大勇在这里给大家磕头了"。全书记一说完，两膝一弯，扑通一下跪在了众村民的面前。乡亲们见全书记如此执着，不禁想到了以前书记为他们办的那些实事，帮的那些忙，鼻子一酸，心想，哪能让书记下跪磕头求他们啊？有这样的书记是他们的福分，连忙将书记搀扶了起来。随后，几位全家坪村德高望重的长辈激动地说："大勇啊，这事你好好干，全村父老乡亲一定会全力支持的。"几名和书记年龄相仿的村民也过来和书记说道："大勇大哥，你等着哈，我回去和媳妇儿商量商量，不管怎样，这不是你一个人的事。"几个小伙子也跳着过来对书记喊道："叔，咱们虽然没啥钱，但卖力气的活咱们还是可以干的。开工那天记得叫我们。"看到乡亲们这样的激情，全书记心里一直悬着的那块石头落下了，心想，不是一个人单干，这桥也不怕建不好了！

书记拿着村民们凑来的九千五百四十一块钱买了原材料，和村民们正式动工！

日复一日，全书记每天巡视建桥的工地，和村民们一起埋头于造桥中。桥墩、桥柱和主梁，每一处都有书记的身影。村民们也是都放下了手中的活全身心地投入到这个"巨大"的工程当中。三年过去了，有些村民终究没能看到桥建好之后的模样。想到这些，全书记顾不上伤心，反而更加坚定了信念——不把桥建好，就对不起这些这么信任他的老百姓。

三年零七个月之后，桥建成通车了。看着桥的最后通车，全书记觉得一切都值了——不仅是因为全家坪不再分开，他相信这桥一定会有更大的影响的。作为一名共产党员，全书记想，也算是为人民做了一件实事。看着吧，后辈们，这座桥属于你们！

"心意相通共发展"

肖家桥在促进全乡经济可持续发展、推动乡村振兴上发挥了重要作用。当前在中国特色社会主义政策的引领和指导下，乡村建设是实施乡村振兴战略的重要任务，也是国家现代化建设的重要内容。肖家桥改善了农村生产生活条件，村庄基础设施逐渐完善，乡村面貌发生巨大变化，成为全乡的龙头，迎接着五湖四海的客人，乡民们也因此得以脱贫致富，过上了小康生活。

肖家桥乡的发展离不开肖家桥，同时肖家桥的建设更离不开党的关怀和肖家桥乡政府各部门的努力。全书记带领全家坪的群众修的桥，不仅是为了连接全家坪的乡亲们而修的桥，更是全乡人民的美好未来和幸福生活的康庄大道。正所谓路通百业兴。要致富，先修路；要幸福，修好路。因此建桥过后，道路也随之发展了起来。现如今，四通八达的大大小小的道路通向了千家万户，村民们再也不用划脚船（划子）、走山路出远门了。不仅如此，肖家桥促进公路与产业深度融合发展，自肖家桥修建过后，集镇上又修建了农贸市场、超市和便利店等便民设施，拓展开发购物、休闲、观光等基础服务功能，为乡村振兴赋能提速。同时乡民们有了更为稳定和方便的买卖市场，也极大地促进了货币流通和当地的经济发展，提高了乡民们的获得感和幸福感。并且，由于肖家桥是坝桥和一形桥，可以合理地调配水库的水资源，保障了当地的农业用水和生活用水。此外，该水库促进了当地的渔业发展，相当一部分青壮年选择在家养鱼，不仅收入更高，也使得当地的基础设施建设得到改善。

大爷说完，扭头看了我一眼，那泪光扑朔的眼睛里有光，笑着说："所以啊，现在的肖家桥哪来的，知道了吧。哪有什么太平盛世，这都是前辈们为咱们铺好的路！"

看着大爷的眼睛，又看看这桥，水波荡漾，路灯倒映在水中闪着光（图 28.2），恍然大悟，这唯美的景色原来是这么的来之不易……

图 28.2　肖家桥远景

寻访感悟

作为新时代的土木人，看到一座桥的修建需要前辈们付出千百倍的努力和坚定不移的信念，并能给一个地区带去如此之大的影响，心中不免感慨，中国特色社会主义干的就是大事，大事处处为小事，小事处处为人民，这种精神是值得我们所有青年人学习的。而今的条件已不再像 20 世纪八九十年代那样贫弱简陋，作为土木人的我们，更应从我做起，以优秀的前辈为榜样，在政策的扶持和引领下，在新时代的舞台上大放光彩。

新中国的缔造者毛主席曾对在苏留学生说道："世界是你们的，也是我们的，但是归根结底是你们的。你们青年人朝气蓬勃，正在兴旺时期，好像八九点钟的太阳。希望寄托在你们身上。"土木青年当真学真练，方可不负韶华；土木青年应敢于担当，方能肩负使命。如今，摆在土木青年面前的不仅是前辈伟大的成就，还有一道道时代留给我们的难题，一个个前辈留给我们的考验。我辈土木青年当不负国家和前辈们的厚望，努力学习科学文化知识，完成人民交给我们的任务。

习近平总书记说："新时代的中国青年要以实现中华民族伟大复兴为己任，增强做中国人的志气、骨气、底气，不负时代，不负韶华，不负党和人民的殷切期望！"我辈土木青年定牢记使命，砥砺前行，在新时代土木行业发展的惊涛骇浪下中流击水，乘风破浪，挂云帆，济沧海，为了国家土木事业的发展而不懈奋斗！

（作者：舒灵、宋昱欣）

参考文献

[1] 中华人民共和国民政部. 中华人民共和国政区大典 湖南省卷 [M]. 北京：中国社会出版社，2015.

[2] 国家统计局农村社会经济调查司. 中国县域统计年鉴·2020（乡镇卷）[M]. 北京：中国统计出版社，2021.

[3] 沅陵县地方志编纂委员会. 沅陵县志 [M]. 北京：中国社会出版社，1993.

第 29 章
天堑沟壑经它而接天路、变通途
——矮寨特大悬索桥

悬崖峭壁间，一跨过深谷，天堑变通途。车在桥上过，景在脚下走。矮寨大桥（又称"矮寨特大悬索桥"）独特的世界景观（图 29.1），衬托出当初建设的艰难。这里，地处云贵高原山脉断层处，山高坡陡，地势险峭，矮寨大桥需要跨越 1000 多米的德夯大峡谷，是吉茶高速公路控制性工程，桥面距离峡谷底部高度达 355m。这里，地质情况十分复杂，在吉首岸索塔基坑附近就发现大小溶洞 18 个，其中最大的溶洞体积近万立方米，可谓是困难重重。但是我们的路桥人勇挑重担，在完成这座地标建筑的同时，也留下了诸多感人肺腑的"工匠故事"。

图 29.1　矮寨镇盘旋公路及夜景

"战天斗地的顽强精神"

承担矮寨大桥施工任务的湖南路桥集团，曾被交通运输部授予"中国桥梁十大英雄团队"，先后承建了 7 座长江大桥。但项目先遣队初临矮寨时，面对这些世界级难题，也感到"脑袋一片空白"。时任湖南路桥集团矮寨大桥项目生产部经理梁先勇作为先遣队成员，2007 年 9 月到达矮寨工地。"那时候，施工便道还没有建好，我们每天需要爬山 1 个多小时到工地。"2007 年 10 月 28 日，矮寨大桥动工兴建。据湘西州委办二级巡视员、原州公路局局长沈世峰回忆，2011 年雨季，矮寨大桥施工进入冲刺阶段，盘山公路多处沉

图 29.2 憨实朴素的"拼命三郎"杨再吉

陷、开裂、塌方。矮寨养护工班不顾危险，冲入雨中，跳下齐胸的积水涵洞，处置灾情。一次，一块直径一丈的石头滚下山，小个子班长杨再吉（图 29.2），不知哪来的力气，与同事火速抬起石头。石头突然断裂，老杨的腿被划出 15cm 伤口，血流如注。老杨全然不顾，疏通后才上医院，伤未愈又奋战工地。矮寨海拔较高，霜雪冰冻频繁，道路极易中断。养护工们总是一锄头、一铲子、一镐头奋力抢修，抛撒融雪剂，设置警示牌，帮助加挂防滑链条，疏散车辆、热情护送司乘。2017 年底，老杨被查出疑似淋巴癌。他悄悄隐瞒病情，带领大伙整天舍命抢通。盘山公路路窄坡长、陡峭弯急，13 道锐角弯、26 道急拐折，日车流量达几千、上万台。为"让路于民"，一棵大树，几块木板，几根木棒，再加上几个马钉，就是矮寨交警的执勤台。不管严寒酷暑，每一个弯道都挺立一名交警，充当"活动红绿灯"……由于养护工、地方交警的默默坚守，盘山公路人来车往，日夜奔忙，连接川渝大西南从不"打烊"。

据梁先勇介绍，米、菜、水都用背篓背上去。两个月后，施工便道修通，先遣队才结束每天爬山的日子。但 2008 年的冰灾，更大的考验又来了。"山上断水断电，没有水就把雪融化成水做饭吃。"据湖南路桥集团矮寨大桥项目部吉首岸工区长苏巧江介绍，有一天雷电把他们晒衣服的架子都打断了。他感慨，"矮寨大桥是从业来干得最苦最难也最难忘的项目。"但每一个矮寨大桥的建设者，都把这里当家一样地经营。大雪封山时，看守炸药库的老党员——50 多岁的贺建德，一个人在远离项目部几公里的炸药库坚持。一不怕苦、二不怕累，路桥人凭借着苦干与智慧，一步步将这一世界级项目稳步推进。

"矮寨大桥是她眼中的奇迹，也是心底之'结'"

她是长沙市某校老师，先生是湖南路桥集团矮寨大桥施工负责人。他与她大学同城，他学路桥，英俊博才，她学文科，漂亮灵秀。2001 年 3 月 31 日，他携她步入新婚殿堂。婚后，她精心培育儿子，把公公、婆婆从乡下接到城里，悉心照料。他在湖南路桥，短短几年就升至项目负责人。可是，自 2007 年进入矮寨大桥，他就难得回家。即使回了家，也是被子未捂热就走人，家中老人小孩更是管不了。他诉苦道，矮寨大桥是世界级工程，困难比想象得多。山上没水没电没信号，头一年施工，每天上山下岭步行两三个小时，开水泡馍就是一餐。2008 年冰灾，车辆一"陷"十天半月，建材全靠肩挑手推。2011 年，他将近半年没回过家。他长期未归令她常常夜不能寐，暗自瞎想。

一个又一个不眠夜后,她决定在"五一"黄金周,带小孩去工地"探班"。入湘西,娘儿俩乘大巴七拐八弯,等爬上矮寨山顶,已是晚 8 点。她找到他所在的项目部,走进他宿舍,映入眼帘的是满屋的杯盘狼藉。临近 9 点,他在长沙开完工程技术研讨会,随即赶回项目部。见面时,她嘲讽他"三过家门而不入",他怪她搞突然袭击,施工关键时刻,来工地添乱。刚见面才一刻钟左右,他便有事又上了工地。直到凌晨时分,他才回宿舍。累到澡都懒得洗,他轻声对她说"睡吧,明天再说",倒床一分钟,便鼾声大作。但她彻夜难眠。20 公里便道,必须在陡峭的山腰上凿开岩石,理出路基。石头极易滚落,对盘山公路的人车威胁极大。为确保安全,大伙修建围栏、挡住滚石,改机械凿石为人工凿石,并坚持只在白天施工,以多流汗换取不流血。转眼 6 天,"黄金周"即将过去。晚上,她到处找他。只见他戴着安全帽,手拿对讲机,站在最前沿——指挥世界首创的轨索滑移法施工。机声隆隆,无法联系。她只好回宿舍,躺在床上却怎么也睡不着。凌晨 3 点一刻,他回来了,轻声在她身边躺下,在她耳边低语:"亲爱的,实在对不起。我真的顾不上你们娘俩。"之后他又念了一长串名字,"为了这座桥,桥梁专家陈国平,设计大师胡建华,湖南路桥集团董事长叶新平、总经理方联民,以及业主、设计单位、监理单位,都是夙夜在公。项目部使出了吃奶的力气。欧阳钢年过半百,天天拼在工地;盛希老母体衰,妻子患癌,只能被抬到工地照料……眼下主梁铺装,大桥建设正处于重要阶段,不允许丝毫闪失。差之毫厘,失之千里呀。"她听完心里一阵酸涩,满是痛惜,"这么辛苦,怎么不早说呢?"他回应说"说多了让你更担心,路嫂变军嫂,已经难为你了。老婆,我永远爱你!"她听后心里五味杂粮,哽咽着说道:"我知道你会来,所以我等。"她吟诵着沈从文的诗句,怨气早已烟消云散。2021 年 3 月 31 日,矮寨大桥通车 9 周年,也是他和她结婚 20 周年纪念日。

"灰尘与泥浆、钢筋与水泥书写出另一种精彩。在路与路相通、桥与桥相连处,是路桥人梦想所系。你看到他时,他在路上;你看不到他时,路在延伸……"

路桥人的一行行诗句,与奇绝壮美的矮寨大桥、具有首创意义的轨索滑移法一样,是用汗水和心血写成的。

"铁姑娘"苦练"驯马"功夫

大桥通车 9 年,抗冰 9 年。"服侍"大桥的矮寨桥隧所,同驻桥西 3km 山上。这里每年 11 月至次年 6 月,多雨雾天气,湿度 100%。电闪雷鸣,云里雾里,拍恐怖片不用打"特效"。楼道走廊,室内室外,空气拧得出水,洗衣晾晒一天难得干,不少人风湿关节痛。桥隧所一名男士,有次出班几天,回到宿舍一看,枕头上长出多颗几公分的蘑菇,摇头晃脑。他大声发出口令:"立正,向我看齐!"谁也没取笑他,同住矮寨,说不定哪天就有这

图 29.3　巾帼不让须眉的桥隧所所长陈临安

种"艳遇"。大桥海拔高出吉首 400 多米，昼夜温差大，滴水成冰。一年四季，山上山下日均相差几度。2018 年初，十年一遇的暴雪袭击矮寨，雪厚四五十公分。当时返乡过年乘客多，流量很大，整个吉茶高速堵成"一锅粥"。20 多个小时，除雪车、碎冰车、撒布车等根本上不去。时任矮寨桥隧所所长、号称"铁姑娘"的陈临安（图 29.3）率员火速前往救援。他们人工铲冰除雪，撒布融雪剂，在一个个车轮下垫麻袋。为防止融雪剂腐蚀矮寨大桥桥面，他们又挥舞铲子，推动滚轴，砸碎冰碴，及时清除护栏两边积雪。因桥下是盘山公路，任何坠物都可能酿成大事。水和食品尤显珍贵。看到司乘人员饥寒之状，陈临安、林超等将仅有的一点干粮，送给老幼司乘。他们通宵抢通，长达 19 小时未进食。直到翌日清晨 7 点，大家才回所吃了碗方便面，休息两个多小时之后继续战斗。冬战严寒，夏练三伏。路况是交通人的脸，修好路养好路保通畅，才不会被人打脸。尤其面对矮寨大桥这匹"野马"，陈临安不得不锤炼"驯马"功夫。陈临安，一个姑娘，泰然自若，爬索塔，下桥底，钻锚室，检测检修，维护运行，叮叮当当忙不停。预防、养护、整治三结合……日复一日、年复一年，陈临安与同事们，把矮寨大桥看得很重很重。在恶劣天气频繁光顾的矮寨，如何科学养护，保证大桥安全运行、最大限度延长大桥寿命？大桥滴水成冰，却害怕撒盐除冰，怎么办？大桥最易拥堵，却最容不得拥堵，怎么办？陈临安摸索出"健康监测、高频巡检、精细管养"的妙招。专门为矮寨大桥养护问题编写了一本书。

让大桥建设者、守护者们最高兴的是，大桥像"磁铁"，吸引越来越多远近游客观赏矮寨、游览湘西；像"石榴"，增强了湘西各民族的团结和凝聚力；像"纤夫"，牵引着经济社会发展的旋律；像"铁流"，源源不断输送人流、物流、信息流；像"溶剂"，使湘西更快融入实施"三高四新"、建设现代化新湖南中来。

"舍小家，为大家"的崇高信念

"干最苦的活，啃最硬的骨头，流最多的汗水，出最好的业绩"是陈国平的"人生底色"。矮寨特大悬索桥横跨德夯大峡谷，是吉茶高速公路控制性工程，一开始就与多个世界级难题"狭路相逢"：主跨 1176m，是世界最大跨度的跨峡谷桥梁；桥面距谷底 355m，高度远超吊装设备适用范围；矮寨盘山公路蜿蜒盘旋，运输条件极为不便；两岸山势跌宕，悬崖峭立，施工场地极其狭小；峡谷风场复杂，浓雾、雷暴天气频繁……

受环境所限，无论是传统的"散拼法"，还是常见的缆载吊机法和缆索吊装法，抑或是国外的"荡移法"等现有的悬索桥架设方法，均无法满足工程安全、经济、高效的施工要求。时任湖南省吉茶高速公路矮寨特大悬索桥建设指挥部常务副指挥长陈国平迎难而上，带领团队日夜扎根在工地，根据矮寨特大悬索桥地形、地质、气象以及技术、工艺、材料等特点，进行仔细研究、反复比较，形成了极具建设性的施工方案。在大桥建设过程中，陈国平与科研团队一起提出了塔－梁分离式悬索桥新结构，首创了"轨索滑移法"（图 29.4）悬索桥主梁架设新工艺，研发了悬索式现场风观测新设备，发明了新型"CFRP-RPC"高性能岩锚体系，解决了深切峡谷悬索桥加劲梁架设的难题。"轨索滑移法"，颠覆传统，成为世界公认的悬索桥施工的"第 4 种方法"。这也是我国近 30 年来，桥梁技术领域具有"中国首创"意义的原始创新性成果之一。它的运用使工期缩短 4 个多月，创造直接经济效益 1.2 亿元，相应成果获得了湖南省技术发明一等奖、国家科技进步二等奖、中国公路学会科技进步特等奖。青春是绚丽多彩的，陈国平甘愿将青春奉献给他所钟爱的事业。

作为矮寨特大悬索桥建设第一责任人，陈国平压力山大。轨索滑移法 1∶1 现场试验冲刺阶段，陈国平急性心肌梗死发作，刚从死亡线上挣扎过来，便立即回工地通宵坚守。主梁吊装关键时刻，父亲病危，望眼欲穿，多么希望儿子看一眼却未能如愿，这也成为陈国平的终生遗憾。岁月不居，时节如流。30 多年来，陈国平（图 29.5）向桥梁工程世界纪录挑战的经历，展示了他勇于创新、敢为人先的人生追求。他整理了相关成果，主编出版了《大跨度钢桁梁悬索桥施工关键技术及安全风险管理》专著，为工程界桥梁施工提供技术参考。

矮寨特大悬索桥是当今世界跨度最大的峡谷桥梁。它如绸缎飘在山腰、如霓虹挂在天际，天堑沟壑经它而接，从此天路成为通途。湖南省政府将矮寨特大悬索桥作为"湖

图 29.4　轨索滑移法

图 29.5　陈国平等专家对矮寨特大悬索桥进行地质勘探

南八大世界之最"在中博会展示，成为湖南的新名片。矮寨特大悬索桥这项由湖南路桥集团独家打造的超级精品工程，建出了"中国创造"的新高度。"月亮不只外国的圆，这就是中国的圆月亮"这是习近平总书记在考察矮寨大桥时对其的盛赞。大国重器，这轮我们创造的圆月亮，恰似中华崛起的图腾。今天的中国，纵横交错的高速公路牵起了华夏大地的城市与乡村，勾勒出人们美好生活的蓝图。今天的中国桥，不再只靠双手而造，更靠科学、靠创新；路，不再只为抗争而建，更为民族的伟大复兴，人民的幸福安康！

寻访感悟

湘西群山峻岭之间，1000多名建设者昼夜苦战1800多天，征服5大世界级难题，创下4项"世界第一"，这才成就了如此宏伟的悬索桥。

这是一座以"矮"命名，却成就不凡高度的大桥；这是一座地处大山，却引得世界瞩目的大桥。没错，这是一座因为"对立统一"，而充满哲学思辨的大桥。它是"矮"的，因为深藏湖南湘西州的峡谷之中，这里得名"矮寨"；又因四周皆是巍峨险峻的大山，一度"藏在深闺"，少与外界联系。于发展的版图而言，不论地形还是禀赋，它是"矮"的。

然而，一如"矮"可以托举出"高"，低到尘埃，便有了开出花来的空间与可能。

站在矮寨大桥上，我仿佛感受到了无穷无尽的力量。这是一颗希望的火种，承载着一代人的愿景，燎原了整个湘西。矮寨大桥的建设对我国从"中国制造"迈入"中国创造"时代，建设现代化创新型国家，具有不可磨灭的作用，并且也推动了科技创新，提高了我国的综合国力和国际地位，探索世界的大门敞开了。我相信，通过一代又一代人的努力和传承，未来我们将跨越更多"群山"，奔向更加美好的未来，实现中华民族伟大复兴的中国梦。

（作者：韦积鋆、彭翔宇、向昶烨、赵越、刘倚微）

参考文献

[1] 郭鹤艺．缔造"中国跨度"[J]．交通建设与管理，2013，368（01）：44-45．

[2] 石强．探访"世界第一天桥"[J]．今日工程机械，2013，158（12）：64-66．

[3] 佚名．湖南矮寨特大悬索桥通车[J]．施工技术，2012，41（07）：9．

[4] 矮寨特大悬索桥首用"轨索移梁"工艺填补世界空白[J]．中外公路，2011，31（02）：165．

[5] 杨涛．矮寨特大悬索桥——世界最美大桥[J]．集邮博览，2023，（06）：48-49．

[6] 佚名．矮寨特大悬索桥[N]．湖南日报．2017-09-30（04）．

第30章
风定波澜万顷秋，问说洞庭通震泽
——岳阳洞庭湖大桥

"洞庭静卧数千年，骚客诗笛绕君山，忽见彩虹九霄落，一桥穿镜系云帆。"这便是洞庭湖大桥。它位于洞庭湖与长江交汇处，是湖区人民的造福桥，是装点湘北门户的形象桥，是国内目前最长的内河公路桥，同时也是我国第一座三塔双索面斜拉桥，亚洲首座不等高三塔双斜索面预应力混凝土漂浮体系斜拉桥。

跟随邓文杰老师的步伐，红色桥梁寻访小组走进洞庭湖大桥。经过2个多小时的车程后，寻访小组到达了岳阳洞庭湖大桥。路途中，司机介绍道：洞庭湖，自古以来就是人间一道难以逾越的"鸿沟"，阻隔着两岸的人们往来。而2000年建成通车的国内首座三塔双索面斜拉大桥——洞庭湖大桥，以其先进的建设技术和新颖美观的造型，成为岳阳的一大标志性桥梁工程和湖区人民的造福桥。

遥看水天一色，金色的阳光洒下，把湖水划出了粼粼波光，像是仙女撒下的把把碎金，远处横跨的洞庭湖大桥就像一条威猛的巨龙横卧在湖面上（图30.1），使两崖相连，在大桥修成前，全国各地经过岳阳渡口的司机们就流传有"走遍天下路，难过岳阳渡"的说法，洞庭湖大桥的建立无疑给交通带来了极大的便利。伫立桥头，车流如水，络绎不绝，大大小小的船只点缀着波光粼粼的湖面，好似一片片树叶在水面上飘动。渔夫撒下张张渔网，期待着满满的收获。再朝前走，桥下全是芦苇，一望无际，就像绿色的海洋。抚摸着护栏的纹理，感受到历史的沧桑。纵时过境迁，洞庭湖大桥却一直屹立于此，见证了岳阳的发展。这是一座有血有肉的大桥，它绝不仅是几根钢筋水泥所能搭建和支撑的，是由无数双粗壮的手臂托举起的长虹。

图30.1　隽美的洞庭湖大桥

漫步桥旁，我们采访了一位歇脚的老爷爷，在他滔滔不绝的讲述中，我们了解到，岳阳坐拥荆楚和洞庭湖腹地要塞，收山川形胜之美，却也加深了历史上东西向修路架桥的难度。"走遍天下路，难过岳阳渡。"数千年以来，岳阳市的交通主动脉基本是南北向的，人们要想过湖，只能用最原始的摆渡方式，排队过渡时最难要等上几天几夜。那个时候，在洞庭湖上架座桥，是两岸湖区人民最深切的期盼！在群众的千呼万唤之下，1996年12月19日，洞庭湖大桥正式开工。来自华北、西北、中原、中南等地的10支建设大军汇集在东风湖大堤外的一片湖滩上。这是中国人民第一次在大型湖泊上建桥，神州大地为之一惊。

建成后的洞庭湖大桥气势夺人，似飞龙在天，如长虹卧波，像造物之手把持一道曲线优美的彩练在湖面上飞舞。3座不等高塔刺破青天，222根斜拉索美不胜收，与一箭之遥的千古名楼岳阳楼遥相对应，互为辉映。洞庭湖大桥使得岳阳"碧海、蓝天、绿树"城市风景中，新增一条"玉带"，平添一弯"彩虹"，大大提升了岳阳的美誉度。

索塔的单塔双室施工工艺为国内首创。索塔不是空心塔，中有隔板，空间狭小，窄处仅4m，而斜拉索张拉空间小，索又互相交缠，施工十分困难。为此，颇具创新精神的路桥人自己设计、加工特制了6600t张拉设备。经过广大工程建设者披星戴月、夜以继日的奋战，2000年12月26日，大桥终于胜利竣工通车。这座市民期盼已久的民心桥、连心桥横空飞架，结束了洞庭湖河东、河西往来不畅的局面。正是他们艰苦付出、刻苦钻研的精神，推动着我国桥梁事业蒸蒸日上，迈上更高的新台阶。我们望着桥下的洞庭湖水，细细感受着这充满时代奋斗精神的桥梁，不禁陷入了思考。在经过对当地市委党史研究室的相关工作人员的采访后，我们记录下了专属于洞庭湖大桥的历史印记。

招商引资筹资金

洞庭湖大桥预算总投资73499万元，立项之时，资金计划仅落实23100万元，不足部分需由岳阳市自筹解决。"我们市委、市政府提出，举全市之力，建洞庭湖大桥。"1997年11月，在大桥建设资金遇到困难之时，岳阳市采用固定回报方式，及时引进了香港深业控股有限公司资金36000万元，解除了燃眉之急。1999年4月，中止同深业控股有限公司合作合同，在朱总理的亲自过问下，由中国银行提供中期低息贷款36000万元。通过多方努力，为大桥争取到国债专项资金5000万元。

大桥4年的履历上，留下了市委、市政府领导为筹集建设资金奔走忙碌的印迹。资金计划落实难，资金到位更难。岳阳市政府当时财政紧缺，却从未对大桥资金的支出打过折扣。曾有段时间，大桥急需建设资金，市财政拿不出钱，就从拍卖出租车牌获得的 2200 万元中拿出 1500 万元，拨付给大桥。大桥建设资金的落实，大大加快了工程建设的进程。

桥梁专家奉献自我

在大桥工地，提起涂萍人们无不敬佩。她是我国知名的桥梁专家，尤其是对预应力结构技术颇有研究和造诣。她出任洞庭湖大桥主桥施工指挥部常务副指挥长时就已 58 岁，而且患有高血压、冠心病、骨质增生等多种疾病。但是她并不在意，一腔热血都扑在工作上，上工作平台、下挂篮检查，一次也没有少，她每天依旧和小伙子们一样爬上爬下。一天清晨，一个挑一篮菜赶早市的农妇遇见正在检查工程质量的涂萍，笑着喊起来："你这个婆婆子，我要向你学习！"大桥挂篮离水面 20 多米高，每打一次挂篮，涂萍都亲自爬进去看，挂篮 1.7m 高，1.5m 宽，空间狭窄。有一次高温 40℃，挂篮里钢板热得烫手，焊光刺眼，汗水浇得人眼睛都睁不开，涂萍依然要坚持进去。出来时一身已经湿透，一下工地就病倒了。"不看不行，怕出事呀！"涂萍说，"我们那些工人才辛苦呢。"的确，在全体参建大军中，忘我工作的人很多很多，是他们为这座金桥谱上了令人动容的音符。1999 年，省路桥长江公司项目经理李寿来父亲得了癌症，而此时工程正进入主梁施工。从父亲生病直到病逝下葬，李寿来始终未回去看一眼。不是无情，而是大桥的建设工程确实非常需要他。一切为了大桥，工人们日夜兼程、风吹日晒，以坚定的意志和信心修建大桥，付出了很多，这种奉献精神是值得我们所有青年学子学习的。

青年工作者接力奋进

在洞庭湖大桥建设工地，一批中青年科技工作者脱颖而出。在关键技术上，他们攻克难关锲而不舍；在排除工程隐患上，他们打头阵不顾个人生命安危。主桥 11 号墩 10 号桩基浇筑混凝土时，由于机器故障造成浇筑中断。在该桩基 −17m 新老结合部分出现裂缝。为了弄清裂缝情况，湖南省交通勘察设计院桥梁设计室主任胡建华和湖南大学建设监理中心副总监代表黄冰顺着小护筒下至裂缝处作现场检测。下到 −17m 处，要穿过湖水层、淤泥层、流砂层，然后进入岩石层，可谓下到"洞庭龙宫"。当时洞庭湖水位在 24m 以上，−17m 即水下 41m，如果护筒密封不严或通气设备出现故障，其后果不堪设想。但是胡建华、黄冰为了大桥的安全，将个人生死置之度外，毅然决然地下去。经过 1 个小时的检测，回到平台时，他们已脸色苍白，无站立之力。

施工英雄在工棚中举行婚礼

这座雄伟的飞架洞庭的大桥由交通运输部公路二局、铁十六局四处、铁三局机械筑路工程处、中国有色二十三冶等 12 个施工、监理单位的英雄们筑成。4 年来，他们战高洪、斗酷暑、傲风霜，谱写了一曲曲豪迈的赞歌。大桥建设期间，先后有 49 对新郎新娘在工棚举行婚礼，有 28 名青年积极分子在工地入党。洞庭湖大桥成了他们人生的一个辉煌驿站。1998 年 1 月 1 日，铁十六局职工刘衍阳和君山农场女青年熊嫦娥就在工地上举行了婚礼。一个北京人，一个岳阳人，一个管水，一个用水，大桥为他们做媒，工棚就是他们的洞房。

寻访感悟

一座城市需要历史古桥守住它的文化气质，也需要一座新的桥梁（图 30.2），连接城市四通八达的角落，使这座城市充满现代化气息。

图 30.2　洞庭湖大桥夜景图

"楼观岳阳尽，川迥洞庭开。雁引愁心去，山衔好月来。"在洞庭湖大桥没有修建之前，过洞庭湖主要是靠摆渡，需要到北门渡口乘坐渡轮到君山、华容等地，使得人们出行不便，通商也不便。而洞庭湖大桥的建成，便利了两岸的交通，也拉近了岳阳城市角落的距离。洞庭湖大桥的通车也使湘、鄂间公路干线大为畅通，并为洞庭湖区抗洪抢险物资运输提供了一条快速通道。洞庭湖大桥设计先进，造型美丽，科技含量高，是一道美丽的风景线，大桥沿岸风景与岳阳楼、君山岛、洞庭湖等风景名胜融为一体，交相辉映，成为世人了解岳阳的又一崭新窗口，也成为特别的旅游资源。

中国在历史的长河中犹如一艘巨轮，巨轮上搭载着无数国人凝结的心血与汗水。一砖一瓦都凝结着中国人民的血汗与智慧，肩负使命、热爱工作、精益求精、持之以恒，正是因为他们的艰苦付出，我们才有现在幸福美满的生活。尽管时过境迁，但是建设者们勇于创新、攻坚克难的精神以及他们所展现出来的工匠精神将永远根植在人民的心中，代代相传，赓续百年。

如今全世界桥梁建设水平正不断提高，身为土木青年，我们应该时刻践行脚踏实地、持之以恒、吃苦耐劳的土木精神，不忘初心，砥砺奋斗，为了梦想不断拼搏。更加努力地学习先进的桥梁技术，发扬老一辈桥梁人的奉献精神，积累经验，脚踏实地，为祖国的桥梁建设事业贡献出自己的一分力量，实现自己的人生价值。世事漫随流水，唯有在风吹浪打中锤炼能力，在破解难题中提升本领，在远大志向与奋进中磨砺锋芒，才能赓续建设者们的精神，为祖国建设铺路架桥，用土木筑起强国。

岁月不居，时节如流。奋斗新时代，青春正当时。作为新时代的我们，要坚定理想信念，始终保持艰苦奋斗的前进姿态，将个人与国家密切联系，将自身成长融入中华民族伟大复兴的历史洪流中，成为"最好之青年"，成就"中国之盛世"。

（作者：陈柏翔、姜卫）

参考文献

[1] 廖建宏，李迪清，胡建华，等.岳阳洞庭湖大桥三塔斜拉桥设计[C].中国公路学会2001学术交流论文集，2001.

[2] 佚名.首届"中国十佳桥梁"——岳阳洞庭湖大桥[J].中外公路，2004，(04)：60.

[3] 宋霖.岳阳洞庭湖大桥动工[J].中国水运，1997，(02)：18.

[4] 陈明宪.洞庭湖大桥关键技术综述[C].全国公路科技创新高层论坛，2004.

[5] 李曙光.跨越洞庭湖——写在洞庭大桥通车之际[J].湘潮，2000，(06)：58-61.

第 31 章
千磨万击还坚劲，赤子之气凛然存
——猴子石大桥

在中国湖南省长沙市境内，一座连接天心区南郊公园和岳麓区的大桥坚挺地屹立在湘江之上，人们亲切地称它为长沙市猴子石大桥。它诞生于一个不平凡的时代，在这里聆听风雨，见证着一个个革命英雄的伟大事迹。在历史的长河中，它承载的是无数老长沙人和海外华侨自强不息的中华民族精神。

为深入了解桥梁背后的故事，红色桥梁寻访小组走进长沙市猴子石大桥，一起感受大桥的历史风貌，挖掘大桥沉淀的红色历史。一路上，寻访小组通过查阅地方相关文献了解到这座桥的建立意义不凡，它的建成标志着人们摆脱了当时苏联和美国对我国先进技术的约束和封锁，也标志着我国建桥技术的成熟。而这些的背后，藏着的是人们自强自立的坚毅精神与热血长存的赤子之心。

站在桥面人行道上，可见人来人往，车去车来。游览四周，东临南郊公园，西面麓山晚亭，青山绿水，在此相映成趣。湘江水面占据着大半张图画，水天一色。追溯时光，回望历史，当苏联派遣技术人员来帮我们修这座桥时，先辈们应该非常兴奋吧，可当苏联技术人员全部停工回国留下两座孤零零黑乎乎的桥墩时，先辈们站在岸边看着这两座桥墩，他们应该非常的心酸和无奈，明明有材料有地有人什么都有，但是偏偏没有办法把桥建成。可当他们自己把这座桥建成时，那些经历过建桥初期的先辈们心里又有多骄傲多自豪，因为我们做到了，我们不输于任何人，技术上也不受制于人！那一刻，我们站起来了！

一位中年大叔搀扶着一位老人在桥上驻足良久，引起了我们的注意，我们过去采访了他们。一提到猴子石大桥，老人非常乐意给我们讲述这座桥的故事。他说，这座桥串起的不仅仅是河东与河西，更是两岸人民对幸福生活的向往。俗话说"逢山开路，遇水搭桥"，大器晚成的猴子石大桥一经建成通车，就发挥了重要作用，促进了长韶娄高速和长潭西高速公路的建设，让省会长沙与湘中地区的交通更加便利。不仅如此，它与城北的三叉矶大桥一南一北如同两道彩虹般贯通了总长度近 50km 的二环线。从此载重货车不再进城，减少了城区道路堵塞，也减少了噪声与尾气排放，猴子石大桥真是辛勤劳动者们奉献给家乡的一首赞歌。

猴子石大桥（图31.1），它名字的来历颇为有趣："灵猴远眺山亭晚"，因桥东头的湘江河岸曾有一奇石形似猴子，猴子石大桥故而得名，又称湘江三桥。猴子石大桥为梁式桥，双向6车道，是城市环线南段跨越湘江的特大型桥梁。全长1389.62m，主桥宽27m，西引桥宽27m，后逐渐加宽至33m，主跨组合为66m+3×88m+66m，是我国首次采用三角形稳定性施工的大型桥梁，大桥的桥台呈现的形状是"V"字形，这些都是在我国其他地方不曾采用过的，也算是桥梁施工过程中的重大突破。猴子石大桥的桥柱高度是从桥

图31.1 猴子石大桥近景

中心位置依次朝着两边递减，这样既保证了船只在河流中正常通航又能够缩短工期、节约成本。

在猴子石修桥，也许是因为粤汉铁路，也就是现在的京广铁路，还有中国第一条公路——长潭公路都从新开铺经过的地理优势。加上这一段湘江流速平缓、江面不宽，民国时期就有过在猴子石架设湘江大桥的设想，奈何国力贫弱、战乱频仍，架桥只是几代人的梦想。1958年受武汉长江大桥通车的鼓舞，苏联派专家来长沙指导。自此，平静的湘江水面渐起波澜，一段段往事，一个个故事围绕着中苏断交不断展开，也就是那时，自主探索桥梁建造技术的种子在先辈们心中生根发芽。因社会经济发展原因，1996年重建猴子石大桥时炸毁了体现国人血泪与苦难历史的两根桥墩。1998年湖南路桥公司垫资进场，2000年建成。每一条路、每一座桥、每一幢建筑的背后有着无数不为人知的故事，谁说只有获得媒体广泛宣传的才是感人至深的，每个背后默默奉献，甘做螺丝钉，愿为祖国建设添砖加瓦的"小人物"及所做的看似微不足道的小事实则不易，后人自当珍惜，吾辈应自强。

我们在大桥上聆听着老人分享的故事，情到深处，不禁望向奔流不息的江水，看着川流不息的车辆，这片宁静祥和的背后，又有多少不为人知的红色印记。在老人滔滔不绝地讲述后，我们记下专属于这座桥的英雄故事。

忠烈英雄的烙印

猴子石大桥的名字来源于附近的一处古代有名景点，那时候猴子石被称为浦石。自明崇祯十四年（1641年），长沙府推官蔡道宪携长沙名流周圣楷、郭金台、杨德

远、吴玢等七人来此"观风"后,七名流齐聚成为当地人的一段佳话,猴子石遂成为长沙的名胜之地。崇祯十六年(1643年),张献忠攻克长沙,蔡道宪被捕。蔡宁死不降,被凌迟处死在明月池。从此,每当蔡道宪忌辰,抚台及府县官员和士人学子都要来猴子石设台拜祭,颂赞蔡的忠烈精神。猴子石象征着那种大义凛然为国捐躯的忠烈精神,看到今日的猴子石,仿佛看到了蔡道宪的浩然正气在此地激荡,正如"桃花红雨英雄血,碧海丹霞志士心,今日神州看奋起,陵园千古慰忠魂!"所表述的中华五千年忠烈的不屈风骨犹存,在中国这方热土上,有无数仁人志士,为了民族的解放、国家的独立和人民的幸福,抛头颅、洒热血,谱写了一篇篇悲壮激越的历史篇章。

拳拳侨胞赤子心

1958年,猴子石大桥开工建设,机械设备落后的时代,想建设这样的桥梁必定要花费极大的人力物力。然而,有一批情系桑梓的归国华侨同胞,他们心系祖国,与祖国同呼吸共命运,几百斤甚至上千斤的建筑材料都是由人齐心协力拼接,他们为猴子石大桥早年的建设付出了汗马功劳,其中一位代表就是红军战士杨秋亮。

"华侨抗战倾极力,祖国在心永不移",这是九旬红军老人杨秋亮的人生写照。杨秋亮1933年出生于新加坡,虽然从小身处南洋,但受祖父教导,在15岁那年,杨秋亮主动入伍,随队参加解放饶平等地的战役,在东江纵队粤东游击队四支队担任交通员,参与地下联络工作,为中华人民共和国的成立奉献了自己的一腔热血。1960年,杨秋亮响应国家号召,来到长沙修筑猴子石大桥,在那个技术落后以及器械匮乏的时代,每一座大型桥梁都承载了无数中国同胞的血汗,建设环境极其艰苦,然而参与建设的人员却没有丝毫抱怨,越劳动越光荣,为这座桥的建设拼尽全力。"建一辈子桥梁,住一辈子工棚,当一辈子牛郎。"这是人们形容建桥者的顺口溜,是建设者光荣开朗心境的见证。回忆起那段建设经历,杨秋亮曾感叹:"那真是充满激情的建桥年代,很多人哪怕为桥搬一块砖都是光荣的。"当时的人都是主动加班,主动劳动,热情非常高,都想为建设社会主义贡献绵薄之力。

杨秋亮(图31.2)是无数红军战士的缩影,他们英勇顽强,前仆后继,不怕困难,不怕牺牲,艰苦奋斗几十年,才有了我们今天的幸福生活,但是他们中的无数同志却没能享受中华人民共和国成立后的安定生活,永远沉睡于岁月的长河里。革命前辈的精神应由当代的我们来发扬与继承,新时代的重任将由我们当代青年来承担,中国辉煌的未来将由我们来续写。

| 第31章 | 千磨万击还坚劲，赤子之气凛然存 —— 猴子石大桥

图 31.2 杨秋亮先生照片和获奖照片

一代伟人初用兵，首战告捷之地

1917年，年仅24岁的毛泽东，于长沙南郊猴子石即今天猴子石大桥附近组织了其生平第一次军事行动，"首战首胜"显示出非凡的胆识、谋略和领导才能。在猴子石附近巧用空城计，率领200多学生志愿军，联同附近警察，俘虏了3000多名北洋溃军，展现了其过人的胆量和出色的军事才华，一代伟人的智慧与领导力初步展现。"首战首胜"之地意义非凡，我情不自禁联想起伟人毛泽东同志的千古名句"俱往矣，数风流人物，还看今朝"。24岁的青年毛泽东风华正茂、锐意进取，不仅充分显示出他日后作为一位伟人所具有的胆略才华，更成为青年毛泽东成长经历中浓墨重彩的一笔。从伟人身上，我感受到，作为青年人，就要有理想有抱负，在努力提升自己的前提下，更应该发挥出自己的才能并有所作为。

寻访感悟

猴子石大桥是我国首次采用三角形稳定性施工的大型桥梁，见证了中国从生产力为零到生产力大国的艰辛的过程。历史的经验告诉我们，独立自主是真正适合中国人民的道路。"中国桥"是民族志气的集中体现。真正的大国重器，一定要掌握在自己手里。猴子石大桥从中苏关系恶化时停建再到艰难困苦玉汝于成，是国家建设工程的显著成果，更展现了中国人的志气和决心。后来的沪苏通长江公铁大桥，港珠澳大桥，拉萨至林芝铁路藏木雅鲁藏布江大桥……一座座"中国桥"横跨江河湖海，穿越崇山峻岭，串起一条条钢铁大动脉，为沿线地区输送着经济的血液。一桥飞渡，长虹卧波，逢山开路、遇水架桥，坚持自主创新、勇创世界一流，唯有这样的精神和能力所在，"中国号"巨轮必将一往无前，创造出更多奇迹。

当我们再次回想起那些为国家建设付出毕生心血的前辈们，他们在国家最需要的时

候想得最多的是他们能为国家做什么，而不是权衡个人利益。国家哪里需要他们，他们就去哪里，在他们看来国家利益远远大于个人利益。作为一名土木工程专业的学生，努力学好专业知识是基本，但同样重要的是思想的升华，当代青年就应怀有实现中国梦的远大理想，每个人都为国家着想，一起为实现中华民族伟大复兴的中国梦而不断奋斗。作为时代的接班人，我们是跨越世纪的新一代，是 21 世纪的真正主人。我们要把自己的人生目标与祖国、时代的命运联系起来，牢记红色故事，红色精神，在未来桥梁的建设中，贡献自己的智慧，树立远大理想，培养良好品德，发扬创新精神，掌握实践能力，勤奋学习，立志成才，共同谱写新世纪社会主义事业建设的崭新篇章！

（作者：邓文杰、刘立、罗文静）

参考文献

[1] 长沙市志编纂委员会. 长沙百科全书 1997[M]. 北京：中国三峡出版社，1997.

[2] 岳大鹏. 老长沙记忆 [M]. 北京：当代世界出版社，2018.

[3] 长沙市志编纂委员会. 长沙市志 第 5 卷 [M]. 长沙：湖南人民出版社，1997.

第 32 章
塘桥凌空通南北，华陂堰上泽百姓
——长工桥

那是一个令人难忘的画面，2022 年 1 月 26 日，正值寒冬前夕，湖北省崇阳县青山镇塘桥村迎来了 2022 年的初雪，米粮川华陂大畈上数千亩田地被白雪染色过后，苍茫一片，场景十分壮观！同时她也迎来了一群特殊的客人——长沙理工大学土木工程学院红色桥梁寻访团。我们寻访团一行刚到村口，迎面便走来了一对上了年岁的老人，满头霜发半身不遂的老爷爷坐在轮椅上，由他的妻子推着由东向西缓缓走来，一路欢声笑语，那份开心，那份满足，无不洋溢着一种伟大时代下前所未有的幸福。夕阳无限好，哪怕近黄昏，我举起镜头，拍摄下了这人世间最美好的一幕。这一幸福画面也瞬间激起了我内心深处的好奇与向往，来不及慢慢欣赏这场白雪盛宴，便与我团队其他成员一起加快了脚步，走进塘桥村开始实地探访，像翻开一本书一样，品读这个美丽乡村的前世与今生。

长工桥（图 32.1），这座坐落在湖北省咸宁市崇阳县青山镇（图 32.2）塘桥村已有 1600 多年历史的老桥，每次与一些乡亲父老谈起来的时候都能看到他们脸上洋溢出来的笑容。在李涛老师和邓文杰老师的带领下，我们有幸采访到了一位年逾古稀的老人家，邓文杰老师笑着问道："老人家呀，您能跟我们讲讲这座桥的故事吗？"老人家一听这话，瞬间来了精神，"你说这座桥啊，那我可要好好跟大家介绍介绍它了，华陂堰相传为唐时华公所筑，

图 32.1 长工桥近景

图 32.2 青山镇

古时华陂为一泽国，华陂堰建成后，流分三圳，圳分田十竭，平原入望，沟洫井列，志载：疑为天城。在华陂畈的圳竭上，数桥飞架，以利往来。我还记得，昔时华陂畈古桥到处都是，有名气的如状元桥、三眼桥、长工桥等，三眼桥、长工桥是塘桥村最有名的两座桥，均为石墩拱桥，长工桥现在叫塘桥，经过一次次翻修，我清楚地记得它最新一次翻修还是在1994年，当时我正值壮年时期，也参与了这个翻修过程。"这位老人家说完这句话，自豪之意早已溢于言表。"哇，老爷爷这么厉害！那老爷爷您能不能跟我讲讲这座桥的构造呀？"我们队伍的曾胜春同学满脸激动地问道。"这长工桥呀，也就是现在翻修后的塘桥，它与那三眼桥不同，三眼桥有三个眼，而长工桥仅一眼，总桥长15m，桥面宽8m，但却记录了我们一辈辈塘桥村人民的足迹，它是塘桥村村民之间的情感纽带，更是所有塘桥村游子的归途。在某种意义上塘桥更是连接彼此心灵的桥梁。"

话落，老人家喝了一口井水便继续说道："长工桥建在村子里，据说当年有一长工，拿出毕生打长工的钱而修建，乡民记此，命名为长工桥。石脚、石拱、石板、石栏杆，圳水从桥下悠悠流过，桥上车来人往，岁月匆匆，世人可以忘却繁华或艰难，却记住了大善。但是沧海桑田，长工桥屡毁屡建，如生命生生不息。今日的长工桥面为水泥板，已没有栏杆，但古石桥墩仍存，沿宽阔的台阶下去，依稀可以辨认光溜溜的青石，顽强地结在水圳的两岸哩。"不远处白雪飘飘，双燕斜飞，水圳两岸弱柳残肢，冰晶融化。小桥东西两头有两棵大柳树，小庙蹲在东面的古柳树下，沧桑而神秘。那古柳树枝干粗壮，树皮黑色斑驳，经寒风一吹，仍然屹立不倒，那平凡的小桥，浅浅的流水，顿时便平添七分妩媚、三分古意了。

"建桥伊始显大善"

我们翻开崇阳最重要的一本历史研究读物——《崇阳县志》：华陂堰于后唐长兴二年（931年）在崇阳这座天城上修建而成，建成后"流分三圳，圳分田十竭，平原入望，沟洫井列"。天城有了河流，而有了河流就需要桥梁，在这样一个背景下，长工桥被修建了起来。

在翻阅古籍的时候，身旁的老人向我们介绍道："昔时华陂畈古桥到处都是，而长工桥是塘桥村最有名的桥之一，这是由于当时桥梁多为三眼，而长工桥是一眼，不仅如此长工桥还有大善之称。"

"大善之称？"邓文杰老师疑问道。

老人解释道："你们应该去原址看看，那里还有前朝遗留下来的碑铭。"

答谢过后，我们走了一段路到达了目的地，眼前所见今日的长工桥面为水泥板，已没有栏杆，但古石桥墩仍存，沿宽阔的台阶下去，穿过青石，我们小心翼翼地走到桥底，在河的两岸找寻前朝可能遗留下来的古迹。

幸运的是，我们看到了一块碑铭，上面言明了长工桥的来历和传说，这个传说也从来此挑水的任师傅口中得到证实，"当年有一个长工，兢兢业业挣得一些钱用作生活，可是见到邻里之往来多为不便，几番挣扎，最终还是觉得修桥是福泽万千的事情，于是拿出毕生打长工的钱来修建了这座长工桥。"

图 32.3　长工桥远景图

而乡民在建成之后一致认为应该将此桥命名为长工桥，这也就是长工桥的来历（图 32.3）。虽然这个长工的名字已无从查找与考证，也未曾写入《崇阳县志》供后人瞻仰，但难能可贵的是村民们把他的故事流传了下来，那长工倾囊而出，造福于民的行径后人始终深表敬意！

"抗日救亡立民族"

"军阀混战的年代，各路诸侯拥军自重，抢枪支抢粮食抢地盘，塘桥村也未能幸免于战争的摧残。"我们坐在台下，听着台上陈老激情昂扬地讲解当年那一场战事。

"王宏带领同志们在镇上各个角落偷偷扔下报纸，痛斥日军鱼肉乡民，奸淫烧杀的暴行，又在镇上伪装成普通老百姓四处打探日军情报，探查日军的军事要地——长工桥。"

至于为什么日军视长工桥为军事要地，我们从老人口中了解到，镇子的位置就处在日军一个小部队后方不过十公里左右，日军战略物资来来往往必定经过这里，为了牵制住这股日军，由王宏带领的攻桥行动便应运而生了。

我们的目光回到台上，陈老正激情昂扬地描绘当时的情景："记得当时是凌晨四五点，天空正飘着蒙蒙细雨，长工桥的桥底静悄悄地蛰伏着一支队伍，他们正是王宏领导的第三纵队红军。趁着日军侵略者们换岗的时刻，红军们按照计划呈扇形展开，对这一小股侵略者们发起了攻击。正值最疲惫的侵略者们毫无防范，一时间竟没组织起防线来。但是红军战士们毕竟人数少，一时间的攻势难以直接打垮侵略者们，王宏当即下达命令：擒贼先擒王，然后两面夹击！说罢，王宏亲自带了一小队战士们直突敌方霸占塘桥村某居民住所的指挥点。让人可惜的是，敌方指挥官刚听到枪声就作好了准备。王宏一时之间强攻不下。可时间越拖下去，桥上的敌人就越有可能组织好防线，到时候敌我兵力上本就有的差距会让红军战士们打得越发艰难。见状，王宏只能率领着部将们拼命冲锋，以吸引敌方火力，一个战士趁乱转移到另一个窗户之下，将手榴弹投入室内。'呼'的一声响起，浓烟泛起。"

"然而，当时王宏带着两名战士冲入浓烟中，没曾想敌人在后面开了个门，手榴弹一进来，敌人就出去了。敌人反攻进来，竟把王宏抓住了。指挥部外的红军战士们不敢轻举妄动了。王宏见到这种情形，心中知道拖下去，在兵力本就不够的情况下，红军战士们必输。王宏不顾日军指在头上的枪口，毅然启动了手榴弹，与敌军的指挥官同归于尽。战士们悲愤欲绝，向敌军发起了冲锋。"老人说到这儿忍不住长叹了一口气。

这该是怎样的一种信念才能让红军战士们视死如归呢？"血染沙场气化红，捐躯为国是英雄。"我们沉默了，心却汹涌着。

"抗美援朝舍小家"

雄赳赳，气昂昂，跨过鸭绿江，1951年，美国的飞机大炮打过朝鲜，打到了我国鸭绿江边，我国受到了严重的威胁。

当时，正在建设的崇阳人民为了保家卫国，参加了轰轰烈烈的抗美援朝运动，捐物捐资，送子弟兵上前线，其中以塘桥村的青年最为积极。

抗美援朝英雄甘送奇，是我们本次的采访对象。当时甘家一大家子只有甘送奇一个独子，正是家里百废待兴的时候。

"谁不想留在家！"老先生这样说道。可是，那时候的青年更懂得保家卫国的重要性。

老先生回忆那天人很多，有的人跟家人依依惜别有说不完的话，有的人听闻国难尚且义愤填膺，十分爽快地写下自己的名字，有的人安置自己的行李随时准备出发。

"我也是其中的一员，还有点不舍得离开家，但是舍小家为大家嘛！"他还记得当初从桥上走过，狠下心没有回头看泪眼婆娑的母亲一眼，至今仍然后悔。

同年甘送奇成为十五军135团3营机枪班的一位战士，再后来，硝烟散去，他回到塘桥村，经常会在长工桥对邻里邻居及子孙儿女讲当初如何在长工桥离开家乡参军入伍，保家卫国，也经常会谈起长工桥当年说不尽的思乡和大义。

老人脸上洋溢着笑容，仿佛每一次的回忆都是甜蜜的。

桥上已经很难再看到当初英勇献身的英雄身影了，他们大多已经年迈，但是我们每次的采访都证实了一件事，这座桥一直在他们的心里，即使没有看见，但是无数个日日夜夜，他们都会想起在那座桥上离开家，奔向祖国前线的景象。

"现代图景迈新程"

走出甘家，不一会便可以看到长工桥，以前桥面很窄，顶多也就允许一辆车通过，但是在1978年到1994年间，经过反复的修治，长工桥上的马路变得十分宽大，两边还有了绿化带，与以前截然不同。

桥边还有一棵据说有三百多年树龄的紫薇树，每当微风袭来，细碎的紫色的无数小花便燃爆整棵大树，十分醒目，华陂畈商铺林立的黑色街道上车水马龙，人来人往，有的在购物，有的在闲聊，还有的在读书下棋，长工桥在其中，构成了城市大雅生活的一部分。

平平淡淡的日常昭示着这个时代的幸福感。走过长工桥，没有人注意它前世今生的波澜壮阔，它默默无闻地从大善走向大勇大义，到达现在的大雅。

我们重新从桥头走过，心绪难平，短短几天我们感受到了那历史的沉重，同时有一种欣慰之情油然而生。

"太平风俗美，不用闭柴门。"新时代在桥尾招手，我们迈步越去。

寻访感悟

逢山开路，遇水架桥；长工桥，民生桥。桥上车来人往，桥下流水匆匆；长工桥历经磨难，多次被毁又多次重建，如生命一般生生不息。历经千年风雨，尽显这座桥的刚毅顽强。今日的长工桥早已没有了昔日的护栏桅杆，只剩下宽阔的路面。它换了一个身份继续守护着塘桥村的人们。世人可以忘却繁华与艰难，却不能忘记长工桥。

它历经千年，充当着塘桥村的史官，记录着这里的变化。即使是时代变迁，社会迅速发展，时光也无法改变它在当地人心里的位置。长工桥象征着这里波澜的千年，它是塘桥村面向全世界的代表。它如一位亲切的老人，看着这里的人们繁衍生息，陪着这里的人们共同成长。长工桥是游子返乡的归途，亦是塘桥村想要成功的人迈向星光的大道。

该如何想象一座桥存在的意义，千年前，那些打造它的伟人是否想象得到这样一座桥将会蕴含怎样的精神。现在的我们还没有走出大学这座学习之城，还没有真真切切地加入社会这个实践之城。但我们始终牢记"青春须早为"。

生逢其时恰青春，工程报国洒热血。我将立鸿鹄志，怀报国情，扎根专业知识，苦练技术本领，用专业知识在祖国的大地上书写绚丽多彩的青春。作为新时代青年，我们要勇立时代潮头，乘风破浪，积极投身到实现中华民族伟大复兴的实践当中去，做新时代的青年追梦人。要做一名不负人民，不负国家的时代青年。

（作者：邓文杰、万康贤）

参考文献

[1] 崇阳县志编纂委员会. 崇阳县志 [M]. 武汉：武汉大学出版社，1991.

[2] 郭志刚，齐德学. 抗美援朝记 [M]. 北京：华夏出版社，2021.

[3] 佚名. 抗美援朝精神 [J]. 半月谈，2021，（22）：23.

第33章
改革开放沐春风，永州大地焕新颜
——南津渡大桥

江南河畔，潇水清清，矗立于其上是一座由改革开放的春风"吹"来的红色桥梁——南津渡大桥。它承载的是永州人民的团结一心，更是国家改革开放的磅礴伟力。历史不会忘记这一份彪炳史册的文化底蕴与永远镌刻其中的精神力量。

诚如此，这座红色桥梁值得我们去回忆、去铭记，在邓文杰老师的号召下，我们几位永州人组成了红色桥梁寻访小组，一同前往有着丰富历史古韵的永州零陵区，追忆历史的印记、赓续精神的荣光。

南津渡大桥寻访由此启程，天街小雨润如酥，烟雨落江南，窗外云绕万里，早早起床收拾东西出发，背上行囊，乘坐301路公交车。一个多小时的车程里萦绕着探索南津渡大桥的期盼，团队成员都已按捺不住好奇心，主动上前去询问热心的公交车司机，他稍快的语速中可以听出他很想讲给我们听，"这座桥，我每一趟车程都会经过，它真的是永州人民团结一心换来的！"字字珠玑中蕴含的是发自内心的真切情感，于吾观之，这么多年来，公交车驶过了历史的痕迹，而桥梁见证的是当地的发展与繁荣，故而它是进程者，亦是见证者。

我们一行人上午十点到达目的地，整座桥凌驾于潇水之上（图33.1），桥上面的诸多拱形格外引人注目，似彩虹一般的点缀，让南津渡大桥显得更加绚丽多姿。漫江碧透，波光粼粼，营造出一种朦胧的意境，都说江南的水略显柔情，这似乎在衬托着桥的那番刚毅。桥上车水马龙、川流

图33.1 潇水上的南津渡大桥

不息，汽车飞驰而过，掀起桥面上的些许积水，从建桥之初的古老乡村到现如今的高楼大厦，白驹过隙，南津渡大桥见证了这里的发展，由改革开放的春风而换了新颜。

我们随后走访了当地的街道办，希望能获取到更多详细的信息，在其帮助下，我们有幸联系到了一位当时参与修桥的陈爷爷，而他也给我们分享了一个修桥当中发生

的故事。因为在当时财力严重受到制约，领导们认识到，单靠本级财政投入，要想架设一座公路大桥，乃杯水车薪，这是行不通的。如果通过发行债券的方式来进行融资，不仅县级政府无此项功能，全市干部群众也承担不起。而上级政府拨专款资助，更是无从谈起。

怎么办，不修桥肯定不行，但是修桥县政府又没有资金。面对如此焦灼的情况，要静下心来思考，办法总比困难多，永州市的领导们乘改革开放的春风，多次分批南下广东，跑广州、奔深圳、赴香港，招商引资、寻找合作伙伴……终于与香港奋发贸易有限公司总经理罗锡周先生取得了联系，修建南津渡大桥的资金终于有了着落。殊不知，大时代需要大格局，大格局呼唤大胸怀。改革开放是我们拓宽联系的利器，破解了诸多难题，让经济真正活起来。

淅淅沥沥的雨渐渐停了下来，云朵悠闲得飘散着，耀眼的太阳拨开了洁白的屏障，洒下一缕缕光辉，普照大地，草叶上晶莹剔透的露珠反射着光，光彩夺目。我们小组紧接着又采访了附近的居民百姓，其中有一位老人与这座桥有着深厚的情感，他个子不高，头发花白，饱经风霜的脸上，刻满了岁月留下的皱纹，那双温和的眼睛里总是闪烁着慈祥的光芒。他讲述着当年发生的故事，我们仿佛置身其中，品味着当年的那一份情怀，同时也记录下了其独有的历史韵味。

农民兄弟深明大义

在修桥过程中出现了一系列小的插曲，因为大桥两端的引桥和匝道建设，需要征用部分土地，从而就涉及征地拆迁的农民兄弟的利益，政府当时就派人和他们进行沟通，沟通的过程那可是十分顺利的，他们不仅愿意让政府征用土地，而且同意先用地、后付款。最后朝阳办事处3个村民小组的190多亩田地被征用，土地征偿费305万元。接着当农民兄弟们得知建桥资金紧张的时候，他们马上拒绝了即征即付的要求，主动提出待大桥建好后、资金缓解时再付给。农民兄弟对建桥过程中碰到的其他问题，也都是鼎力相助。

村民主动无偿献工

后来，大桥进入了紧张施工阶段，遇到了劳动力严重不足的问题。诸葛庙村党支部及时组织107位村民，当时，在39℃的高温下，他们依然怀揣着坚定的信念到工地上无偿献工两天，将可能延误的工期抢了回来，使大桥如期顺利合龙，谱写了一曲"舍小家为国家"的共产主义颂歌。在建设过程中，由于南津渡水电站每天放水发电和溢洪，工地水下施工遇到极大的困难。此外在大桥基础施工中一连遭到六次特大洪水袭击，又给工地带来一次又一次的灾难。最终共历时三余年，南津渡大桥终于竣工。它也成为零陵区唯一的南大门和连通城乡的重要枢纽。中国人民自古就有舍小家为大家的情怀，这一份情怀深深地扎根在永州人民的骨子里，体现在南津渡大桥的建设中，还将永久地赓续下去。

以上是当年的回忆，是历史的印记，亦是心中怀揣的热情，用老人的话来说："修桥必须是要点赞的，现在出行可方便了。之前都要绕好远的路，不仅耗时，还耗费精力，可当南津渡大桥成功通车之后，出行都方便了许多，政府还是好啊。"在深刻领略了南津渡大桥背后的故事后，坐着公交车重新横渡过这座桥，心中总会充满着历史的厚重感。我们想，其中有永州人民的团结一心，亦有国家改革开放的磅礴伟力。

寻访感悟

中国已是世界第一桥梁大国，创造了许多工程奇迹，而对于永州人民，要说工程奇迹，就属南津渡大桥了。

自改革开放以来，国家带领着全国人民走上越来越幸福的道路，桥梁技术也得到了显著提升，永州的桥梁技术也不例外，南津渡大桥建成通车后，君不见，它为零陵古城增姿添彩；君不见，它兑现了县级永州市委、市政府向全市人民许下的"奋战两年，建好南津渡大桥"的庄严承诺；君不见，它为加快永州市城区"扩容提质"建设步伐、改善城市道路交通骨架、促进全市经济发展创造了条件。

现在，南津渡大桥可是一座"网红"桥，以"山水彩虹"为主题的美化，夜景中的南津渡大桥与零陵古城交相辉映（图33.2），恢弘亮丽，在潇湘这座文化底蕴的城市体现出其独特的文化韵味与靓丽风采。

图33.2　南津渡大桥夜景

那么，南津渡大桥有哪些头衔呢？南津渡大桥是湖南省第一座、全国第三座中承式刚架结构的大桥；是全省第一座没要中央和省政府财政投资的大桥；是全省第一座与港商合资兴建的大桥。故而言之，对于永州人民，要说桥梁工程奇迹，就非南津渡大桥莫属了。

40年波澜壮阔，40年潇湘潮起，40年宏伟进程，40年湖南省永州市零陵区发生了翻天覆地的变化，从城市到乡村、从田间到山野，处处充满了生机、处处充满了活力。今天，我们探访了零陵的桥，从跨江之路看时代变迁。最后我们站在桥的一端，看着桥上过往的车辆，同时也看着这座具有时代意义的桥（图33.3）。

南津渡大桥书写着改革开放的壮丽华篇，习近平主席有如斯言："开放带来进步，封闭导致落后。对于一个国家而言，开放如同破茧成蝶，虽会经历一时阵痛，但将换来新生。"诚然，改革开放对于中国而言，是在经济全球化的背景下，中国与世界的连接纽带，融入世界才能更好地发展，以此实现中华民族伟大复兴。作为新时代的我们，将成为忠实的守护者，不驰于空想，不骛于虚声，以梦为马，与国同行。

图 33.3　南津渡大桥现状

（作者：邓文杰、蒋志鹏）

参考文献

[1]　湖南年鉴编辑部. 湖南年鉴 1993[M]. 长沙：湖南年鉴编辑部，1993.

[2]　邹金鹭. 创办改革开放试验区八年实践成果 [J]. 人民论坛，1996，（12）：39.

[3]　郑昌信. 南津渡大桥建设简介 [J]. 建设机械技术与管理，1996，（01）：25.

第 34 章
隽水河上三桥立，一江两岸变通途
——隽水大桥

图 34.1 静谧的隽水河

"隽水河（图 34.1）上三桥立，一江两岸变通途。"这句话正是描述隽水大桥的功绩，这座建于 1980 年的"新桥"是许多通城人民的记忆。2022 年寒假，长沙理工大学土木工程学院红色桥梁寻访团在老师的带领下来到了这里，在车上我们谈论到这座桥时，那司机大哥也是兴致勃勃地说道："大桥终于通了！我家就住在隽水卫生院附近，去年过年时大桥未修通，很多在外面工作的人开车回家过年，导致其他几条道路十分拥堵，短暂的春节假期因此大打折扣。正好赶上回家的时候通车，真是太好了，今年过年去岳父母家拜年就方便多了！"

"师傅，您能跟我们讲讲这座隽水大桥吗？"我们团队的龚峻贤问道。"没问题的，这座桥啊以前不叫隽水大桥，而是叫新桥。这老'新桥'建于 1980 年，周边连接隽水小学、县中医医院、隽水市场等人流密集地，由于当时设计标准低、桥面较窄，随着社会经济的快速发展，该桥已远远不能适应城区发展需要，且桥体年久失修，存在诸多安全隐患。通城县委、县政府本着长远发展、提升通城人民生产生活水平的意愿与决心，于 2021 年 11 月，启动隽水大桥及连接线工程。"听到这里，我们团队的廖旋汝和谭为两位同学便疑惑道："那现在这座翻新的隽水大桥构造是怎么样的呀？"司机大哥继续说道："重建后的隽水大桥桥面相比之前更显平整开阔，采用钢筋混凝土钢架拱桥结构全长 168m，全宽 32m，设有双向六车道和人行道，设计行车速度 60km/h，同时将增加柳堤路、沿河路等两条下穿道路，将极大缓解县城内交通压力，提高过桥通行效率，且在人行道与行车道间设置了人行护栏以实现有效隔离，桥梁的安全系数直线提升，群众出行条件得到了有力改善。"听完司机大哥的介绍，我们对这座即将要去寻访的桥梁充

| 第 34 章 | 隽水河上三桥立，一江两岸变通途 —— 隽水大桥

满了期待。

在与司机大哥聊完后不久我们便到达了这次寻访的目的地——隽水大桥，我们下车后看着这座造福当地百姓的大桥，眼中充满了钦佩。在寻访中我们有幸采访到了两位当地居民，"我从小在这边长大，小时候也经常在新桥下玩耍，现如今那座老桥已变成了现代化的大桥，我们也见证了通城日新月异的发展。近年来，通城县委、县政府坚持以人民为中心的发展理念，坚定不移地增进民生福祉，城市品位全面提升，交通环境不断改善。隽水大桥是近几年通城县城区实施规模最大、投资最多的一座民心桥，此时通车，正是给通城人民送上了一份新年'出行大礼'。""以前桥没修好时我们到北门去要绕很远的路，要多花十几分钟，以后再也不用担心堵车的问题了。作为通城市民，对这座桥的开通感到非常高兴。"听到两位当地居民的心里话，我们更是明白了我们土木人责任之重大，也更加为我们是一名土木人而骄傲，心中立下鸿鹄志，怀报国情，扎根专业知识，苦练技术本领，希望自己以后能够用专业知识在祖国的大地上书写绚丽多彩的篇章！

百业兴旺，交通先行，在城市日新月异的发展下，很多地标建筑在时光中褪色，但会留存在人们的记忆中。现在，通城县民生项目——隽水大桥及接线工程已经建设成功了（图 34.2），这也标志着陪伴了通城人民四十余载的"新桥"已经履行完它的使命，光荣下岗。隽水大桥的建立，极大地缓解了原隽水大桥交通拥堵问题，大大提升过桥通行效率，对改善城区交通体系、畅通城市内循环具有十分重要的意义！

图 34.2　隽水大桥建成

"上下齐心，隽水立桥"

崇阳隽水大桥得以建立离不开隽水人的优秀品质——上下齐心。

我们在街头随机找了一位老人想寻问当年建桥的故事，结果恰好找到了当年的建设者之一，这位姓王的老人，谈及往事，原本平静的表情瞬间溢出光彩："当时啦，不夸张地讲啊，全村的人都来了，那个盛况除了过年难得见，人多力量大，我当时负责焊接，为了搞这座桥啊，大家伙儿基本上没怎么睡，夜以继日，一整天江边上都是机器声，但是这个事儿没人抱怨，累了就躺在地上休息，睡醒了就爬起来干活，人就一股劲儿，劲往一处使，不管什么时候，桥上永远挤满了正在作业的人（图 34.3）。"

老先生间隙喝了一口水，又双眼放光投入到他的故事描绘中去："不过我们当时焊

图 34.3　隽水大桥翻新

接学的人比较少，那几天可是累死我了，没过几天，领导听到了这事儿就调了人来，妇女成分高，年轻的老的也不少，反正听说这个事儿身上有点本事就都报名了。众人拾柴火焰高！一个桥墩建好了，村里的小孩就会嚷嚷得大家都知道，人人都愿意为修桥出力，哪怕是小孩跟着搬搬砖，唱唱号，没人跑着当懒鬼，有的同志为把岩石缝隙中沙石清除掉，没有合适的工具，就用手指抠，指尖被泥沙磨出了血也不叫苦。哎哟，吃苦耐劳苦中作乐！"

这时，一名姓徐的老人前来拜访王老先生，王老先生向老人介绍了我们此行的目的，徐老也跃跃欲试，他是当初隽水大桥负责人之一，属于领导班子，想起那段时光，不是赶这条路就是转那条路，不是今天人民有需求，就是明天催着办事情，"只要我们提出要求，领导班子有求必应"这是当时人民讲得最多的话，"这不就有一次，吊装组需要 15t 的卷扬机，第二天，卷扬机就到了现场，好多时候啊，我走过去办事儿，看着台上人来人往，每一次一走，我心里那个澎湃，我说这下面出力上面也得出力，咱们一块儿把这隽水大桥给建起来！"

"想着以后哇，这走路就方便多了，人民幸福嘛！"徐老眼里放出的光彩让我们好像回到了那段时光，那段热火朝天、人潮拥挤但是幸福感满满的时光。

如今现代的生活，哪怕只是细微到隽水上一座小小的桥，都是以前的人日夜盼望的，若不是劲往一处使，上下齐心，隽水上又怎么能建立这样一座桥呢？

"新年新桥新通途"

由于隽水大桥早期设计标准低，桥梁破旧，并且车道狭窄，逐渐适应不了城市发展的需要。2021 年 11 月，通城县政府启动了总投资为 5998 万元的隽水大桥及连接线工程建设。据介绍，新建成的隽水大桥全长 168m，桥面宽度 32m，从原来的双向四车道扩展成了双向六车道，同时增加了柳堤路、沿河路等两条下穿道路，极大地缓解了县城内的交通压力，提高了过桥效率。

一座隽水大桥，发挥了远比县政府预想中还要大的作用。经过翻修之后，隽水大桥成为通城县的龙头，迎接着五湖四海的客人。

"2022 年 1 月 20 日上午 8 点半，大桥终于通了！"当地居民陈先生向我们介绍道，"当时，一辆前导中巴车引领着六辆小车，冲过红色彩带。翘首企盼的市民们或是开着车，或是散着步，纷纷来到桥头，见证隽水大桥的通车仪式。"不少居民告诉我们，他们等待这座大桥通车很久了，特别是正好赶上春节假期期间通车，这无疑是县政府为通城县居民送上的"新年大礼"。

陈先生继续向我们介绍道，如今，隽水大桥翻修后，不仅成为连接着城南城北的通途，更是带动着通城县的经济与文化发展。要想富，先修路。现如今，四通八达的道路、桥梁等连接着通城县的千家万户。居民们来来往往，经商买卖更加方便了。众多的批发市场、便利店也如雨后春笋般涌现出来。这一切大大促进了通城县老百姓的货币流通与当地的经济发展，也提升了居民们的获得感和幸福感。

说到这儿，陈先生感叹道："我从小在这儿长大，小时候经常在桥底下玩耍，没想到当时那座老桥竟变成了如今如此现代化的大桥。"

我们沿着这座桥走去，是时，正值下午，遥看云卷云舒，水波荡漾，不由心中满是感慨。小小一座桥，见证了通城县百姓生活的日新月异。

"屹立之姿"

隔山容易隔水难。过去，两岸往来靠木船摆渡，每逢春夏暴洪，水流湍急，船渡停摆，交通阻断，商旅不便。民众久思建桥，苦于工艰款巨，时局动荡，难以遂愿。

该地被称为暴雨中心，山洪暴发，上游客水过境，河水猛涨，期间轻型排架、木桥面多次被洪水冲毁，经常中断交通，有时仅一年就冲毁7次，大桥择址新建，迫在眉睫。在考虑种种因素后，大桥重新选址在南门外，即现在桥址。谁知特大洪水再次发威，将大桥钢架拱冲至下游，损毁很大。人们不得已将墩台加高修建。为适应国家战备需要，当地在中央军委的大力资助下，将属临时性和半永久的大桥进行改造。大桥竣工通车之际，大桥两端增派民兵昼夜值守多年。

当地人对隽水大桥有着深切的情怀。行走桥上，一些怀旧的老人经常驻足停歇，陷入深深的沉思。大桥，勾起人们多少历史的记忆，大桥，曾经承载人们多少希冀……在那物资贫匮的特殊年代，当时的隽水大桥，在山区县城百姓的眼中，不仅是一座简单的大桥，而是一座雄伟的现代建筑，一道靓丽的风景，人们进城观赏大桥，是一大心愿，是一种时尚，一种自豪，没上大桥，不算进城。

几十年的风霜雪雨，南来北往的车辆，四面八方的客商从隽水大桥之上经过……多年过后，隽水大桥列为危桥，对桥面、人行道等构造物进行改造。桥面、两头搭板全部凿除铺新，大桥重现雄姿。

现如今，尽管经历过百年不遇的洪灾突袭，大桥依然安然屹立，安渡洪峰。

寻访感悟

一桥飞架，天堑变通途。曾经要绕上好远的道才能够到达的远方，如今变成了几分钟就能到达的近邻。隽水大桥的建成给人们的生产生活带来了巨大的便利，让人们大步迈上致富之路，过上幸福快乐的生活。

逢山开路，遇水架桥。打造它的工人们赋予了隽水大桥创造和守护人民幸福生活的使命，无论再过多少年，它都将会风雨无阻地坚守它的信仰。

生逢其时恰青春，我们是新一代的接班人，我们会在这条路上找到属于我们自己的那一座桥，我将立鸿鹄之志，怀报国之情，扎根专业知识，苦练技术本领，用专业在祖国大地上书写绚丽多彩的青春，我们始终牢记青春须早为，立志于工程终报国。

（作者：曾胜春、廖旋汝、龚峻贤、谭为、万康贤）

参考文献

[1] 湖北省地方编纂委员会.湖北省志 交通邮电[M].武汉：湖北人民出版社，1995.

[2] 佚名.隽水大桥正式通车[N].咸宁日报，2022-01-24（03）.

第五篇
强国建设，逐梦前行

第 35 章
赓续红桥血脉，公铁两用飞南北
——郑新黄河大桥

"君不见，黄河之水天上来，奔流到海不复回。"黄河，这条中华文明的母亲河哺育了无数的华夏儿女，见证了文明古国五千年的兴衰荣辱，孕育出博大精深、源远流长的中华文化。百年来，黄河上修建完成了一座座桥梁，在中国河南省境内，你能看到这样一座横跨黄河、连接郑州市惠济区和新乡市原阳县的大桥——郑新黄河大桥。郑新黄河大桥将如何在黄河及其周边区域发挥它的作用与影响力呢？为了调研这座桥带给周边地区经济产业的影响与带给附近乡村的福祉，调研小组踏上了追寻这座黄河大桥故事的旅途。

桥上来往人民的生命财产安全始终是党最牵挂的大事。数十年前，沟通黄河两岸的大桥历经几代更替，旧桥因为技术原因和老旧原因多次发生事故，牵动着当时包括周总理在内的无数国家领导人的心。黄河之上急需一座规模庞大、风雨不动安如山的大桥，终于，国务院批准建新桥替旧桥，郑新黄河大桥由此登上历史舞台。图35.1 为郑新黄河大桥地图选址。

郑新黄河大桥，原称郑州黄河公铁两用桥，是中国河南省境内一座连接郑州市惠济区和新乡市原阳县的黄河大桥，是107国道复线工程与京广高速铁路共同跨越黄河的公用特大桥梁。郑新黄河大桥于2007年7月动工建设，公路部分于2010年9月29日通车运营，高速铁路部分于2012年12月26日通车运营，项目投资总额49.8亿元人民币。

郑新黄河大桥跨越黄河，连接两岸，沟通四方，舒缓中原要道的交通压力，加速中原的物质与文化交流。郑新黄河大桥公路北连接线起点在原阳县同107国道顺接，于郑州市金水区小贺庄接107国道辅道处终止，全线长24.277km。从京汉铁路桥，到中

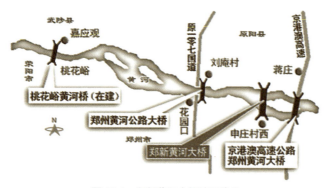

图 35.1　郑新黄河大桥地图选址

国黄河第一铁路桥,再到如今的郑新黄河大桥,它们传承着红色精神,承载着强国之梦。

桥上来来往往的车辆与列车中的人们没有哪个不是带着自己的梦想或者生活的希望而奔波努力。大桥通,脉络通,百业兴。时代将使命交予这座大桥,大桥稳如山,保一方水土,促经济发展。大桥默默地支持着人们,支持着郑州市的花卉业、文化创意旅游业等各个产业的发展。马渡村在这座桥的通达下迎来了繁荣的篇章,我们小组调研过程中将会进一步理解这座大桥对于乡村振兴战略的意义。

桥梁前身忆往昔风雨情

说起郑新黄河大桥,就不得不提起京广铁路桥。它是郑新黄河大桥的前身,始建于1903年9月,是中国第一座横跨黄河的钢结构铁路大桥,它的遗址坐落于距郑州市区向北约30km的黄河南岸。

然而,"黄河第一铁路桥"命运多舛。1958年7月17日,黄河花园口出现了历史罕见的特大洪峰,流量达22300m^3/s,有5个桥墩出现险情,郑州黄河第一铁路桥11号桥墩被洪水冲毁,相邻两孔桥身塌落水中,京广铁路中断。

当时,周恩来总理正在上海开会,得知郑州黄河第一铁路桥的险情后,他立即赶往现场。深夜,周总理在手电灯光的照射下,实地察看郑州黄河第一铁路桥的断桥具体情况。他不顾劳累,冒雨到大桥上视察,并亲自带领抢险队员争分夺秒,解决灾情。

扶正冲歪的桥墩是抢险救灾的首要任务,工程部正组织民工进行拉纤,拉直桥墩。周恩来总理径直走到民工中间,毫不犹豫地加入拉纤的行列,人民群众瞬间受到极大的鼓舞,激动的心情化为了团结与勇气的力量。于是,在狭窄的桥面上,在周总理的带领之下,在整齐的号子声中,抢修人员迎着巨浪滚滚的激流,冒着暴风雨,将桥墩拉正了。最终,经过15个昼夜的战斗,黄河大堤化险为夷。周总理不顾个人安危,深入灾区,极大地鼓舞了沿黄30万防洪大军。

大桥恢复通车后,周总理依旧心系郑州黄河第一铁路桥。8月5日上午,郑州黄河第一铁路桥的上空,一架银白色总理专机盘旋了一周,这是半个多月来,周总理第二次来到大桥抢修施工现场。在当天下午举行的对抢修大桥人员进行慰问的群众大会上,周总理登上主席台,对所有施工人员表示赞扬。会议就餐时,工作人员本来为周总理和陪同领导单独安排了就餐的餐桌,但被拒绝,周总理坚持同职工一起,亲自在取饭窗口排队取饭,并要交付饭钱。当食堂人员说明抢修工地人员吃饭都不收饭钱时,周总理说:"不收抢修人员的饭钱可以,但我是要付饭钱的。"

周总理亲民爱民的形象,永远镌刻在了建桥人的心中,激励着一代代建桥人为国家

图 35.2　中国黄河第一铁路桥

桥梁事业发展接续奋斗。这是人民永远无法忘怀的。

经过 82 年的风雨洗礼，这座黄河上的第一座铁路桥被拆除，只留下南端五孔、160m 桥梁作为文物保存在黄河南岸的原址上（图 35.2）。郑州文物局原局长阎铁成说："黄河上架设的第一座铁路桥，连接起了华北平原和黄淮平原，连接出了北京和武汉两座重要的城市，成为中国经济的重要交通大动脉。它承载着国人工业兴国的梦想，讲述了一个时代发展变迁的历史，值得铭记。"

历经了人间风雨沧桑，这座万里黄河上第一座大桥归于安静，郑新黄河大桥则从它的手中接过了接力棒。

新桥创新解种种艰难

郑新黄河大桥，这是一座写满了故事的桥。郑新黄河大桥按照最早的设计，是公、铁双方各有一座桥，并非现在我们所看到的这样合二为一的形式。当时，公路桥马上要开工建设，突然通知暂缓，是因为省委、省政府和铁道部均有意让两桥并身，并称之为"郑州黄河公铁两用大桥"。

过去，我国在大江大河上的桥梁建设，均只由铁路部门承担。而郑新黄河大桥的修建，是首次由公路、铁路两个部门联手共建的，这是史无前例的。由于双方缺少合作经验，管理体制、运行机制也存在很大差异，产生的矛盾也需要大家不断磨合、不断解决。

与此同时，经济危机在全球的蔓延无疑也给大桥的修建带来了巨大的挑战。作为从上到下一致看重的"头号工程"，郑新黄河大桥又挑起了一副"担子"：保增长、扩内需、战危机。它能否在关键时刻挺身而出，能否顺利完成建设任务，广受瞩目。如今，建设者们聊起这座桥的建设经历已然轻描淡写，但在当时，他们肩上担的重量甚至压得他们喘不过气来。

在施工过程中，建设者们牢固树立以人为本理念，认真贯彻落实省交通安全生产隐患排查治理工作要求，以建立落实"安全危险源点提前预警"长效机制为抓手，把安全隐患消灭在萌芽状态，确保项目安全生产形势稳定；另一方面特别对高空作业、河槽施工、栈桥、预制梁的制作与架设、施工用电及现场安全设施的配备等进行重点控制，经常开展安全生产应急预案演练，不断完善重、特大事故的应急预案，提升应急反应和救援能力，确保"零"事故的实现。

营造良好施工环境，是件大事，也是件难事。为此，他们成立了专门的协调室，开展协调工作，不仅赢得了省委、省政府、省交通运输厅等各级领导和业务主管部门对工程建设的理解和帮助，还与地方各级政府、行业管理部门建立横向联系，积极想办法去克服和化解问题，同时换位思考，主动去维护周边群众的合法权益不受侵犯，引导广大群众理解、支持大桥建设，为工程建设赢得了宽松的环境，保证了大桥的顺利完工。

2009年4月2日，时任中共中央政治局常委、中央书记处书记、国家副主席的习近平在河南省考察，专程到郑新黄河大桥建设工地视察。他强调，要珍惜难得的历史发展机遇，加快铁路建设步伐，在应对金融危机、全面推进小康社会建设中作出历史性的贡献。从主桥施工栈桥上下车后，习近平边走边看，当了解到郑新黄河大桥在设计和施工中，大量采用了我国乃至世界当今领先的新技术、新工艺、新材料和新方法，拥有诸多的"第一"和"之最"时，他连连称赞。

2010年，郑新黄河大桥正式投入使用，供公路与高铁共同通行，是京广深港高速铁路的重要组成部分，设计建设规模为世界同类跨河桥梁之最。郑新黄河大桥的启用，使京广高铁在2012年12月26日顺利通车，加上之前通车的郑西高铁，使郑州既拥有京广铁路、陇海铁路（新欧亚大陆桥）两大铁路大动脉，又使其成为京港高铁、徐兰高铁两大时速350km及以上高铁交通大动脉的交会点，成为中国铁路的心脏。

而公、铁双方成功开创了公铁合作的管理模式。在国家、省、部领导的关心下，在郑州、新乡两市党委、政府和沿线群众的支持下，在施工队伍的辛勤付出下，在相关部门及时的协调与鼓励下，大桥具有了生命的活力。

郑新黄河大桥的故事说不完。如今，顺着辅道缓缓前行，公路、铁路高大的桥墩由分渐合，如两条巨龙相会（图35.3）；行至黄河岸边，遥望大桥主体纵跨两岸大堤，其宏伟之势令人振奋。

图35.3 巨龙相会

周边村庄踏发展高速路

现在的郑新黄河大桥不仅承载着通行的作用，更是带动了众多偏僻乡村的发展。马渡村就是其中之一。

马渡村，相传在北宋末年，南宋开国皇帝赵构曾被金兵追杀，他骑泥马渡黄河，"泥马渡康王"的故事流传开来，马渡村也由此而得名。

走进村子，漫步在马渡村整洁宽敞的道路上，两侧或绿草茵茵，或花开灿烂，犹如世外桃源。宽敞的道路，整齐的房屋，村里的老人们三五成群，坐在路边的方桌边下棋，孩子骑着单车从房前屋后穿过，村民时不时骑着电动车穿梭在村中的道路上，忙忙碌碌。在郑新黄河大桥建成之前，这里是与世隔绝的桃源仙境，却也因此限制了村庄的发展。700多年前的故事只能尘封于此。

而随着郑新黄河大桥的建成，村中的日间托老站、卫生服务站、乡愁广场、生态停车场、游园、体育活动场地等一大批民生工程在此落地生根。由"泥马渡康王""马渡记忆""马渡险工"等故事构成的200m长的马渡文化长廊，也向更多的人们讲述着发生在这里的故事。

随着乡村振兴的发展，马渡村大力发展特色乡村旅游，开发了很多绿色果园和菜园，打造具有特色的民居民宿，马渡村也成为郑州新的网红打卡地，吸引了郑州周边很多人来游玩。独特的自然风景、深厚的历史底蕴与便利的交通道路，推动了马渡村的发展，给马渡村的人们带来了快乐与享受。

"小康不小康，关键看老乡"。农业强不强、农村美不美、农民富不富，决定着全面建成小康社会的成色和社会主义现代化的质量。如今，隶属于金水区兴达路街道办事处的马渡村不仅是城乡接合部综合整治的示范点，更是打造沿黄美丽乡村片区的起点，让生活在这里的每一个人都幸福感爆棚。这个隐藏在黄河岸边的美丽村庄正在用它的变化向大家展示"美丽乡村"的新风貌。

不仅如此，如今从郑州出发，2.5h到北京，2h到西安、武汉、长沙等周边省会城市。郑新黄河大桥的建设极大地缓解了107国道郑州黄河公路大桥交通压力，进一步完善了河南省交通运输网络，促进了河南省黄河两岸城市经济发展、人口和产业聚集，对实施中原经济区建设，逐步实现中原城市群的资源共享、产业互补、生态共建、协调发展，推动区域经济社会全面协调发展具有深远而重大的意义。

黄河桥梁显建设新活力

黄河第一铁路桥已经成为历史，但郑新黄河大桥正焕发着青春活力，实现着它的价值。也许在几十年甚至一百年以后，一座座新桥接过旧桥手中的接力棒，郑新黄河大桥也会被其他大桥所取代，但是每座桥梁的时代意义及影响无疑是不可磨灭的，正如新一辈的人们在当今盛世中始终铭记红色精神一样。

黄河是中华民族的母亲河，黄河上的郑新黄河大桥，宛如母亲身上的气血经脉，四通八达。郑新黄河大桥的前世今生记录着中国的振兴史，记录着大河两岸人的奋进史。郑新黄河大桥为郑州、河南乃至全中国插上高速发展的翅膀，助力国家中心城市郑州与中原大省河南的崛起和腾飞。

该桥梁的前身——京广铁路桥，有着浓厚的红色背景，它自清朝张之洞监督下竣工，见证了中国工人运动的顶峰——京汉铁路大罢工（图 35.4）。这次罢工在中国工运史、中国革命史上留下最为灿烂的一页，"二七精神"成为激励人们继往开来的宝贵精神财富。

中华人民共和国成立后，命途多舛的它被泛滥的黄河水冲垮，周总理亲临黄河视察灾情，动员抢修大桥……

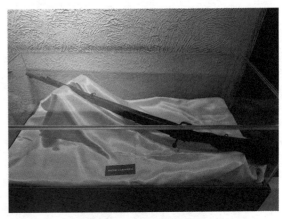

图 35.4　工人运动所用枪支

后来，黄河上建立了第二桥、第三桥，从单线桥变为了双线桥、四线桥，一架架桥飞架南北，最耀眼的就是郑新黄河大桥，这座桥是我国黄河两岸繁荣的推动者和见证者。

百年风雨奋进，红色薪火相传。从马克思主义在郑州萌芽，到抗日烽火熊熊燃烧；从黎明前的黑暗，到新时代的曙光；从诞生"二七精神"的英雄城到崛起黄河岸边的大都市……种种红色基因，都为古都郑州烙下最深刻、最鲜明的印记。我们选取这座桥梁作为调研对象，就是希望挖掘它的底蕴和精神，勉励我们在未来的工作与学习中坚定理想，敢于创新。作为新时代的青年大学生，我们会不断找准自己的定位，找到自己奋斗的方向，并为之付出努力，赓续红桥精神，为社会主义发展贡献一份自己的力量。

（作者：文岚、王恒）

参考文献

[1] 龚砚庆. 郑新黄河大桥：一座新地标的崛起 [N]. 河南日报，2010-09-24（01）.

[2] 龚砚庆. 郑新黄河大桥：屹立百年的光荣与梦想 [N]. 河南日报，2010-09-25（02）.

[3] 龚砚庆. 郑新黄河大桥：创优与创新 [N]. 河南日报，2010-09-26（01）.

[4] 龚砚庆. 郑新黄河大桥：一项廉政体系的新创造 [N]. 河南日报，2010-09-28（01）.

[5] 王文霞，徐磊. 郑新黄河大桥公路桥通车 [N]. 郑州日报，2010-09-30（01）.

[6] 佚名. 郑新黄河大桥项目简介 [J]. 领导科学，2008，（24）：F0002.

[7] 赵青，李海涛. 桥梁工程 [M]. 武汉：武汉大学出版社，2014.

第 36 章
前世铮铮，今生奋勇
——金钗红水河特大桥

"读万卷书，不如行万里路。"学习各种本领固然重要，能够将自己所学的知识付诸实践更加重要。在土木工程学院全面落实立德树人、推进专业教育和思政教育深度融合的大背景下，我们小组结合自身的实际情况，积极响应学院号召，开展了关于金钗红水河特大桥（图 36.1）的专项实践活动。

图 36.1 金钗红水河特大桥

红水河特大桥的前世是一座旧式石梁桥，简朴中带着宽广，用自己的脊梁承载着红水河流域居民的生计。在抗日战争时期，它见证了广西人民为了巩固中国共产党敌后抗日根据地，破坏侵华日军的运输路线而毅然炸桥，与亲人两岸分别，进而为夺取抗日战争胜利争取宝贵时间的民族大义；而它的今生是一座现代化的中承式钢管混凝土拱桥，它见证了建党一百年以来我国在土木工程领域取得的显著成绩。

金钗红水河特大桥横跨贵州省黔南州罗甸县与广西壮族自治区河池市天峨县交界处的红水河，全桥总长 438.5m，连接了南宁市与来宾市，是贺巴高速的第一座中承式双幅钢管混凝土拱桥，是贺州至巴马高速公路（来宾至都安段）"七隧八桥一枢纽"的关键控制性工程。桥头位于忻城县红渡镇六碟村清好屯西南方向约 200m，桥尾位于马山县金钗镇东屏村拉坝屯西北方向约 500m 处。它的建成对带动沿线城市经济和旅游业发展具有重要意义，它的建成切实符合广西壮族自治区人民"把资金引进来，让广西走出去"的美好愿望。

金钗红水河特大桥跨越红水河，河床呈开阔的 U 字形，桥址处水面宽度约为 220m。主桥跨过江。由于有推力拱桥对地质条件的要求较高，而桥位区场地地表位于第四系冲洪积层，下伏中风化灰岩，地质条件良好，适宜建造有推力拱桥。同时，钢管混凝土拱桥方案与两岸地形相协调，故最后敲定金钗红水河特大桥的建设

图 36.2 金钗红水河特大桥施工期间

方案为中承式钢管混凝土有推力拱桥。主桥采用计算跨径为 280m 的中承式钢管混凝土有推力拱桥，矢跨比为 1∶4.48，拱轴线为悬链线，拱轴系数 $m=1.5$。拱肋为钢管混凝土桁架式结构，每幅桥两片拱肋，主拱横桥向中心间距为 16.2m。图 36.2 为该桥施工画面。

金钗红水河特大桥的主要特点为桥面宽度窄，跨径较大，宽跨比小，结构稳定问题突出，为桥梁设计以及施工带来了一定的挑战。金钗红水河特大桥的竣工结束了红水河流域两岸居民自抗日毁桥以来几十年相互瞭望的历史，它作为两岸居民新的"交流媒介"，承载着红水河流域居民新的希望。此外，金钗红水河特大桥是贺巴高速横跨红水河的关键性桥梁，同时还是东接泉南高速，西接兰海高速的交通纽带，它的建成通车，可将广西中部区域快速融入全自治区、全国高速公路网，发挥高速公路的辐射带动效应，实现广西与外省的优势互补，不仅从交通上解决了中国西南走向北部湾、珠三角地区的通道问题，而且为沿线落后地区经济社会发展带来了重大战略机遇，对改善区域交通条件，推进西部开发和泛珠三角经济合作，加快广西北部湾经济区开放开发和中国 – 东盟自由贸易区建设具有重要意义。

金钗红水河特大桥坐落于我国美丽的广西壮族自治区，广西壮族自治区是我国西南地区的一件瑰宝。山清水秀，优越的自然条件滋养着一方人民；人杰地灵，民族英雄也层出不穷。美丽的广西，总让人向往，桂林山水甲天下，全国游客更是络绎不绝。然而，就是这样一个自然风景优美的自治区，它的发展却被其地理条件所影响，造成全自治区交通不够便利。

在抗日战争期间，广西虽然偏居西南一隅，却被称为抗日强省、模范省。全省 1400 万人口出兵人数近百万，绝对人数虽然位列四川省之后，但若按人口比例计算，则名列全国第一。在本次实习中，我们有幸采访到了家住金钗红水河特大桥附近的一位老伯，老伯向我们介绍了以前广西的生活，以及大桥建成以后他对未来生活的向往。

红水河特大桥的前世

老伯说，在抗日战争期间，日军入侵广西时，每到一地一村，几乎要受到当地民众的自发抵抗。在当时的红水河流域，民众更是自发地组织起来，成立抗日武装，干扰和伏击敌人，同时夜以继日地破坏公路，断绝交通，坚壁清野，不给日军留下一颗粮食。

当时的红水河，河面宽达 200m，水流湍急，两岸的往来只能通过竹筏以及 5km 以外的一座老桥。面对日军的入侵，当时两岸的村民们面临着是否沉船毁桥的选择。桥若不毁，日军可以从桥上通过，直通西边的省会南宁；桥若毁坏，短则几年，长则几十年，两岸之间的交通往来将变得极其困难，在雨季水流湍急的季节，两岸的联系自然也会完全断绝。

一边是民族大义，桥后是省会南宁；一边是家族亲情，至爱亲朋。面对这个两难的抉择，两岸的村民们第一时间召开了集会。集会上，大家没有对是否毁桥进行辩论，大家的观念出奇一致：老桥非毁不可！在民族大义与个人小家面前，红水河两岸的村民们的态度毫无二致。

"桥可以再建，但是民族存亡不可以不管，哪怕只能让日本人侵犯的速度减缓一天，我们也要为我们中国军队争取一天的部署时间"。拉回思绪，看着红水河缓缓流淌，那些掷地有声的话语仿佛穿过历史的长河在我们耳边环绕。

原本商讨是否毁桥的集会，也变成了亲人们互相道别的聚会。对一些年纪大的老人们来说，这一别或许是和河对岸的亲人们永别。没有过多的话语，亲情暂时的割舍，也只是为了中国更好的未来。父辈们深深地懂得这个道理，也总是在历史的长河中作出让人热泪盈眶的决定。

对岸有自己的亲人、朋友，而桥的西岸更多的是投入抗战的人民。两岸村民们毅然决然地毁掉了这座承载了他们几代人心血、记忆的桥梁，也开始了长达数十年两岸无法便利交通往来的生活。

以前的广西军队穿着草鞋打仗，从西南北上，走遍全国。广西人民破釜沉舟，勇于保家卫国，在连鞋都穿不上的年代，也不辞辛劳地要去破坏日军的交通补给线路，只为不给侵华日军留下一丝一毫的便利。桂军子弟前线保家卫国，杀敌立功；后方广西人民，不计小我，积极抗战，为建设稳固的抗战大后方作出了重要贡献，有效保障了后方的稳定。在抗战时期的广西人民，让全中国肃然起敬。

红水河特大桥的今生

随着科技的进步，社会的发展，人们的交通出行方式、商贸产品运输方式发生了翻天覆地的变化。南宁到来宾的商贸往来需要绕道红水河，增加多达百公里的行驶路程，给两个大城市间的贸易往来造成了一定的困扰。为了提高人民生活质量，让有着红色传承的两岸人民交通更加便利，红水河流域迫切地需要有一座满足通行要求的大型桥梁。

崎岖不平的地形，汹涌澎湃的河水，是村与村之间沟通往来的头号大敌，也给道路、桥梁工程师们带来了很大的挑战。复杂的地形、地貌增加了高速公路路线规划的难度，道路工程师需要设计更多、更详尽的路线规划方案；陡峭的岸壁和湍急的水流增加了桥梁建设工作的难度，桥梁工程师需要制定更为安全、合理和高效的施工方案。除此之外，广西壮族自治区是我国的少数民族自治区，经济发展相对落后，金钗红水河特大桥的建设成本给当地政府造成了很大的压力，本着"精力向党靠拢，为民造桥"的理想信念，广西北投集团直属企业广西新发展交通集团投资建设了这座横跨220m宽红水河的金钗红水河特大桥。经过各方的艰苦努力，克服了重重困难，这座沉淀了历史记忆的桥梁焕发出新颜。

面对这座恢宏桥梁，老伯深邃的目光中流露出对未来生活的美好向往。"以后开车到对岸方便多了，亲戚朋友走动更方便了，高速通了我们也可以多去城里面逛逛了。"在老伯的话语中，我们能清晰地感受到老伯的喜悦。"以前人们的付出都是值得的，只有中国人才会好好建设我们自己的家乡，现在生活好了，路也通了，在共产党的带领下我们明天的日子一定会更加好过。"金钗红水河特大桥（图36.3），不仅使得广西中部红水河流域直连全国高速网络，更是传承着在历史长河中的红色记忆。

图 36.3　金钗红水河特大桥今生

老伯说，这座桥梁的建成，就是对父辈们的努力的最大肯定与慰藉。"那时候他们就说，桥是可以再建，还可以建得更好呢。"老伯满脸高兴地对我们说。看着不远处的金钗红水河特大桥，老伯向我们讲述着没有这座桥时交通的不便捷，"以前绕道到对岸，要多走一个多小时，上高速公路更是要到更远的地方去。"现在大桥落成后，到达对岸只要不到十分钟，上了高速路更是四通八达。

老桥落下，新桥建起。远远走来，我们看见了抗日时期防止日军入侵，人们毅然决然地毁坏两岸唯一的沟通桥梁；看见了人们拆解船只，销毁水上交通工具。今天，我们看到土木工程师们在这里铺路架桥，看到一车车的货物通过这座大桥进入红水河两岸。只要跟着中国共产党，跟随自己身上的红色基因，我们的民族就会越来越好。父辈们的精神也会在这座桥梁的见证下继续传承，两岸抗战期间百折不挠的品质，也借由这座大桥进行歌颂。

感言

从历史的长河中走来，连接红水河两岸的桥梁，从以前的无名老桥，到如今集现代建造技术于一身的金钗红水河特大桥，承载着不同年代人们的记忆，传承着那股生生不息的红色种子。金钗红水河特大桥提高了两岸人民美好生活的品质，象征着广西红水河流域人民坚忍不拔的优秀品质。

父辈们含泪毁掉通行的桥梁，今天我们用更成熟的技术造出跨度更长、造型更优美的桥梁。金钗红水河特大桥屹立在红水河之上，仿佛在向父辈们交出我们建设新中国的成绩单。山水不挡奋楫者，踏平坎坷成大道。峥嵘岁月中走来，百年恰是风华正茂，站在新时代奋斗标尺上，金钗红水河特大桥在"十四五"规划的开局之年，在广西基础设施补短板"五网"建设三年大会战的冲刺之年，逢山开路，遇水架桥，顺利完成了党和国家对广西基础设施补短板的要求，完成了当地人民对这座连接着民族大义与两岸亲情的大桥的期盼。

金钗红水河特大桥作为来宾至都安段的重点交通枢纽工程，促进广西城市转型升级，未来周边多个地区也将因为金钗红水河特大桥带来城市经济的发展。此项目的建设，将会更加方便人们的出行，彻底打通广西贺州至巴马高速公路，带动自治区内资源的流动，同时也吸引了其他开发商在广西地区的投资建设，这一项目的实施可谓是利国利民，不仅向人们展示了属于广西的"广西规模"，也让人们看到了广西地区独特的景色。

今天，我们站在这座承载了历史记忆的新桥上时，心中五味杂陈。一边是被先辈们为夺取抗战胜利，毅然毁桥，浴血奋战，保家卫国的精神震撼，庄严肃穆；另一边是新桥建成后，来往车辆络绎不绝，红水河流域居民生活水平蒸蒸日上，一片生机勃勃、欣欣向荣的景象。回首过去，我们不忘先辈们为我们今天的和平繁荣付出的血泪亲情，展望未来，在新的征程上，作为土木人，我们将以更加勤奋的学习态度、更加严谨的工作态度、更加自律的生活态度，全力投身我国的基础建设，以刻不容缓的紧迫感、雷厉风行的执行力和坚决落实的责任心来建设工程，以优质的工程来传承红色基因，厚植家国情怀。

（作者：刘琳）

参考文献

[1] 佚名. 来都高速金钗红水河特大桥右幅主拱合龙 [N]. 来宾日报，2021-08-30（04）.

[2] 彭传庚，周翔，郑翔. 金钗红水河特大桥管内混凝土灌注施工技术 [J]. 西部交通科技，2023，（03）：141-144.

[3] 隗磊军. 金钗红水河特大桥钢格子梁吊装关键技术研究 [J]. 西部交通科技，2023，（03）：151-153.

第 37 章
天桥合一,以渡天下之人
——云天渡

2022年2月,我们调研团队响应学院"从万桥飞架,'桥'见中国奋斗"专业实践活动号召,赶赴湖南省张家界市慈利县以观建造在这山水最美之地的空中玻璃走廊——云天渡。远远观之,桥身行走于云雾之间,大桥宛如千尺白绫在其中若隐若现;身在其中,尤有身陷山水之中而又超脱于山水之外之感。

云天渡(图37.1),原称张家界大峡谷玻璃桥,位于中国湖南省张家界市慈利县三官寺土家族乡境内,为张家界大峡谷风景区的重要景点之一。所处地形悬崖沟谷、岗峦起伏、陡峭险峻,属于原始岩溶地貌,地质条件复杂。云气横开八阵型,巧形遥分七星势。这条看看就让人腿软的玻璃桥给人带来的刺激震撼感可与举世闻名的"天空之路"媲美。风雨七十载,铸就辉煌路,在新时代的中国,我们顺承东风天堑变通途。

图 37.1 云天渡远景图

在前往云天渡的途中,我们从当地人口中了解到了它的意义。它不仅促进了当地旅游经济喷涌式发展,更彰显了我国桥梁建设技术的革新。这样一座宛如空中走廊的云天渡,除了惊艳于其四周秀美的景色外,我们更惊叹其建设难度之大以及建设技术的成功实现。云天渡既是一座创意桥,又是一座旅游桥,更是一座致富桥!

迄今为止,古今中外所有的桥梁按照构造和受力体系分类,大致可分为8种:刚架桥、拱桥、系杆拱桥、简支梁桥、连续梁桥、T构桥、斜拉桥、悬索桥。桥梁的跨径代表着一个国家的经济、工业和科学技术的整体水平。云天渡采用透明玻璃材料，整座桥梁与周边环境相互融合，是世界首座斜拉式高山峡谷玻璃桥，并创下世界最高最长玻璃桥、首次使用新型复合材料建造桥梁等多项世界之最。全桥具有跨度大、桥面窄、重量轻和梁高低等特点，集人行道、游览、蹦极、溜索以及舞台展示等功能为一体，是一座创新设计的多功能玻璃桥。其独特的造型设计，更是给人一种《老子》中"大音希声，大象无形"的美学感受。2018年6月12日，云天渡在国际桥梁大会上斩获亚瑟·海顿奖，成为湖南省第一个获得国际最高奖项的桥梁工程项目。

毋庸置疑，云天渡大力促进了张家界旅游经济的发展。据不完全统计，自云天渡开放以来，接待游客620万人，上缴税收达2.2亿元。此外，云天渡改变了景区规划建设千篇一律的特点，很好地将中国历史优秀文化融入旅游产品当中。经济学家厉以宁考察云天渡时表示："大峡谷玻璃桥项目是新时期张家界推出的旅游供给侧改革的新创意、好产品。"正如著名建筑设计师渡堂海（HaimDotan）所说："把世界最长的玻璃桥建在世界上山水最美的张家界是绝美的组合。"

匠心筑梦，玉汝于成

2012年，张家界大峡谷筹建"世界第一长玻璃桥"的消息引发了各大新闻媒体的广泛关注。以色列设计师渡堂海（HaimDotan）携以色列建筑安全分析师多伦沙列夫（Doronshalev）于2012年11月实地考察玻璃桥建设项目。这次的大峡谷玻璃桥，对渡堂海来说并不是一份普通的设计作品。以分析评估建筑安全和动力安全而闻名海内外的多伦沙列夫到张家界后也对玻璃桥建设的安全性与可行性高度关注。根据实地考察后的数据与结果，渡堂海决定设计一座长370m，宽3.2m，桥拱距谷底相对高度约400m的斜拉式桥梁，其中还包括蹦极台以及全部为透明玻璃的桥面。但由于张家界市喀斯特岩溶地貌区域特殊的地形地质条件以及种种原因，在修建的过程中遇到了许多的问题。

首先面临的是地形问题，考察认证结束后，直到2014年底，张家界大峡谷玻璃桥的初步设计方案才通过专家评审。原因是在这两年对大峡谷岩体钻探施工时，因地处喀斯特地貌区域，建设者们在前期岩体第三次施工钻探中发现玻璃桥一端主塔下方80m深处有溶洞。溶洞的形成是石灰岩地区地下水长期溶蚀的结果，这样的地形出现在桥下，对桥的安全性和稳定性都是一种非常大的隐患。一般在工程中遇见溶洞的传统方法，是用混凝土进行回填。然而这种方法在这项工程中并不适用，一是溶洞缝隙太大，回填成本过高；二是溶洞所在的位置位于山腰，若强行填补，容易造成山体结构破坏，违背了以最大限度保护张家界地貌的初衷。还有一种采用贯入式嵌岩基础的方法,其代表是喀斯特地貌环境下的夜郎河大桥,但拱桥与斜拉桥之间的差异,使建筑师们也很快排除了这种方法。

难道就这么放弃了吗?当然不是。现今的中国有着非常丰富的桥梁施工经验,设计人才也层出不穷,在保持张家界风景不被破坏的前提下,改动一下桥的设计是否可以达到安全性和稳定性的要求呢?带着这个疑问,专家组连同大峡谷景区的工作人员,在施工点附近进行了20次的反复试验,从试验桥的受力到支撑点附近岩石的强度,利用精密的仪器进行反复测量与计算,终于确定了将桥面延伸60m,拓宽2.8m(即长为430m,宽为6m),使其在原有的设计结构上,安全系数成倍增加。经过评审,由中国工程院院士以及渡堂海组成的七人专家组一致认为,该项目资料齐全,论证充分,满足有关标准规范的要求。自此,该桥的主体建设进入实质性阶段。

其次遇到的是施工问题,斜拉桥还需考虑其他方面的安全隐患。与拱桥不同,斜拉桥的关键部分在于缆索,而对于这种非刚体的结构,一旦出现共振,其稳定性要远远低于刚体。

该工程由中国建筑第六工程局有限公司桥梁公司施建,由于施工前准备充分且积极采用新型材料,玻璃桥主体部分的建设克服了建筑选材、玻璃工艺、抗风防滑、抗震减振、抗压抗冻等多项技术难题。云天渡采用重力式锚与锚塞体截面线性变化隧道式锚。两端桥塔均为圆环形钢筋混凝土独柱结构,每根塔柱均采用挖孔灌注桩基础。桥墩采用柱式带盖梁框架墩结构,每个墩柱下方为挖孔灌注桩。然后是缆索部分,云天渡主缆由多根索股构成,每根索股由多条镀锌高强钢丝组成。桥鞍座采用间接传力结构形式,鞍体为全铸结构。桥梁长吊索索体采用高强平行钢丝,短吊索索体采用钢拉杆,吊索在安装位置与索夹相连接,索夹接主缆。紧接着是支撑桥面,玻璃桥加劲梁采用倒梯形截面钢箱梁和纵、横结构,为单跨悬吊简支体系。桥的桥面部分,玻璃的选择是一个很重要的要素。中国的钢化玻璃已经世界闻名,但建设者们遵循新时代要求的工匠精神,玻璃板的质量容不得一丝马虎。为了筛选合适的玻璃板,建设者们进行苛刻的检验,历经数月,终于从数千样本中找到了符合大尺寸、高硬度、高厚度、耐磨、防冻、超纯净、防爆、高荷载、防霉、防温度剧降等各项特性的优质玻璃板。不仅如此,99块不到5cm厚的玻璃板竟然能承载将近800人的重量,相对减少了材料的浪费。这样的设计,使得桥梁共振的概率大大降低,保证了其在几百米空中的稳定性和安全性。

2015年5月11日,云天渡进入玻璃承压破坏性试验、护栏抗拉试验、风洞试验等试验阶段,试验结果符合预期,并于2015年12月3日,云天渡钢箱梁完成合龙。

图 37.2　云天渡旅游区

最后，2016 年 8 月 20 日，经过相关部门验收通过，云天渡正式对外开放、投入使用（图 37.2）。2018 年 6 月 13 日，云天渡荣获亚瑟·海顿奖，为本届国际桥梁大会唯一的创新性奖项，这项被誉为桥梁界"诺贝尔奖"的国际桥梁大会奖项不仅向全世界展示了中国建筑师的卓越能力，更证明了我国桥梁建设达到了国际领先水平。在之后的吉尼斯世界纪录中，大峡谷玻璃桥在众多"世界之最"中独占两个版面，被称为"最高的桥"。

一桥融复兴，福泽千万家

云天渡既是一座创意桥，又是一座旅游桥，更是一座致富桥，一头连着贫困百姓，一头连着美丽生活。景区负责人介绍，为增强游客体验，景区不断创新管理模式，采用智慧旅游系统，实行流量控制、分时段放行等方式，取得显著效果。大峡谷景区还与美国科罗拉多大峡谷达成了结为友好景区的合作意向，将引入国际团队开发高空蹦极、急速滑索等极限体验项目，全面开拓国际市场。

同时云天渡承载着景区周边贫困户脱贫致富的期望。景区＋项目＋乡村，实现了景区与乡村的同步发展。一座承载期望的桥梁，让村民们的腰包鼓了起来。大峡谷玻璃桥是慈利县探索旅游扶贫的一个缩影。近年来，慈利县以全域旅游为契机，大力实施旅游扶贫行动计划，5 个贫困村实现脱贫，15348 名建档立卡贫困人口脱贫。

大峡谷玻璃桥的建立意味着传统扶贫向旅游扶贫转变，旅游扶贫见效快、可持续、门槛低，村民热情参与到自我脱贫的行动中。"自从大峡谷玻璃桥开始试运营，来游玩的游客逐渐增加。农家乐越来越吃紧，许多民居会被游客居住，这反过来倒逼农户改善自身居住环境，比如，改善厨房的环境、旱厕改水厕等，这样游客就更加愿意住在农户家，形成良性循环。"三官寺土家族乡党委书记朱澧说。他还指出，原来农户的观念还没有改变，总认为旅游都是虚的，现在，农户们尝到了旅游的甜头，同时也被外面的游客所影响，逐渐增长了见识，看问题的思维也变得长远，对待旅游开发的态度转为支持。

据了解，之前农户家的土鸡蛋都是自己吃，还会剩下许多鸡蛋，偶尔会到市场上低价售卖。如今，土鸡蛋乘着旅游的东风，变身"金鸡蛋"，成为游客眼中的香饽饽。

朱澧说："不仅有土鸡蛋，还有农家乐等。一些司机是当地人，这既方便游客的出行，又增加了当地村民的自身收入，是一举两得的好事！"这些都会增加农户的经济收入，对农户脱贫工作的进展有很大的促进作用。当地一位师傅十分有感触地说道："玻璃桥没修之前，鲜少有游客前往大峡谷，这一片地带也没有什么好的产业，而随着玻璃桥的修建，来游玩的旅客越来越多，特别是旺季的时候，来往的游客更是络绎不绝，游客多了，周围的各种酒店、景点也随之被带动起来了，这附近人们的生活质量确实提升了不少！"

慈利县县委副书记舒洪波也透露，大峡谷玻璃桥淡季时每天能接待 1 万人左右，旺季时每天差不多能接待 2 万人。2016 年，大峡谷玻璃桥试运营四个月，就给县城带来 4000 万元的税费，值得注意的是，2016 年，全县的所有工业的纳税额是 6000 万元。2021 年仅"五一"期间大峡谷接待游客 54625 人，同比增长 132.22%。

寒来暑往，日夜守护

乘坐悬空检修车穿梭在 280m 高处的峡谷间，这是巡检员每日的重要任务，每当闭园后，他们将对桥体主缆索夹、受力吊索、玻璃桥面等部位进行仔细检查，这项看似简单但极具危险的工作却是他们的家常便饭，云天渡作为世界上最长、最高的玻璃桥，维护起来十分具有挑战性（图 37.3）。

2017 年春节期间，因低温冰冻天气，工作人员对张家界大峡谷玻璃桥进行了封桥除冰工作，他们不仅要饱受寒风的摧残，更要面临视线不好、设备积雪难以检修和

图 37.3　云天渡俯视图

路面打滑等一系列问题。为了确保各个部件正常工作，他们有时甚至要亲自清理桥上的积雪，任凭无情的冰雪冻伤了他们的手指，一旦出现任何异常，发现一丁点问题都要及时做好记录，并迅速排除隐患，确保玻璃桥处于"健康"状态。在他们的不懈努力下，设计方和建设方就防滑、防冻作了大量研究和准备，相比于世界上高寒地区的露天玻璃桥面，张家界大峡谷玻璃桥冬季冰雪天气的防滑防冻工艺已达到世界领先水平。除此之外，暑假期间的维护也是一大难点，由于客流量巨大，他们不得不花更多时间对桥的各项指标进行检测，顶着烈日满头大汗地工作是常态，即使避开了最炎热的下午，也难免被晒得黝黑。不过正是他们对维护工作的一丝不苟和不畏艰难的精神，才使得玻璃桥能安全地为游客们提供优质的服务，这座世界奇迹也才能继续延续下去。

在2020年"全国科普日"暨湖南科技论坛院士专家张家界慈利行活动期间，中国工程院院士陈政清、省政府经济顾问、湖南省远景经济发展研究院院长北冰到访慈利县，就大峡谷玻璃桥抗震（风）情况进行考察调研。张家界市政协副主席周芳、慈利县政协主席吴淑元参加考察。座谈会上，陈政清了解了大峡谷玻璃桥基础设施的维护维修以及安全保障情况，并就张家界大峡谷玻璃桥的发展规划等方面进行讨论，确保玻璃桥的安全运营。北冰建议大峡谷多开发一些体验、休闲的多元化旅游产品，让旅游产品更丰富、更有创意，能够吸引更多的游客。

薪火永相传，征途再起航

云天渡承载着张家界市人民的希望，是一座希望桥；带动了慈利县的旅游经济发展，是一座观赏桥；更是刷新了外国对中国桥梁建设的认知，是一座国际桥。

"悬跨玻索桥，欲步颤心焦。脚下渊流涌，掌心汗已潮。"学者黄锦祥经过张家界大峡谷玻璃桥时，写有这首《过云天渡》以示感慨。云天渡作为世界最长的玻璃桥，堪称世界奇迹，更有戏称玻璃桥是"走着上去，跪着回来"。

今后我们更应该传承先辈们的精神，为实现中华民族伟大复兴的中国梦，弘扬中国精神而奋斗。"海不辞细流故能成其大，山不辞土石方能就其高"，在寻找民族归属感和民族精神的同时，兼容并蓄地看待世界，融入世界。华罗庚说过："树老易空，人老易松，科学之道，戒之以空，戒之以松，我愿一辈子从实以终。"脚踏实地，虚心请教，方能把自强不息、艰苦奋斗的精神发扬光大。

（作者：文岚、黎浩）

参考文献

[1] 马亮，郭坤，孙硕凯.张家界大峡谷玻璃桥主要施工技术[J].桥梁建设，2017，47（03）：99-104.

[2] 万田保.张家界大峡谷异型玻璃悬索桥设计关键技术[J].桥梁建设，2017，47（01）：6-11.

[3] 洪芬.张家界大峡谷玻璃桥由武汉设计[J].武汉勘察设计，2016，（05）：64.

[4] 佚名.张家界大峡谷玻璃桥获世界桥梁最高荣誉[N].湖南日报，2018-06-14（09）.

[5] 罗华莹，王忠彬.张家界大峡谷玻璃桥基础设计[J].桥梁建设，2017，47（04）：96-100.

[6] 王忠彬.张家界大峡谷玻璃桥缆索系统设计[J].桥梁建设，2017，47（03）：83-87.

[7] 方绪镯，王忠彬，石建华.张家界大峡谷玻璃桥加劲梁设计[J].桥梁建设，2017，47（02）：78-82.

第 38 章
海上天路，超级工程
——港珠澳大桥

"这将是世界上最长的跨海大桥，工程师们要花费长达 6 年的时间完成这座巨型建筑，他们每天要避开 4000 艘海船和 1800 多架航班的密集通行，用 50 万 t 钢材建造全世界最长的钢铁桥梁，耗费 230 万 t 钢筋混凝土在深海水下打造世界上最长的沉管海底隧道，启用世界最大的巨型震锤来完成人工岛的建造，他们要全力抵抗台风和地震对大桥的威胁，对环保的苛刻要求也前所未有……"这些数字足以说明这项工程的复杂性，注定不平凡。2012 年央视推出的大型纪录片《超级工程》将镜头对准了参与港珠澳大桥建设的普通人，真实记录了他们的智慧、生活、情感和梦想，鲜活呈现了奇迹背后的艰辛历程和付出。

我们调研小组通过网上搜集资料、查找相关文献、结合所学"土力学""基础工程"等专业课程的知识，站在专业角度，理解港珠澳大桥中人工岛工程深厚软基处理综合技术。风正扬帆接受挑战，云水激荡砥砺前行，科技创新助力发展，超级质量福荫百年，让我们共同走近这项超级工程。

港珠澳大桥（图 38.1、图 38.2）是中国境内一座连接香港、广东珠海和澳门的桥隧工程，位于中国广东省珠江口伶仃洋海域内，为珠江三角洲地区环线高速公路南环段。

图 38.1 港珠澳大桥远景图

图 38.2　港珠澳大桥雄姿

伶仃洋是珠江最大的喇叭形河口湾，虽属弱潮河口，但其下有两个深海沟，即便是无风天气，看似平静的海面，也会形成凶猛的涌浪。港珠澳大桥所在地属于季风气候，多暴风雨，尤其是夏秋季节容易受到台风的侵袭。并且在珠江的入海口，地基不稳，海底地质状况复杂，对施工影响大。

港珠澳大桥东起香港国际机场附近的香港口岸人工岛，向西横跨南海伶仃洋水域接珠海和澳门人工岛，止于珠海洪湾立交，工程项目总投资额1269亿元。大桥全长55km，其中包含22.9km的桥梁工程和6.7km的海底隧道，隧道由东、西两个人工岛连接；桥墩224座，桥塔7座；桥梁宽度33.1m，沉管隧道长度5664m、宽度28.5m、净高5.1m；桥面最大纵坡3%，桥面横坡2.5%内、隧道路面横坡1.5%内；桥面按双向六车道高速公路标准建设，设计速度100km/h，全线桥涵设计汽车荷载等级为公路–Ⅰ级，桥面总铺装面积70万 m^2；通航桥隧满足近期10万t、远期30万t油轮通行；大桥设计使用寿命120年，可抵御8级地震、16级台风、30万t撞击以及珠江口300年一遇的洪潮。

港珠澳大桥分别由三座通航桥、一条海底隧道、四座人工岛及连接桥隧、深浅水区非通航孔连续梁式桥和港珠澳三地陆路联络线组成。其中，三座通航桥从东向西依次为青州航道桥、江海直达船航道桥以及九洲航道桥；海底隧道位于香港大屿山岛与青州航道桥之间，通过东西人工岛接其他桥段；深浅水区非通航孔连续梁式桥分别位于近香港水域与近珠海水域之中；三地口岸及其人工岛位于两端引桥附近，通过连接线接驳周边主要公路。

"一桥拉动，珠三角西部棋子全盘皆活"这是对于港珠澳大桥的形容。港珠澳大桥是又一条内地与港澳的联系纽带，其加深了内地与港澳之间政治经济文化联系，节约了港澳两地与内陆之间的时间距离成本，有效吸引香港资金到珠江西岸城市投资，更有利于越来越多的人进行商贸、旅游等活动，可有力地促进澳门、珠海乃至珠江西岸的经济发展，加深地区人民友谊，促进其经济社会一体化，形成最具活力的经济区。

风正扬帆接受挑战，建设者完成不可能完成的任务

2018年10月，历时14年设计与建设的港珠澳大桥正式通车运营，这项超级工程创下了多项世界之最，包括世界最长的海底隧道和世界最深的沉管隧道。港珠澳大桥的沉管隧道需要将每节比航母还重的钢筋混凝土管共计33节安装在伶仃洋水下50m深处，难度可想而知。而要去挑战这项难题的人，叫林鸣，他是港珠澳大桥岛隧工程的总工程师。他和团队最初的设想是和掌握着世界顶级沉管隧道技术的一家荷兰公司进行合作，但面对对方开出的15亿天价的咨询费，林鸣决定自主攻关，带领团队研发外海深埋沉管技术，哪怕是从零开始。

2013年5月2日第一节沉管的安装，林鸣和团队就进行得异常艰难。仅仅将一节重达8万t的沉管浮运到预定的位置，就用了24小时。而当沉管着床的那一刻，意外发生了——由于泥沙回淤，沉管怎么也放不下去。此时每一个人都疲劳到了极限，但任何一个操作失误都会使安装任务前功尽弃。林鸣和大家一起咬牙坚持，在海上连续奋战整整96个小时，五天四夜，终于，海底隧道的第一节沉管成功安装。然而第一节的成功并不意味着后面32节可以简单地复制，这样高强度的工作，也让林鸣的身体开始吃不消了。2013年12月，在第八节沉管安装期间，林鸣突发鼻腔大出血，被紧急送往医院救治。近千毫升的出血量，让林鸣不得不在4天内进行了两次全麻手术，而病床上的他醒来后说的第一句话却是："沉管安装工作进行得怎么样了？"在手术后的第七天，严重贫血的他披着毛毯坚决地离开了医院，换上了整洁的工作服去了建设工地。沉管昼夜连续施工的全过程，他始终在安装船上，指挥，决策，数十个小时。

2017年5月，暮色中的伶仃洋上灯火通明，港珠澳大桥正在进行最终接头的安装工作，林鸣率领团队将沉管的横向偏差精准度提高了60多倍，达到了2.6mm。那一夜林鸣终于睡了一个安稳觉，四年间几乎每到关键和危险的时刻，林鸣都会像钉子一样"钉"在工地，一"钉"就是几十个小时。而只有林鸣外形的变化暴露了一切，他瘦了40斤，头发也全白了。

如今港珠澳大桥作为世界上最长的跨海大桥，屹立在大湾区广袤的海域上，它编织了一条纽带，为"一带一路"的建设提供着有力的支撑。而在这背后有无数像林鸣这样的大国工匠，他们带领新时代的我们不断奔跑，全速前进，建设出一个个世界瞩目的中国奇迹！

云水激荡砥砺前行，大国工匠托起国家重器

港珠澳大桥是世界桥梁界的"珠穆朗玛峰"，拥有世界上最长的跨海大桥、世界

首条海底深埋沉管隧道……而完成这些壮举的建设者们，他们都遇到了哪些挑战？212天外海成岛，刷新了钢圆筒运输里程、单体体量、振沉精度、振沉速度这四项"中国速度"。

　　2011年12月，钢圆筒振沉完工。从第一个钢圆筒到第120个钢圆筒，每个直径22m，高40m，重达450t，相当于一个篮球场大小的钢圆筒，岛隧建设者们仅用了212天完成了振沉。这一年，一系列报道震惊中外：世界最大钢圆筒、千分之一精确纪录……然而面对深海沉管安装，港珠澳大桥岛隧总工程师林鸣的要求是：对接滴水不漏，南北向偏差控制在5cm以内。在过去的4年里，他率领的团队已经实现了33节巨型沉管浮运安装。而仅剩下的12m出现了17cm横向偏差，但是结构并未受影响，仍旧滴水不漏。要不要重新来过？国外专家并不主张。但是，这12m决定了此前7年多建设长跑的关键和成败，林鸣决定不留遗憾，壮士断腕！再来一次"拔出线头，深海穿针"。

　　近40个小时的连续施工后，数据出来了：南北偏差2.5mm，东西偏差0.8mm，比精调之前的误差降低60多倍，实现了精度达到毫米级的零漏水。林鸣说了一句话："心满意足了！"从2013年5月首节沉管安装，到2017年最后一节对接成功，突破一个个技术盲区——深水深槽、强回淤、随时发生的台风。1400个背水一战的日日夜夜，终究顺利完工。这就是大国工匠们的担当！

　　接着，港珠澳大桥的极限穿越来了！在珠海往返澳门的拱北口岸，下方不足5m处，255m的拱北隧道暗挖段默默开挖了5年，耗资4亿。曲线管幕+冻结法、超大断面……255m隧道集中了全世界路上桥隧开挖的全部难题。操刀者，是前身为铁道兵第八师的中铁十八局。"面对这种项目，作为搞工程的人来说真是三生有幸，百年一遇啊！你的职业生涯哪有那么多的第一次啊？哪有那么多挑战极限的机会啊？"中铁十八局的副总工程师潘建立说道。他和他的团队攻克一个个难关，创造了许多项施工纪录。2016年12月，这条隧道用世界首创工法刷新了7项世界纪录。世界上最长、断面最大、国内地质情况最复杂的曲线管幕隧道——港珠澳大桥拱北隧道顺利贯通。

科技创新助力发展，设计师怀揣梦想披荆斩棘

　　港珠澳大桥的岛隧工程难，难就难在一个刚刚开始学着做沉管的团队遇到了一条完全没有先例可循的深埋沉管隧道。

　　过去的沉管隧道，在结构上主要分为刚性和柔性两种，但两种方式都没有在深埋环境下用过，沉管深埋的问题怎么解决？林鸣和港珠澳大桥岛隧工程团队创造了一个新的工法——"半刚性"。

新的工法要让各方面专家认同和支持不容易，起初，林鸣团队的方案并不被看好。作为一个在沉管方面比较年轻的团队，步子是不是迈得太大？有没有过度创新？有能力做成吗？论证会上，对于半刚性结构，专家们几乎是一边倒地质疑。"第一天会开完，感觉到好像不怎么行，我当时也想，如果不做半刚性该怎么办，怎么带着团队继续往前走？当时压力大得很。"林鸣说。针对半刚性沉管的设计方案，林鸣请了6个不错的团队做背靠背平行分析，"我也很谨慎，九死一生的事儿不谨慎不行，背靠背地平行分析，看看分析的结果是什么样的。我们的信心就在于，6个团队都成功了，它的方向都是一致的。"

后来，6个团队的报告赢得了孙钧院士的认可，孙院士是中国在隧道与地下建筑工程方面的权威专家，他的认可为半刚性结构方案获得其他专家的认同提供了关键性的支持。

谈到当年的半刚性结构论证会，林鸣总结道："对那些探索性的、复杂的东西用一条什么路线去做，你不能一厢情愿，要讲究方法。如果方法不对，也许一百年后人家才承认这是真理，但如果方法对了，也许只用50年、5年，你的真理就会被别人认同，方法非常重要。"最后他又补充了一句，"你要相信柳暗花明，也要相信天道酬勤，科学方法会为你提供一些意外的支撑。"

超级工程必须是超级质量，在惊涛骇浪前展现"钢筋铁骨"

"经过无数建设者年复一年的苦干、巧干，我们形成了港珠澳大桥专用技术标准体系。我希望把这个标准进一步完善，使以后的跨海工程，能形成中国桥隧工程的一个新标准。希望通过港珠澳大桥的建设，使中国的桥梁和建设标准能够走向世界。"与港珠澳大桥的缘分，几乎跨越了苏权科（图38.3）的大半生。

图 38.3　苏权科肖像画

苏权科初任港珠澳大桥管理局总工程师时，又蓄了胡须，以明建桥之志。回忆起大桥建设中将一个个"不可能"变成"可能"，苏权科神情凝重。这是连接香港、澳门和广东的超级工程，三地的政治制度、管理体制、技术标准迥异。大桥必须执行统一的技术标准以同时满足三地规范，第一步就走得非常艰难。"早在动工前，我们作了多年论证，三地范围内选了13人建立团队进行前期论证。"

大桥建成至今，台风"玉兔""韦帕"都曾影响珠海。面对台风带来的狂风巨浪，许多人不由得担心：深入伶仃洋的港珠澳大桥是否扛得住？苏权科对此胸有成竹："没

图 38.4 港珠澳大桥通车

什么好怕的,我对大桥安全性有信心。"从 2017 年大桥主体工程全线贯通至今,大桥先后经历多次强台风考验,在惊涛骇浪前展现了"钢筋铁骨"。超级工程必须是超级质量,在水文条件极其复杂的外海作业,还要保证 120 年使用寿命,抵御 8 级地震、16 级台风,在如此严苛的标准下,科技创新成了这个超级工程之魂。

风正扬帆接受挑战,云水激荡砥砺前行。科技创新助力发展,超级质量福荫百年。

习近平总书记强调,港珠澳大桥的建设创下多项世界之最,非常了不起,体现了一个国家逢山开路、遇水架桥的奋斗精神,体现了我国综合国力、自主创新能力,体现了勇创世界一流的民族志气。这是一座圆梦桥、同心桥、自信桥、复兴桥。

港珠澳大桥是一座圆梦桥。最早,从 1983 年提出兴建构想至今,历时数十年波折,一条海上巨龙终于在 2019 年 10 月 23 日正式开通(图 38.4),三地互通互联的梦想终于实现。

港珠澳大桥是一座同心桥。港珠澳大桥的建设中突破了三地不同的法律体系、建设标准、技术规范等等,加强了深入合作共通,更有助香港和澳门融入国家发展大局。

港珠澳大桥是一座自信桥。港珠澳大桥是我国自主研发建造,创造了多项世界之最,被英国卫报誉为"新的世界七大奇迹"之一。不仅如此,港珠澳大桥由三地共建共管,更体现"一国两制"制度的自信。

港珠澳大桥是一座复兴桥。港珠澳大桥不仅仅能够连通运输,更能够推进内地、香港、澳门互利合作,推动大湾区经济活力,促进多座城市协同发展,打造高水平湾区和世界级城市群,为世界提供新的增长极和动力源。

诚然,超级工程的建设并非一件易事。只有具备扎实的基础知识和坚韧不屈的钻研精神,才能在日日夜夜的苦思中追寻到自己的热爱,在所学领域有所建树,为国家建设贡献自己的一分力量。作为工科生,看到课堂上学到的知识在工程中的实际应用,看到数据中、图纸上的设计跃然呈现眼前,心潮澎湃,更深刻体会到"学以致用"是工科生最大的快乐和毕生追求!

(作者:邓文杰、谭松梨)

参考文献

[1] 韦东庆，郭晓康，张鸣功，等.港珠澳大桥"工程旅游"概念诠释与架构设计[J].广东经济，2023，322（05）：31-35.

[2] 中共珠海市委党史研究室.珠海党史知识[M].广州：广东人民出版社，2021.

[3] 孟凡超，刘晓东，徐国平.港珠澳大桥主体工程总体设计[C].全国桥梁学术会议，2010.

[4] 钱莞臻.港珠澳大桥斜拉桥上部结构的施工方案的比较研究[D].广州：华南理工大学，2016.

[5] 青闰.科技成就[M].合肥：中国科学技术大学出版社，2021.

第 39 章
见开源架起，望故乡腾飞
——开源桥

图 39.1　开源桥

在山西省北部大同市，有一条御河蜿蜒而过，河流南部坐落着一座造型优美、风格独特的桥梁，当地人为它取名为开源桥（图 39.1）。

开源桥，不仅是大同市地标性建筑之一，更是大同市的重要交通设施。它横跨于御河两岸，注视着这个城市的熙熙攘攘、悲欢离合。它就像一个年轻却又阅历丰富的卫士，沉默不语，静静地守护着这片土地。

2022 年寒假，我回到了生我养我的家乡，再次来到这座曾踏足过无数次的大桥，与以往不同，这次我沉下心来，认真地开始感受有关故乡的往事、有关开源桥的往事……

时代脉搏召唤，开源应运而生

爷爷的家与我记忆中别无二致，古朴且素净，时隔半年未见，老人家的脸上又多了几道岁月的痕迹，那双苍老的眼睛也愈发显得浑浊。当爷爷得知我要了解山西和大同的历史过后，他笑了，取出了匣子里的眼镜，细细擦了，戴上之后，用他那粗重浑厚的乡音开始给我讲起了故事。

"五千年文明看华夏，华夏文明看山西。"山西与同处在黄河边上的河南在几千年的岁月长河之中共同孕育了辉煌而灿烂的中华文明，可是山西的北部大同却像是一个例外，无论是汉代还是明代，山西北部都和灿烂的文化无甚关系，然而这里曾经是兵家必争之地之一。在汉代，雁门关北迎晋北平原，是抵御匈奴的最前线，无数忠烈之士壮烈地牺牲在了这片辽阔的土地上；在明代，山西北部的大同与宣府、蓟州、辽东同为四大军事重镇，保护着华夏南方无比灿烂的文化，使其不被外族所侵犯。大同就像一个勇敢的将军，带领着他手下的军士们共同抵御侵略。因此，大同在中华民族的发展过程中起到了十分重要的作用。

时间来到了清代，在山西南部出现了这么一群人，他们头脑灵活、思维敏捷，他们善于管理钱财与沟通，他们不辞辛劳而又无比勇敢，他们一个个都带着优质的货物走南闯北做好每一笔生意，他们就是晋商，他们代表了那个年代的山西。在那个物资并不流通的年代，他们凭借着"进取、敬业、团队"的晋商精神，打下了山西人的名声。

1949年后，由于大同口泉拥有大量煤炭资源，这里一跃成为全国工业发展的中心。为了全国的发展，这里每天都有着不计其数的煤炭去往全国各处。如果说新中国是一个苏醒的巨人，那么大同就是这个巨人飞速跳动的黑色心脏。

收音机里梆子声渐渐小了，爷爷卧在一边的躺椅上，抬头望着窗外的天空，他说，从前大同的空气质量很差，灰蒙蒙的，道路两侧也因运煤的大车而变得肮脏不已。似乎在大家的印象里，大同就从来没有过好天气，而孩子们也从未开心地在蓝天下玩耍。这样的日子一直持续到2008年。在那一年，大同市迎来了一位最重要的人，一位改变了大同的人，在他的带领下大同开始了大量的拆建工程，大同也开始了再一次腾飞。

他总是频繁地出现在各个工地上，他总是无时无刻关心着工程的进度与质量。他牵头修新城墙、大力发展御东、逐步改善环境。就这样，在兴云桥、北都桥、南环桥等桥连接御东、御西，大同二中、方特乐园陆续落地后，御东开启了它的黄金时代。开源桥也是在此之后修建而成。"大同蓝"终于不再是梦想，而带领大同实现这一目标的正是市长耿彦波。随着御东的高速发展，高铁站大同南站在御东建好并投入使用。然而，每天的早高峰与晚高峰拥挤在各个桥上的车辆越来越多，交通压力巨大，大同市民的生活都受到了严重影响。针对这一情况，改善大同市南部东西向交通状况，缓解拥堵状况，进一步优化城市路网布局，并且为了更好地加强御东御西两地的经济文化交流、减轻各连接桥的压力、让人们往来于高铁站与中心城区更快捷高效，大同市委、市政府决定在开源路上再修筑一座连接两地的桥梁，并将其命名为开源桥。

悠悠十载间，旧貌换新颜

为了更好地了解这座开源桥，在父亲的带领下，我第二天拜访了负责开源桥施工的项目经理。

经理讲道，大同御东自2010年起开始从一个偏远荒地逐渐成为发展中心。2010年，大同市重点中学大同二中对面的沙岭城中村开始建设，大同二中周边路网的构建也基本上完成了；2012年，大同卫校在连接南环桥的南环路上开始建设；2014年，诸多小区开始在御东这片充满希望的土地上建设。随后的几年里，御东南部的文瀛湖及周围的五大场馆建成，万达广场在南环路旁建设完成，南部的飞机场航线数量大幅提升。

随着御东的发展，连接御东和御西的南环桥压力与日俱增，每到早、晚高峰桥上总是严重拥堵。市领导们知道这一情况后，开始考虑解决方案。是否应该再新建一座桥？应该建一个怎样结构的桥来有效解决拥堵？

有一天夜里，御西有一位七旬老人突发脑溢血，救护车在赶来路上因为桥上车辆拥堵，错过了最佳救治时间。这一事件不仅引发了广大大同市民的关注，大同市的领导们也都非常重视。于是，修建开源桥被迅速提上日程。

开源桥，见证了御东的飞速发展，作为大同御河上架起的最新一座桥，它年轻、有活力，代表着大同的未来。

山城虽荒芜，竹树有嘉色

为了一睹开源桥现貌，我来到了开源桥上。

一月的大同寒风刺骨，御河早已结上了厚厚的冰层，似乎没有了往日的生气，但开源桥上仍然车流不息。那一刻，我感觉开源桥就像一位伟大的母亲，在平常日子里承载着她的孩子们的出行与生活。

沿着御河慢慢走，一路上我遇见了很多活泼可爱的人儿，我们聊了很多关于开源桥的故事。到了晚上，我再一次来到桥边，晚上的开源桥与白日风采截然不同。白天它雄伟壮观，晚上桥头灯光亮起，开源桥上面的斜拉索随灯光不断变化，让人目不暇接。

漫步在开源桥边的小巷深处，我的心慢慢安静下来。随着现代化发展，小巷子的幽深僻静与这座城市是那么格格不入。可是在这里，我听到了老百姓家中的点点滴滴、街边小摊小贩的吆喝声、小餐馆里人们吃饭时的碗筷碰撞声、喝酒时的推杯换盏声……这里更能代表这座城市的味道，我的家乡味道。

（作者：李小军、王博）

参考文献

[1] 中共大同市委党史研究室（大同市地方志研究室）.百年征程话大同[M].北京：中共党史出版社，2021.

[2] 佚名.开源桥本月底正式通车[N].大同日报，2018-09-28（A5）.

[3] 孙钰.走转型路建生态城——访第七届中华宝钢环境奖获奖城市大同市市长耿彦波[J].环境保护，2012，（19）：60-62.

[4] 耿彦波：宁受一时怨，不挨百年骂[J].决策探索，2013，（15）：87.

[5] 樊清禄.开源桥钢结构制作质量控制要点[J].山西建筑，2017，43（07）：224-225.

第 40 章
茅以升公益，桥见川岩起
——川岩桥

"念百雉川岩瑰丽。美人云外，素心谁寄。缅想芙蕖清致。习池酣赏成陈迹，怅韶光、十年弹指。松阴柳下，吟风散发，露零侵袂。"

"挥毫当得江山助，不到潇湘岂有诗。"永州，位于湖南省南部，潇、湘二水汇合处，故雅称"潇湘"，她不像长沙那样瞩目，不像杭州那样淡浓相宜，也没有北方的豪迈不羁，但是，永州的美丽与底蕴却像一本书，是如此迷人，让人欲罢不能。而川岩桥正是永州的丰富底蕴之一，地处湖南省永州市宁远县中和镇，横跨川岩河，这样一座小小的桥梁却承载着一个又一个感动人心的故事。

忆往昔，川岩桥历经战火和岁月的洗礼，历经风雨的冲刷，危如累卵，对百姓已无实质的贡献。如今的川岩桥，在各界帮助下于 2019 年竣工，它虽比不上港珠澳大桥的气势恢宏，也比不上赵州桥的历史悠久。但它为当地的孩子们带去了无限的便利，解决了上下学"过河难"的问题，极大地改善了当地村民的生活，带动经济发展，成为村民脱贫致富的幸福桥。桥下水波粼粼，桥旁风景秀美，人与桥形成了一幅和谐又欣欣向荣的美丽画卷。而这幅美丽画卷的形成，离不开川岩桥的蜕变，它是川岩乡人民幸福生活的开端，也是当地孩子求学之路的"助跑之桥"。它的蜕变，是当地对于习近平总书记新时代社会主义理论的深切贯彻，也是党和国家积极帮扶的工作成果。展望未来，这座"幸福之桥"将指引当地进一步走向新时代美丽乡村！

川岩桥所在的川岩（即高子洞村与周边地方）正是位于宁远县中和镇的一个小山村，其道路和桥梁的安全通畅是保证该地区农业经济发展的关键。然而对于经济落后的地区，村道桥梁从建好到投入使用几乎没有进行过服役期结构性能检测评定，存在较大的安全隐患。对于村道桥梁结构性能的检测，村民们虽然在 1949 年后进行大大小小近 7 次重建、修桥，仍未造出一座真正合格的桥。截至 2019 年，老桥的主体结构几乎完全丢失，只能供村民步行，机动车辆只能绕至上游才能进出。

纵观宁远县近年来农村水利发展现状，可以看到，虽总体降雨充沛，但降雨极为集中，对农业生产造成了很大影响，也对川岩老桥造成了严重的打击。

针对此情况，需要对宁远县农村的基础设施进行修整。但农村基础设施建设具有风险大且收益低等问题，加之宁远县当时（2020年之前）未完成脱贫摘帽，为湖南省省级贫困县，川岩在当时的宁远属于较为普遍的现象，政府在资金与人手上都并不充足。

这片土地会记得

几经辗转，我们终于来到了川岩桥上。首先映入眼帘的是桥边一片树林，几缕炊烟自丛林中的最高处冒出，不远处的上游有几个孩童在嬉戏，川岩桥就这样静谧地看护着这座村庄。它看似普通，却无时无刻不在记录着这片土地。

我们走访了村中一些人家，从老一辈那里，倾听着属于川岩桥的独特记忆。

1944年10月底，川岩老桥（川岩桥前身）上迎来了四名"不速之客"，他们经川岩老桥进入了川岩乡。四人衣衫褴褛，身上各背着两把步枪。乡中村民哪知这四个年轻人的身份，只见他们身上那几把日本兵的枪，便将他们当作来扫荡的日军，关门的关门，逃跑的逃跑。在长达数小时的解释后，人们终于弄清了他们的身份，他们当中两名是共产党员，一名是打算加入八路军的小伙，一名为国民党军人。其中两名共产党员受地下党支部指导，来宁远组建抗日自卫队，他们在路上遇到了战败受伤的国民党军人，还招募了这名热血青年。解释清楚后，不知是谁喃喃了一句："我们真的可以打赢日本兵吗？"这是一个不自信的提问，主要源于当时的日军因太平洋战场受阻，便想转攻大陆，企图打通东北到广州、南宁的"大陆交通线"，为此投入了大量兵力，对湖南多地展开了大规模的进攻。人民为反抗侵略者，拼死战斗，然敌我力量悬殊，永州各地相继沦陷，打击了不少群众的抗战信心。听到这样一个不自信的提问，四个年轻人心中燃起了必胜的火焰，因为他们深知这正是他们来此的使命——带领乡亲们抗击日军，走向胜利。他们齐齐看向太阳，喊道："我们有刀！我们有枪！我们必胜！"河边的树林似乎也受到他们的感染，枝叶摇得猛烈起来，发出阵阵低吼。

就这样，四个年轻人领着几名胆大且身手不错的乡亲昼夜埋伏在桥边。河边的树林也一刻不停地在轻摇，似乎在掩护这些勇敢而可爱的人们。数日后，桥上出现了几名日本兵。随着日本兵们的步步逼近，乡亲们也将枪握得越来越紧，按在枪上的手指开始颤抖起来，但那绝不是因为恐惧，就连那河中的水，也翻涌起来，似乎想涌上来把日本兵淹没。

"砰！"不知是谁开响了第一枪，一名日本兵应声倒地，在这一枪中，蕴含着国仇、家恨，还有那必胜的决心。其他的日本兵见状后惊慌地掏出枪，开始四处寻找掩体。但是，中国人的愤怒比子弹的速度还快，比日本兵们逃窜的速度还快。数声枪响之后，剩下的几名日本兵也被消灭了。乡亲们见状，从树林里跳出来欢呼起来。战士们则提醒乡亲们赶快清理一下战利品。然而，在清缴战利品时，那名战斗经验丰富的国民党军人发现日本兵中有三名是侦察兵。日本兵们一般都是以小队为单位行动的，而一个小队是不可能会有这么多名侦察兵的。果然，在乡亲们一番侦查之后，发现远处一支近百人的队伍正在袭来。"仅凭我们手中的几杆枪，打肯定是打不过的，而且现在一旦打起来，我们自己牺牲就算了，可能还会让日本兵们把怒火发泄在乡亲们身上，让乡亲们惨遭屠杀洗劫。"一名同志说道。握着枪的几名战友们听后把枪握得更紧了，眼神中满是视死如归的凌厉。

一阵沉默过后，那名志愿参军的年轻人开口了："把桥毁了吧，再把日本兵的尸体布置一下，我沿着河岸把日本兵往下游引，下游河更宽，水更深，我再跳入河中伺机逃走，大家再回到乡里疏散乡亲们，带乡亲们逃到山上去。"大家看着他，没有多余的话语，因为他们深知，一切的犹豫与眼泪都是对勇士的不尊重。他背上枪，向着大家，向着人民，向远方的红军，向中国人民的解放事业，敬了一个标准的军礼。

随着日本兵队伍越来越近，桥上的火也烧得越来越旺。

"砰！"待日本兵们接近后，小伙朝他们放了一枪，日本兵们见到同伴的尸体后，如同野狗一般，气急败坏地向小伙子扑来。乡里的同志听到外面的枪声，加快了疏散乡亲们的速度。小伙子不同日本兵们纠缠，开了那枪之后迅速钻进了树林，边打边沿着河岸在树林中向下游跑去。日本兵们虽然能看见他的背影，却因为繁杂的林木和崎岖的地形打不着，追不上。气急败坏的日本兵们变得越来越疯狂，即便是摔倒后并未站稳也要向小伙子方向爬去。

随着时间的流逝，村外的枪声越来越密，却又越来越小。不知过了多久，枪声渐渐消失了，乡亲们也被疏散到了山上，几乎没有给日本兵们留下一点蛛丝马迹。又不知过了多久，日本兵们也许是追不上小伙放弃了，也许是意识到了小伙只是一个诱饵，这群日本兵们又折返来到了已经烧毁的桥上。在穿梭林子受到"洗礼"后，日本兵们哪还像正规的军队，帽子不见的，脸上挂彩的，头发上沾满杂花杂草的，身上衣裳破烂的一个接一个，犹如丧家之犬，溃败之军。为首的军官见到已经烧毁的桥，恨不得命令士兵们一跃十几米，飞过河去。然而，当这群丧家之犬赶到川岩乡中时，等待他们的只有一座空村，军官只能愤怒地朝山林深处开了两枪，企图继续追，却发现川岩的山林宛如迷宫一样，只能铩羽而归。

再后来，日本兵被赶跑了，乡亲们重返了家园，那名站出来引开日本兵的小伙子是牺牲还是凯旋，众说纷纭。有的人说他牺牲了，有的人说其他三名同志在返回大部队的路上又遇到了他，带着他一起回去了，也有的人说他成为一名神枪手，穿梭于山林之间，打死了一个又一个的日本兵，默默地保护着这片土地，保护着这里的人民。

感到惋惜的是，他们的姓名已无一人知晓，只有一些人记得那名小伙的外号叫篮子。也许，时间的长河会将人们的记忆冲淡，但是，这片土地会永远记得他们。

当你从这座桥上走出，这片土地将会迎来它的新生

20世纪80年代末，由于多方损毁，在经历重建与改建后，川岩桥仍是一座只能供人行走的木桥，还存在随时垮塌的风险。因此，村里越来越多人提出要重新建一座桥，建一座结实够宽的桥，甚至能够通过车子的桥。在村民们的殷切期盼与积极行动下，建桥的款很快便捐齐了。准备动工时，村里传来了一个好消息……

村东老糙家老三的孩子、村口的小刀以及村北家刘婶的女儿考上了大学，在那个全国高考大学录取率不高的年代，很多村子数年都难出一个大学生，考上大学对于农村人来说是多么不容易的一件事！何况还是三个！但是，去上大学又是一件多么不容易的事呢！何况是三个！

那晚，老桥边那片经常被吹得"呼呼"响的树林和老桥下的水都出奇地停止了声响，残缺的月亮散发出幽淡的光照出了桥上人的身影。村长坐在桥上，顺着河流望向下游，一口接一口地吸着烟。人，林，水，月都沉默不语，但桥认可了村长的想法。

次日夜晚，村长把三个娃娃带到了桥上，从修桥的钱中拿出了一部分给他们。他们自然不肯接受，因为他们深知这桥对这片土地的意义，只要修好了这座桥，孩子们便可以更好地去上学，大人们就可以更好地走出去打工，里面的人才能更好地与外界交流，外面的精彩才能更好地让里面的人看到。"听着！修桥的钱我们大家可以再想办法凑齐，你们的求学一刻也不能耽误，另外，这不是简单的帮助，这是整个川岩的期望，你们，一样能带领乡亲们走出去！"孩子们终于接过了钱，也接过了使命。这座桥，为了这片土地的发展，再一次牺牲了自己。

许多年以后，这三个孩子回到了家乡的县城，成为三名优秀的人民教师。一批批的孩子在他们的教导下走出了大山，走出了川岩，走出了这个小县城，去到了更广阔的世界。也正因为这些人的走出去与再回来，带回了资金，带回了知识，带回了外面的精彩，为川岩乡带来了新生，让这片土地焕发生机。

是川岩桥的新生，亦是川岩乡的振兴

时间来到了近几年，几乎年年的夏季洪水，导致了之前建好的桥再次严重受损。洪水使桥的主体结构遭受了重创，许多货车与轿车都不得不停在离家数里远的桥对岸。村民们买的家电等重物，建房用的砖瓦，都只能靠人工搬回来，上学的孩子们，只能多绕几里远的路从上游的一座石桥去上学。此外，每年夏天，洪水都会漫过桥面，汹涌的水流挡住了路，挡住了知识，也挡住了外面的世界。因为这座桥的受损，

外面的人不想进来，里面的人也难以出去，出去的人也不想回来。川岩乡，似乎再一次与外界失去了联系。

但很快，在2019年，北京茅以升科技教育基金会发现了川岩的困难，经过基金会内部的商讨，基金会联合尚德建设集团有限公司和中铁二院集团土建二院共同建设了"茅以升公益桥——川岩桥"，此桥总长29.6m，桥宽为9.2m，工程预算总造价174万元，由基金会组织实施，交通运输部支持，尚德建设集团有限公司及安徽尚德科技有限公司共同出资修建，中铁二院集团土建二院义务勘测设计，永州市宁远县交通运输局建设，于2019年3月正式动工，7月份竣工通车（图40.1）。竣工以后，中国工程院院士、长沙理工大学原校长郑健龙教授出席了竣工仪式。竣工仪式上，郑健龙院士说道："一座小桥可以帮助一群孩子走出山区，甚至改变一生；一座小桥可以帮助一群村民，摆脱贫困，走向小康。"呼吁全社会都来关注"茅以升公益桥"项目。此外，茅以升理事会茅玉麟理事长表示，"宁远县川岩桥是一个新起点，基金会将联合尚德建设集团有限公司和中铁二院集团在永州市继续建设一座座公益桥"。

一方水土养一方人，一座小桥兴一方村。在这片满载记忆的土地上，川岩桥见证了大大小小的沧桑变化，有前辈们的英勇献身，有村民之间的感人事迹，有来自四面八方的动人援助，有这片土地上的人们为创造美好生活的奋斗史。川岩桥的变化发展，从某种角度来说，也是人民生活不断改善的印证，是我们国家发展壮大的缩影。

自中华人民共和国成立以来，川岩桥共经历了大大小小共七次的重修与改建，见证了当地15000余名村民生活的不断改善，2019年川岩桥竣工通行，极大地改善了当地人民的出行问题，同时也对当地的经济发展、乡村建设有重要意义。与此同时，川岩桥背后的红色故事也在当地的发展中留下了浓墨重彩的一笔，深深地融入这片土地里。

我们一行人，有幸参与了本次寒假社会实践活动，来到了川岩桥（图40.2），了解到其背后的故事，也被这段历史深深感动。作为新时代的土木人，作为未来中华民族伟

图40.1　川岩桥建成

图40.2　川岩桥现状

大复兴的中流砥柱,我们应该学习当地人民的坚韧,学习他们所展现出来的优秀品质,在党的领导下,运用自身所学展现我们的风采,融入时代发展的浪潮中,争当弄潮儿,为国家的发展进步贡献自己的力量!

(作者:董治佑、骆海斌)

参考文献

[1] 永州市城市建设志编纂委员会. 永州市城市建设志 [M]. 北京:方志出版社,2020.

[2] 郑士波. 科学家的故事 [M]. 天津:天津科学技术出版社,2021.

第41章
桥梁担大任，责任重于山
——赤石大桥

赤石大桥所在的赤石乡是山区大峒，这里高险雄奇，峰峦如聚。放眼山外青山，连绵逶迤，如苍浪万顷，气势磅礴。

有近万亩稻田，阡陌连横，村落点点，展现出湘南典型的田园之美。这里是宜章东部地区主要的水稻产区，又以烤烟、棉花著称。峒里村庄绿水环绕、竹树掩映、阡陌交通、屋舍俨然，颇有陶渊明笔下的桃花源之美。这里民风淳朴、田园气息甚浓，处处可见农耕文明的遗迹。

渔溪河穿峒而过，盘盘绕绕，清冽得令人心醉。

沿着渔溪河溯源而上就是赤石乡的经济中心——赤石圩。赤石圩是边贸集市，店铺在石桥两边逶迤排布，形成一条石板小街。集日，人流熙攘，市声喧天。近年实施城乡共建与环境同治，赤石圩市场规整一新，公路全部硬化。路边房子按湘南小都市风格做了立面和屋檐改造，整洁、漂亮、清爽。但老街老巷、老店老铺仍在，现代与传统融为一体。

赤石乡是一个如此钟灵毓秀、人杰地灵的世外桃源（图41.1）。在全球经济一体化的新时代背景下，开放和交流成为发展的必要条件，于是赤石大桥应景而生。它像世外桃源和世界联结的"虫洞"，它必然让世外桃源成为世界的一部分，也必定会为之带来繁华、富饶和新的章程。

图41.1 赤石乡美景

赤石大桥，也称赤石特大斜拉桥，因位于中国湖南省郴州市宜章县赤石乡而得名。该桥于2016年6月3日完成主桥合龙工程，大桥全线贯通。全桥共分为193个梁段，合龙方式为先边跨、再中跨、最后次中跨合龙。该桥预算总投资13.69亿元，于2016年10月28日通车运营。主桥长达1470m，跨越宽度约1500m的特大山谷，西起洋湖井，横跨青头江河道，东至新屋里。赤石大桥的建设共获7项国家专利，施工建设曾创下 7 项世界第一，总耗费高达 7 万 t 钢材和 30 万 t 混凝土。其主跨 380m，为世界第一大跨径高墩多塔混凝土斜拉桥；最高桥墩高 182m，为世界第一高混凝土斜拉桥桥墩。

在郴州云雾缭绕、丛山峻岭中，赤石大桥塔身以"S"形小蛮腰映入眼帘时，我感受到的是一种震撼的建筑美感，震撼于它高达 100 层楼的身躯、震撼于它倒 Y 形的曲线身材、更震撼于它脚底下山谷中的富饶景象（图 41.1）。从桥上向下瞭望，农田、山泉、农舍构成的风景一目了然。

下了大桥，到农田上观看赤石大桥侧面，和我学习时常见的典型桥梁剖面一般无二，顿时深感熟悉与亲切。桥下是被群山包裹着的绿油油的农田，农田旁矗立着崭新的平房和破旧的农舍（图 41.2）。

图 41.2　赤石桥远景图

通过查阅旧宜章志《氏族志》和相关背景资料，我得知东晋时期赤石一带地方住民就在此安居了，比宜章其他地方住民早来好几百年，是宜章最早的拓荒者。

赤石更是红色革命老区。县农民协会的第一支革命武装就是在这里由余振邦领导成立。他率农民在香花树村后山设伏，缴了回城的赤石团队 30 支枪。湘南起义时，赤石的农军发展到 400 多人，70 余支枪。上井冈山，在资兴东江碰到永兴的黄克诚几千农军，为挡住白崇禧部队追击，赤石 400 农军自告奋勇作后卫，却大部分牺牲了。余振邦带领剩下的农军转移到广东乳源岱下杨家，后来又担任邓小平、张云逸、李明瑞红七军奔赴江西中央苏区的后卫，不幸全部牺牲。

1934 年 3 月，萧克率红六军团从赤石上平和到桂阳，转往湘西。10 月，中央红军长征到赤石，中革军委首脑在城东书院开了几天会，决定由此分兵三路前进。一路由平和出良田向桂阳；一路由城西出麻田趋嘉禾；一路由白石渡陷县城，经梅田、浆水趋临武。至今，当地老人还能告诉人们朱德当时住在哪间房。红军西进以后，几百名由伤病员组成的红军游击队在这一带大山里继续坚持斗争，后来也大多牺牲。

随着赤石大桥建成通车，厦蓉高速湖南段实现全线贯通，东西顺接汝城、宜章、苏仙、北湖、嘉禾、新田、宁远、道县等地，由此湘南与广东、广西、贵州、四川、重庆、江西、福建及沿线地区的运输时空距离大幅缩短，其经济社会发展融入珠三角、长三角、成渝、赣西、闽台经济圈，将全面迈入"快车道"。

赤石大桥的成功实践推进了交通的发展，极大缩短了通行时间，便利了人们的出行生活，很大程度上造福了当地人民百姓，促进了当地的经济发展、文化交流和社会进步。同时，也使人们全面认识高墩多塔斜拉桥的受力特性及施工工艺，为大江大河上和高山峡谷的长大桥梁建造提供一种经济、美观的构造形式，推动了中国斜拉桥建造技术的进步。赤石大桥的建设对赤石乡、中国乃至世界都有着积极而深远的影响。

《道德经》中记载："合抱之木，生于毫末；百丈之台，起于垒土；千里之行，始于足下。"气势恢宏的座座桥梁都是一寸一寸的钢筋混凝土堆砌出来的，严格执行标准是土木人对党、对国家、对人民乃至对全世界的一种独特浪漫。建设，往往都是"功在当代，利在千秋"。练就过人、可靠的技术，怀着博爱、宽容的心态去设计和施工，才能成为一名合格的土木工程师，才能将一个个优秀的建筑作品实现在当下，造福于社会！

（作者：张杨易）

参考文献

[1] 吴国光. 赤石大桥关键技术研究及对策 [J]. 公路工程，2013（6）：1-5，16.

[2] 黄镇东，李彦武. 中国公路峡谷大桥 [M]. 北京：人民交通出版社，2017.

[3] 吴从惠. 赤石大桥 [N]. 郴州日报，2016-10-23（A3）.

[4] 佚名. 赤石大桥即将建成通车 [N]. 三湘都市报，2016-07-29（A11）.